陌上花开

——关注言语生命的小学语文教学

陈 霞 著

中国石油大学出版社

山东·青岛

图书在版编目（CIP）数据

陌上花开:关注言语生命的小学语文教学 / 陈霞著 .
青岛:中国石油大学出版社,2024.8. -- ISBN 978-7
-5636-4533-6

Ⅰ. G623.202
中国国家版本馆 CIP 数据核字第 2024W1H880 号

书　　　名:陌上花开——关注言语生命的小学语文教学
　　　　　　MOSHANGHUAKAI——GUANZHU YANYU SHENGMING DE XIAOXUE
　　　　　　YUWEN JIAOXUE
著　　　者:陈　霞

责任编辑:刘平娟(电话　0532-86983561)
责任校对:陈洪玉(电话　0532-86983563)
封面设计:青岛友一广告传媒有限公司

出 版 者:中国石油大学出版社
　　　　　　(地址:山东省青岛市黄岛区长江西路 66 号　邮编:266580)
网　　　址:http://cbs.upc.edu.cn
电子邮箱:jichujiaoyu0532@163.com
排 版 者:青岛友一广告传媒有限公司
印 刷 者:泰安市成辉印刷有限公司
发 行 者:中国石油大学出版社(电话　0532-86983437)
开　　　本:710 mm × 1 000 mm　1/16
印　　　张:15.75
字　　　数:288 千字
版 印 次:2024 年 8 月第 1 版　2024 年 8 月第 1 次印刷
书　　　号:ISBN 978-7-5636-4533-6
定　　　价:48.00 元

自 序
PREFACE

　　"陌上花开,可缓缓归矣",出自吴越王给他夫人的一封信,意思是:田间阡陌上的花开了,你可以一边赏花,一边慢慢地回来(或者小路上的花儿都开了,我可以慢慢地等你回来)。其中的意境很是美好。在我心中,陌上花开,花是自然的、朴素的,是一种生命努力绽放的意境,也是一种畅然的意境。

　　这意境,不止一次让我想到我的学生,想到语文教学。于师生而言,语文不也是生命之花吗?我殷殷地期盼着我的学生在语文学习中,像陌上花一样充满旺盛的生命力,恣意绽放言语生命的美好。不知何时,"陌上花开"成为我理想中语文教学的样子。

　　回首28年的从教经历,时光改变了很多,但不变的是我对语文教学的热爱与执着,还有对学生童心、童真的敬畏。从带着学生到乡间倾听大自然的声音,感受田野间的虫鸣鸟叫,到和学生一起走进书的海洋,在如饥似渴的阅读中感受文字的魅力,我感受着学生生命的跃动,也欣喜于学生笔端言语生命成长的力量,于是眼前浮现出陌上花开时的美好意境。

　　于永正老师重情趣、重感悟、重积累、重迁移、重习惯的五重教学法,让我懂得了阅读积累、生活观察对学生言语生命的滋养;周一贯老师在习作教学中的儿童立场,让我看到了学生言语生命的独特性;潘新和教授的言语生命动力学理论,让我找到了言语生命成长的动力所在……

　　从2005年开始研究小学生的作文,引导学生写有乡土味的作文,我渐渐发现,学生之所以有素材但是不会用合适的语言和表达方式来表达,是因为缺少语言和表达方法的积累,归根到底是阅读的基础薄弱,如同花儿有了新鲜的空气和阳光,却没有肥沃的土壤。我自 2011 年开始探索海量阅读基础上的读写互动,解决学生写作前语言和表达方法积累的问题,从而为学生言语生命的成长提供营养丰富的土壤,使学生在不断的成长中,像花儿一样如期绽放。我发现学生在具体的习作中缺少支架的帮助,不能完成全文或重点语段的写作后,就开始探索支架理论下的习作教学模式,让学生借助支架的引导,更好地全方位地绽放言语生命的精彩。

在 20 多年的语文教学生涯中,我关注学生言语生命的发展,让每个学生都能在丰厚的积淀的基础上,在真实的生活中接收阳光和空气,在语言的田野上绽放自己的精彩。陌上花开,正是我向往的语文教学生活!

著　者

2024 年 7 月 15 日

目 录
CONTENTE

第二篇 实践篇

·第一篇·
探索篇

第一章
儿童立场下作文教学的
困境与对策

第一节　研究缘起

作文是运用语言文字进行表达和交流的重要方式,是认识世界、认识自我、进行创造性表达的过程。写作能力是语文素养的综合体现。

小学生的作文能力直接影响着他们今后的学习、工作和生活,而作文教学一直是小学语文教学的难点之一。教师怕教作文,学生怕写作文,是很普遍的现象。为了更好地了解现状,发现问题,提高作文教学效率,我对所任教乡镇 12 所小学中高年级的学生进行了作文调研。

小学生的作文在写什么? 他们怕什么? 走进小学生的作文,我们惊奇地发现,原来我们认为的和现实存在的是有很大差距的。

一、作文水平差距大

我们调研发现,小学生的作文水平差距很大。这种差距表现在学生与学生之间,班级与班级之间,学校与学校之间。作文成绩好的学生能得 95 分以上,他们可以写七八百字,而且选材新颖、语句通顺、有真情实感。作文成绩差的学生的作文只得二三十分,写不到一百个字,错别字、语病很多。班级之间、学校之间也很不平衡。

以往的作文批改采用的是以模糊的标准来打分的方法,没有细致的评分标准,学生作文分数的差距不是很大,不能很好地区分学生作文的优劣。采用分项计分的方法,避免了教师的主观性、随意性,能够更加客观地反映学生的作文水平,也使班级、学校之间的差距显现出来。

本次调研中,从班级平均分来看,最高的是 92.9 分,最低的只有 63.5 分,整整相差 29.4 分!从班级合格率来看,最高的是 100％,最低的只有 60.5％,差距就更明显了。镇中心小学与村办小学之间很不平衡,同一学校不同班级之间也存在较大的差距。

这说明教师的作文教学水平和学生的作文水平都存在明显的差距,这是本次调研的第一个结论。

二、作文内容较贫乏

调研的作文题目是给同辈写一封信,要求分享参加兴趣活动时的感受。按理说,这个内容很贴近学生的生活实际,应该有内容可写。可是从调研的结果来看,最突出的问题是作文内容贫乏、空洞。这反映出许多学校的兴趣活动很少,学生的课余生活枯燥乏味。有个班级 51 个学生,有 34 个学生写的是老鹰捉小鸡!还有不少跑题作文。这是本次调研最出乎意料的结论。

三、语言表达能力较差

从调研的结果来看,小学生的写作技能普遍较差。

本次调研从作文内容、语言表达能力、书信格式、有无错别字及标点符号的使用是否正确、整体评价五个项目进行批改和计分。从各项得分率统计结果来看,学生失分最多的是语言表达能力这一项。该项的平均得分率只有 61％,最低得分率只有 33％!许多学生的作文叙事杂乱,语病频出。

四、作文缺乏真情实感

从调研的学生作文来看,不少学生的作文或情感淡漠,辞不言情;或笔是心非,失真失诚。写假人假事假经历的胡编式作文、东摘西抄的拼凑式作文、全文照搬的移植式作文的学生很多,有些作文虽然写的是真实的事情,可是没有经过自己的观察和思考,没有自己对事物的感受和认识,没有自己情感的参与,不是自我真情的流露和抒发。许多作文选材陈旧,叙述老套,缺乏创新。

五、基本要求没过关

本次调研,为了了解学生对写作基本要求的掌握情况,特意对书信格式、有无错别字及标点符号的使用是否正确做了明确要求。书信格式是小学阶段应掌握的应用文常识,可是从统计结果来看,有的学校该项的得分率只有 63%。另外,我们在调研中也对学生作文中的错别字和使用错误的标点符号做了专门的统计分析,结果很令人吃惊。有些学校该项的得分率只有 58%,该校学生在作文中每人平均有 10 处错别字或标点符号使用错误!有相当一部分学生根本不知道如何正确地使用标点符号,"一逗到底"或什么标点符号也没有的作文不在少数。

小学生作文内容贫乏,缺少童趣。教师指导不得法甚至不指导,仅靠学生背几篇范文来应付考试,是无法达到课程标准中语言表达要求的,作文教学改革势在必行。

第二节　探索路径

在申报山东省聊城市东昌府区规划课题后,我结合当时学校的教育教学资源和个人实践经验,认真开展了"农村小学生作文的内容及指导"课题的实践研究,以探索突破路径。

一、学习相关教育教学理论

为了更好地开展课题研究,我系统地学习了相关的教育教学理论。

1. 学习《义务教育语文课程标准(2011 年版)》①

"写作教学应贴近学生实际,让学生易于动笔,乐于表达,应引导学生关注现实,热爱生活,积极向上,表达真情实感。""要求学生说真话、实话、心里话,不说假话、空话、套话。""为学生的自主写作提供有利条件和广阔空间,减少对学生写作的束缚,鼓励自由表达和有创意的表达。鼓励写想象中的事物。加强平时练笔指导,改进作文命题方式,提倡学生自主选题。"课程标准中的作文教学理念更多地关注了学生的生命状态和精神自由,给课题研究指明了方向。

---

① 由于本书呈现的是作者历时 20 多年的小学语文阅读与写作教学探索研究成果,因此引用的文件和教材在现在看来不是最新版本的,而且不再详细说明是哪一年出版的教材,只是借以说明核心问题。

2. 袁浩老师的小学作文教学心理研究理论

袁浩老师主张让作文回到学生生活中去,主张把作文变成儿童的乐事,主张进行观察、思维、表达的综合训练。作文教学要顺应儿童言语心理特点,作文教学的基本任务就是在儿童已有作文水平的基础上,不断地激发儿童新的表达的需要,使儿童产生强烈的写作愿望,从而促进儿童作文心理素质全面、充分地发展。袁浩老师的作文教学理论为课题的研究提供了理论支持,也提醒我从心理学的角度思考和研究。

3. 周一贯老师和李白坚教授的作文教学理论

周一贯老师写过一篇文章《"儿童作文"呼唤儿童精神》。他在文章中指出:"提倡'儿童作文',就是要让作文回归儿童,成为儿童表情达意、抒写真'我'的爱不释手的生命活动""就是要在作文中尊重儿童的天性,呼唤儿童的灵性,激发儿童的悟性,张扬儿童的个性"。李白坚教授主张作文的题目要贴近学生生活,要激发学生的写作激情,要写"现在进行时",要理解儿童的观察方式。这些观点启发我,要结合儿童生活和儿童特有的思维方式进行写作指导。

二、搜集有农村特色的写作素材

当时我任教的农村小学和城市小学相比,虽然在硬件条件方面处于劣势,但在写作素材上有着明显的优势。在农村,沉睡着许多写作素材,因而课题组进行了搜集和研究,并从以下 4 个方面对学生进行了引导。

1. 观察农村特有的自然环境

农村有着多样的自然资源,像农田果园、防护林带、奇花异草等。我注意引导学生去欣赏美丽的大自然,去欣赏家乡的美景,并将其作为写作素材。

2. 感受浓郁的民风民俗

虽然时代在进步,生活也日渐殷实,但是农村还保留着一些古老的民风民俗。引导学生去体验、感悟这些民风民俗,既可以让学生接受中华传统文化的熏陶,又培养了他们关注生活、在生活中学语文和用语文的意识,还丰富了他们的作文素材库。

3. 品味淳朴的人间真情,感受人性美

在农村,尚可进行桃花源式的田园生活,人们的感情淳朴。我在教学中注意引导学生去发现周围的人,甚至是只有一面之缘的人身上那质朴而高尚的品格,

去感受人性美,让学生从内心产生深深的敬意。这既有利于学生树立正确的世界观、人生观,也为学生积累了丰富的创作原型。

4. 关注农村特有的劳动场景

相对于城市的学生,农村的学生亲身经历的劳动场景更多,也更有感触。说起劳动,学生如数家珍,而每一个劳动场面都让他们印象深刻、历历在目,这是写作的好素材。

研究和实践证明,这些素材是农村特有的,学生经过观察、体验,确实能写出具有乡土味的作文。

三、探索优质高效的作文指导方法

有了写作素材,还需要合适的作文指导方法。我积极探索了指导学生写作的方法,经过实践检验,梳理出以下几条策略:

1. 作前指导

习作指导课上,在学生写作前,教师要激发学生的表达欲望,点燃学生的写作激情,形成"不愤不启,不悱不发"的状态。待学生列出写作素材并进行初步整理后,教师要根据学情带领学生复习课文中学到的写作方法,指导学生形成习作框架。这样会让学生有素材、有意愿、有方法。

2. 作中指导

在学生写作过程中,教师要帮助学生突破重难点。学生一旦进入写作状态,教师就要轻声轻脚地巡视,对咬笔头、东张西望的学生进行个别指导。待学生写作基本完成后,教师要选出典型的句段进行点评,给优秀学生肯定的同时,也提出修改建议,还要给写作有困难的学生提供可以借鉴的写作方法。这样的作中指导更需要教师对学情的准确掌握和对写作方法的精准指导。

3. 作后讲评

在学生完成初稿后,教师要引导学生通过自评自改、教师指导、同伴互评、教师评改、自评再改五个步骤完成评改,让学生在评改中提高写作能力,完善个人作品。

四、研究成效

通过近两年的实践探索,我经历了酝酿准备、尝试运行、持续发展三个研究阶段,初步总结出了农村学生的写作素材的内容和作文指导方法。

学生初步学会从生活中选择写作素材,作文内容真实,感情真挚。虽然他们的作文语言还不够精练和生动,但是可喜的是,80%的学生表示喜欢写作文了。我指导学生把平时写的好作文进行整理,汇编成了手写的《班级优秀作文选》,并在班内传阅,这不仅极大地激发了学生的写作热情,还为学生之间进行写作交流提供了方便。我的研究论文《农村孩子要写有"乡土味"的作文》在《中国小学语文教学论坛》编辑部组织的论文大赛中荣获一等奖,并被山东省聊城市东昌府区教委编入《名师送课到身边》一书,在全区传阅。

五、研究反思

通过课题研究与实践,我发现作文教学中仍存在诸多不足,在当时图书资源匮乏的情况下,我毅然确定了以下进一步提升作文教学质量和学生写作水平的举措。

（1）针对学生读书少、积累少的情况,我充分发挥班级图书角的作用,在农村条件有限的情况下,让学生有尽可能多的内容健康的书可以读。

（2）在图书资源有限的情况下,我开设了美文赏析课,让学生能更有效地积累语言,内化语言,为写作储备语言。

（3）引导学生写好读书笔记。在读书笔记上,不仅要摘抄自己喜欢的文章、诗歌等,还要标出其中的妙词佳句,也可以用标注写下自己的感受,甚至进行仿写。这样可以积累更多的言语范例,锻炼写作时选词用语的能力。

（4）引导学生写好观察日记。观察日记的内容一定要真实,记真人真事,写真情真景,以积累更多的写作素材。

回首课题研究历程,我深刻地感受到,教育科研是教师专业成长的必经之路,须求真务实,积极探索农村小学作文的内容和指导的可行路径。

第三节　突破困境

作文难教,作文课难上,学生怕作文,小学语文教师怕教作文。我在实践中发现,学生的作文存在严重的问题:要么假话、套话连篇,要么语句不通、词不达意地写几行,要么一连几篇甚至十几篇均是同一内容……农村小学语文教师在作文教学指导和讲评上也存在困境,不指导或指导不得法,如让学生简单背范文等。这些现象都反映出农村小学作文教学的困境明显,主要体现在教学理念困境、内容困境、指导困境,突破这几种困境将有助于学生写作能力的提升,助力学生言语生命的成长。

一、儿童立场——理念困境突破

任何改革都是理念先行,有了理论指导,很多难题就会迎刃而解。我们首先通过课程标准对作文教学进行了定位与定性。

(一)课程标准中习作的相关理念

1.《义务教育语文课程标准(2011年版)》

习作教学的定位是:"能具体明确、文从字顺地表述自己的见闻、体验和想法。能根据需要,运用常见的表达方式写作,发展书面语言运用能力。"

强调"写作教学应贴近学生实际,让学生易于动笔,乐于表达,应引导学生关注现实,热爱生活,积极向上,表达真情实感"。这就明确地指出,作文教学是儿童生命的表达和交流,应当贴近写作主体的心灵世界和生存状态。

明确"要求学生说真话、实话、心里话,不说假话、空话、套话",这改变了传统作文教学的根本性弊端,明确提出作文必须求真、求实。

要"为学生的自主写作提供有利条件和广阔空间,减少对学生写作的束缚,鼓励自由表达和有创意的表达,鼓励写想象中的事物。加强平时练笔指导,改进作文命题方式,提倡学生自主选题",这深刻地体现了把话语权还给学生和改革作文教学的本质所在。

"写作教学应抓住取材、构思、起草、加工等环节,指导学生在写作实践中学会写作。"这淡化了对写作技巧的要求,重视了学生自我修改能力的培养。

2.《义务教育语文课程标准(2022年版)》

在课程理念部分提出要"增强课程实施的情境性和实践性,促进学习方式变革",在课程实施的教学建议部分提出要"创设真实而富有意义的学习情境,凸显语文学习的实践性"。

强调小学写作教学要从学生的语文生活实际出发,建立语文学习、社会生活与学生经验之间的链接,创设丰富多样的学习情境,引导学生在真实的语言运用情境下或真实而富有意义的语文实践活动情境下进行服务于解决现实生活问题的写作,指向学生日常的学习和生活环境。

在学业质量部分,对语言表达的类型进行了分别描述,对于写话,写想象类作文,写简单的研究报告,根据需要写活动计划、实施方案、活动总结等都做了具体的要求。在第三学段强调"能主动梳理、记录可供借鉴的语言运用实例,比较其异同,积极运用于不同类型的写作实践中",突出了语言积累的重要性,要求"在活动中积累素材,写简单的记实作文,内容具体、感情真实;写想象作文,想象丰富、生动有趣;能写读书笔记、常见应用文"。

在《义务教育语文课程标准(2022 年版)》中,四种类型的写作基本呈倒三角形分布,即学习性写作最多,实用性写作次之,思辨性写作和创意性写作再次之。这样的分布形态既符合我国语文课程标准的理念和内容设计,也与国际上多数国家类似,具有与国际接轨的属性。

(二)专家的理念引领

著名特级教师周一贯老师提出了儿童作文的理念。他认为,"新的作文教学理念更多地追寻着一种儿童精神,它应当是一种全新的'儿童作文'"。因为"作文是生命与生命之间的表达和沟通,而传统作文最严重、最不该有的缺失,正是儿童的精神世界、儿童的生命真实"。"儿童的世界是一个奇妙而梦幻的世界,一个充满灵性的天地。"在这个世界里,"他们按照自己的价值观念和游戏规则生活着,有与成年人不同的快乐和哀愁、憧憬和期盼"。但是,作为老师的我们,虽然曾经都是孩子,却在生活的磨砺中遗忘了属于儿童的真正价值,总是高高在上,总是不同意孩子用自己的眼光看世界。小学生的作文理应用他们自己的语言写他们特有的生活、特有的世界。

提倡儿童作文,就是要让作文回归儿童,成为儿童表情达意、抒写真"我"的爱不释手的生命活动。

周一贯老师的这些理念告诉我们,教师应引导小学生用他们未经世俗成见污染的眼睛去观察世界,用他们特有的观察方式和体验方式去感知世界,这样,就不难理解为什么安徒生《皇帝的新装》中谁都在说什么也没有穿的皇帝"这新装多么漂亮",只有那个男孩戳穿了骗子的谎言了。在儿童的感情世界里,凶恶的老虎会笑容可掬,狡猾的狐狸会调皮可爱,天上的云、地上的草都是他们喜欢的伙伴。当我们把心沉到童年的世界里,就会感叹原来他们的世界如此多彩!记得一个朋友说她的孩子曾经在看到假山上的瀑布时,高兴地喊:"妈妈,你看,小草在洗澡呢!"人生的最高境界是拥有"赤子之心",让孩子享受他们的童年时光吧!当他们在雨中撒着欢儿而弄得满身泥巴时,看着他们小脸上灿烂的笑容,陪他们一起笑吧;在学生自制的滑雪道上,和他们疯一回,让欢笑飘向树梢吧!

当教师学会带着一颗童心去看学生,去读学生的作文时,就会发现原来有不少作文属于好作文。

(三)作文比赛的启发

创立于 1990 年、蜚声中外的一年一届的冰心奖,设有"冰心作文奖",首届评选结果揭晓,荣获小学组一等奖的是浙江省诸暨市三年级学生郦思哲在一年级时写的《妈妈回来了》,全文如下:

前段时间,妈妈去杭州学习,去了好长时间,可能有一个多月吧。今天,妈妈终于从杭州回来了,我非常高兴!因为妈妈的怀抱很暖和,因为妈妈回来,爸爸的生日就能过得更好,因为妈妈在家里会给我读书……妈妈不在家的时候,我很想她,想妈妈的感觉,是一种想哭的感觉。

读完这篇作文,我的第一感觉是,这个孩子有非常强的感受力和语言表达能力。但如果用作文要求"内容具体"等标准来评价,这无疑"不太像一篇作文",而这篇仅 107 字的短文,最终却打动了评委们的心,在海内外 5 万多篇参赛作文中胜出,这难道不能引起我们思考些什么吗?

(四)对作家观点的思考

余秋雨先生在《作文连接着健康的生命》一文中这样说:"要表达生命,必须掌握一些基本的技术手段;要沟通生命,又必须掌握能被别的生命理解的一些共通规则。语文老师讲授的,就是这些技术手段与共通规则,为了讲清楚又必须提供一些范例和范文,这都无可厚非。问题是,这些手段、规则和范文,都不能代替学生要表达的自我生命。"

我认为这里体现出的是教师的指导作用,即立足"我手写我口,我口抒我心",接受学生写自己作为儿童的独特感受和发现,让他们表达自己对生命的认识、感受甚至感悟,但绝不放弃对他们的引导,如对写作技法的指导。

我想,有了这些专家的思想、理念引路,再审视作文教学就会少一些迷茫。

二、乡土味道——内容困境突破

在农村任教的教师可能会有这样的发现:有些学生因自己无话可说,会选择抄袭作文,甚至把自己的农民爸妈摇身变成工程师,把自己在农村的家变到市区,写爸妈工作如何辛苦。难道是农村孩子的生活不丰富吗?非也!生活是写作的源泉。虽然农村生活条件比不上城里,但也有着自己明显的优势。农村孩子的生活其实是很丰富的,大自然的花鸟虫鱼、青草绿树,浓郁的民风民俗,和睦的邻里关系,淳朴的亲情,不都是写作的好素材吗?罗丹说过:"生活中不缺少美,只是缺少发现美的眼睛。"同样地,农村孩子并不缺乏丰富的阅历,缺乏的是对生活的观察和发现。作为语文教师,要做的就是引导学生去观察、去发现、去感受,去写有乡土味的作文。我在教学中做了如下尝试。

(一)引导学生观察农村特有的自然环境

春天来了,我带着学生走出校门,走进田野,引导他们用鼻子闻清新的空气,用眼睛观察路边野草的变化、麦苗的颜色,用耳朵听周围有什么声音,用嘴巴尝榆钱和槐花的味道,并且让他们想一想怎样才能说明白自己的观察所得。我要求学生带着小本子把自己的观察、体验所得简单地记录下来,回校以后加以整理,这样原汁原味的具有农村特色的作文就写出来了。学生作文中的精彩语句有时会超出我们的想象。有个学生这样写树上的榆钱,"榆钱里裹着一颗小小的种子,好像妈妈用被子把小宝宝裹了起来,怕它着凉似的。摘一片榆钱放进嘴里嚼一嚼,甜丝丝的"。他们还发现,校园里冬青的叶子有不同的颜色,摸上去手感也不一样;月季花的叶子绿中带红,叶边是锯齿状的。夏天,我让他们去观察和欣赏金黄的麦浪、碧绿的荷叶、亭亭玉立的荷花,观察突然下起的大雨。秋天,我让他们去采集落叶,去田间感受劳动的艰辛、丰收的喜悦。冬天,我带他们观察晨雾、雪景,和他们一起到雪地里玩耍,欣赏大自然的杰作。我让学生写观察日记,用一颗善于发现美、欣赏美的心去感受自然的美。

农村的学生有更多的机会接触各种动物,说起形形色色的动物,他们如数家珍,这也是写作的好素材。2005年深秋的一天,我们班最调皮的两个学生捉了一只地排子(鼹鼠),并把它带到了教室。我一走进教室,就发现学生乱得快把房顶掀起来了。我正想发火,突然想到这正是一个训练学生观察能力的好机会,于是临时决定改上作文课。我和学生一起把地排子围到了教室的一个角落里进行观察。经过反复认真地观察,我们发现地排子的毛是光滑柔软的,爪子像小手,鼻子像猪鼻子,眼睛特别小……虽然后来我发现他们的作文写得不算精彩,但是我还是为我们拥有这样鲜活的写作素材兴奋了好久。

其实,生活在农村的学生有更多的机会接触大自然、亲近大自然,也有更多鲜活的体验,如果适时地进行引导,学生的作文会令我们惊喜的。

(二)引导学生感受浓郁的民风民俗

浓郁的民风民俗也是写作的好素材。《央视论坛》中说:"传统文化是一个民族的'底色'。只有把除夕吃饺子、放鞭炮,端午赛龙舟,重阳登高,中秋赏月……所有这些文化标志加起来,才是文化意义上完整的中国人。"时代在进步,人们的生活越来越好,很多风俗习惯都发生了变化,但值得庆幸的是,在农村还保留着一些古老的民风民俗,这是农村特有的宝贵的写作素材。

我引导学生观察发现,农村的大年小节、婚丧嫁娶等,都体现了浓郁的民风民俗。例如,过年时的风俗就不少:腊月二十三要送灶神,二十七八打花糕,除夕夜各个房间都要亮灯(意味着一年亮亮堂堂),正月初一要给长辈们拜年,正月十五耍花灯,等等。这既传承了中国悠久的传统文化,又是农村孩子喜闻乐见、城市生活所欠缺的。这些看似平常的东西一旦经过孩子的观察,再写到作文中,就别有一番风趣。寒假期间,我布置的作业中就有这样一项特殊的作业:回家帮妈妈打花糕,观察花糕的制作过程,并写成作文。他们从煮枣、和面、制作花形到出锅、打红点,徐徐道来,有条不紊,让人恍如身临其境。学生的写作兴趣大增,他们惊讶地发现,原来语文如此有趣,作文如此轻松!

我还让学生向老人请教,了解当地还有哪些传统的风俗,让他们进行搜集、调查、访问,然后查阅资料进行整理,最后汇编成班级的《民风民俗集》。

(三)引导学生品味淳朴的人间真情,感受人性美

我很庆幸我的学生生活在农村,因为农村的人们还进行着桃花源式的田园生活。农村的孩子可以更多地体验到邻里间的浓浓真情,而不必担心钢筋水泥带来的人情冷漠。农村的孩子哪个没吃过邻居家婶子大娘的饭?有时,煮碗新花生、包碗素馅水饺、摘几根新鲜黄瓜都会给邻家孩子送上门来……真是"礼轻情意重"。农村的人们普遍淳朴、善良、率真、热情,他们朴实无华,勤勤恳恳地劳动,坦坦荡荡地做人。我在教学中引导学生发现周围的亲人、伙伴、邻居,甚至是只有一面之缘的人身上那质朴而高尚的品格,引导他们感受人性美,从内心产生深深的敬意。

例如,六年级有一次习作是要求写自己身边的名人,我这样引导学生:"其实,在我们平常的生活中就有很多名人,比如,有做菜有名的厨师、心灵手巧的木匠、

会剪纸的邻家奶奶、养猪能手等,只要有一技之长,在周围小有名气,就是我们身边的名人。"经过我不断的启发,学生还真发现了不少名人,有会写会画迎门墙的大爷,有手艺高超的大厨师哥哥,还有热心肠的二爷爷……这些人物成为学生习作的原型,也培养了他们正确的世界观、人生观、价值观。

农村的家庭一般是三世同堂,甚至四世同堂,虽然子女成家后平时各顾各的,但距离一般不会太远。大家庭的生活少不了磕磕碰碰,但同时也增添了子孙满堂的喜庆和欢乐。于是婆媳、妯娌、祖孙、兄弟间的忧心事、趣事、苦事、喜事等又成了农村学生写作的素材。教师所要做的,就是引导学生细细回味,反复琢磨,写出大家庭生活中特有的氛围和感受。为了更好地帮助学生积累写作素材,我开展了以展现大家庭生活风采为题材的写作实践,专门抽出一节课时间,让学生自由地谈论家人,说家人的喜怒哀乐,说家人的优缺点,寻找家庭中存在的温情。经过交流,学生对家的依恋、热爱之情更浓,更渴望将自己的家人介绍给别人,激起了写作的冲动。在作文中,一个学生围绕半夜爷爷哮喘发作,描写了全家出动的情景:只见爸爸准备三轮车,叔叔打电话联系医院,奶奶给爷爷喂药,妈妈收拾爷爷住院要用的衣物,姊姊则在安抚受了惊吓的兄妹俩……文章中写的场景忙而不乱,大家的默契体现了一家人相互关爱和风雨同舟的浓浓亲情,洋溢着浓浓的人情味。

(四)引导学生关注农村特有的劳动场景

相对于城市的学生,农村的学生亲身经历的劳动场景更多,他们更有感触。田间的播种收割、耕种采摘,造新房时的搬砖运瓦……说起劳动场景,农村学生如数家珍,而每一个亲身经历的劳动场面都让他们历历在目。在指导学生写作时,我抓住这些让学生有话可写的题材,让他们有展示自己实践风采的舞台。比如,在秋收的农忙时节,一方面让学生帮助家人分担劳动重担,另一方面让学生结合亲身经历的劳动实践来写相应的作文。有个学生在作文中写道:"看到爸爸被汗水浸透的衣服,看到妈妈忍着腰痛依然在蘑菇棚里忙碌的背影,我说不出心里是什么滋味。我一定要帮爸爸妈妈多干点儿活,在学校好好学习,用知识的力量改变这一切!"这种由衷的感动,以及文中流露出的对劳动的热爱、对父母的体谅和感激之情、对生活的珍惜,是任何说教都实现不了的。

农村经济发展迅速,养鸡、养猪大户不断涌现,果树、花木等经济作物的种植户也比比皆是,好多学生的家庭也参与其中。学生在与家人分享收获的喜悦的同时,也体会到了劳动的辛苦,品味出劳动成果来之不易。我平时注意引导学生关注家庭中的劳动场景,并鼓励他们多参与家庭劳动。经过长时间的积累,学生有感而发,有情可表,于是一篇篇文情并茂的《葡萄熟了》《小猪长大了》等佳作便出现在学生的作文本上。有一个学生写了一篇《充实的星期天》,记叙的是一个星期天,在自家养鸡场里给鸡喂饲料、喂水,喜滋滋地捡鸡蛋的事。文中有众鸡的鸣叫声、啄食声,有"我"匆忙的身影,有辛勤的汗水,有丰收的喜悦,也有被鸡啄时发出的尖叫声,更为可喜的是,字里行间流露出小作者对劳动的热爱、对父母的体谅和感激之情、对生活的珍惜。这样的习作训练,既培养了学生的观察能力和语言表达能力,也培养了他们的优秀品质,可谓一举多得。

此外,农村学生自娱自乐式的活动,如抓鱼等,最能体现童真童趣。以此为题材的作文,学生爱写、易写。

作文应立足于学生的生活环境,"生活的外延就是语文的外延",同样,"生活的外延就是作文的外延"。生活在农村的孩子有必要也有条件写出具有乡土味的作文,当然,这需要教师引导学生用心观察、善于思考。

三、作前指导——指导困境突破

在作文教学时,教师时常为指导学生写作文而发愁。为突破作文指导的困境,一次完整的作文课一般要上三四个课时,分作前指导、当堂写作、作后讲评三个阶段。作前指导安排在第一课时,分以下步骤:

(一)准备

每次上作文课之前,我都会根据需要做一些准备工作,有时候是要求学生从生活中体验观察,如叙事性写作,写做家务、写亲情的习作;有时候是让学生带自己喜欢的玩具,如根据玩具的摆放创编童话。只要不是需要即兴发挥或留什么悬念的,我都让学生搜集有关的语段抄写在读书笔记上,这样做有点儿临时抱佛脚,但我觉得针对农村学生课外阅读量小的问题来说,这也是一个比较好的积累语言范例和写作经验的方法。虽然说这不是长久之计,但是可以让学生一边读适合他们年龄的课外读物,一边用这种"吃快餐"的方法先"填饱肚子",满足他们写作积累的需要。

(二)写作方法的指导

为解决学生有好的写作素材却写不出好作文的问题,我在作文教学指导过程中,经常先给学生读一些范文,边读边讲哪些语句用得好,哪个情节写得具体以及是如何写的,让学生对如何写作有直观的感受。

(三)激发表达需要

古人说"心生而言立",又说"情动而辞发"。卢梭也说:"语言生于激情。"原始人有交流的强烈需要才产生了语言。其实每个孩子都是写作的天才,他能说出大人想不到的话,也能写出大人想不到的文字。孩子怕作文往往是缺少表达的需要,作文课没有激起他们内在的表达需要。

1.调动生活素材,激发表达需要

学生从选择写什么到决定写什么的过程,实际上是他们与生活进行对话的过程。学生的头脑里储存着丰富的生活内容,这些内容一个片段一个片段地按照时间顺序在他们头脑里排列着。当学生在学习或生活中遇到与他们储存的片段相似的内容时,那个片段就会打破时间顺序跳到前面来,参与对话,从而在他们心中生成一些新的东西。作文教学正是在这个机制下进行的,因而要想让学生写出什么,教师就要通过相似的情境去调动他们头脑里的生活内容,让他们与这段生活展开对话。例如,我接过一个新班,原来的班主任王老师带了他们四年,那时王老师刚刚调走,学生对她念念不忘。第一次习作正好是以"师恩难忘"为主题写一位自己的老师,于是我让学生先回忆和王老师在一起的点点滴滴,并为他们创设情境:"王老师不久要到学校来,你想对她说些什么来表达你对她的感激与思念?拿起笔写下来吧!"我引导学生选择合理的写作素材,结果学生文思泉涌,作文写得情真意切。

2.调动语言积累,满足表达需要

怎样写是学生作文时要事先考虑的。有很多学生有着极好的写作素材,但是写不出好作文。一个学生在《我的烦恼》里写道:"我有时候做了一件很有趣的事,却写不出什么好作文来。"学生想把自己经历的有趣的事情写下来,可是想来想去不知道从何处下笔,这是很普遍的现象。这是学生作文时与言语范例对话失败的结果,原因是学生积累的言语范例太少。如果学生有了有趣的写作内容并想把它写出来,马上就有一篇类似的文章出现在他们的脑海里,而且那篇文章是怎么写的他心里很清楚,他还会无从下笔吗?如果此时出现的类似的文章不是一篇,而是两篇以上,学生就具备了创造的条件,他就会组合出新的文章形式。有人会说:"学生读的文章还少吗?六年下来几百篇!"但是这几百篇中有几篇是被学生真正内化了的呢?建立在内化基础上的积累才是有生命的积累。"读书破万卷"

"熟读唐诗三百首",说的都是积累活的言语范例。学生只有在作文前与言语范例进行成功的对话,才能"不会吟诗也会吟",才能"下笔如有神",才能生成属于他们自己的鲜活的文章。

3. 激发写作兴趣,让学生乐于表达

"寓教于乐",而且要善于激发他们非说不可的感情。有一天,班里最调皮的两个学生捉了一只地排子,并把它带到了教室。大家纷纷表示要写一写这个小家伙。经过仔细观察,我们发现,地排子的毛是光滑柔软的,爪子像小手,鼻子像猪鼻子,眼睛特别小……可见语文教师要善于捕捉时机,激发学生的写作热情,让学生头脑中储存的感性材料转化成某种色彩的记忆影像复活,让学生在不知不觉中进入写作训练,即寓写于乐中,使命题作文引起学生的熟悉感、亲切感,这样学生才能写出好文章。

4. 以情激情,让学生渴望表达

教师要设计、渲染出一个较强的情绪场,在强烈的情绪场作用下激发学生的写作热情,如设计热情洋溢或深沉庄重的开场白,选用具有强烈抒情意味的范文,利用生活中发生的激动人心的真人真事,等等。例如,有一次习作要求写一写身边令我们感动的一个人或一件事,我就用了这种以情激情的指导方法。我先指导学生回忆生活中的事,可学生苦思冥想,纷纷表示身边没有感人的事。我灵机一动,讲起了自己在上学时被父母点点滴滴的关爱感动的事。随着我声情并茂地讲述,学生纷纷议论起自己生活中被关爱的事,有的学生还因为想起外出打工的父母关爱自己的事而流下了感动的泪水。接下来的写作很顺利,学生的作文情真意切,很是感人。与以前干巴巴的作文相比,这次作文的水平有了很大的提高。

5. 寻找写作的外在契机,唤起表达需求

当时学校有个学生身患白血病,急需一大笔医疗费,学校发起了为这个学生献爱心的捐款活动。我就以这个捐款活动为题,要求学生写一篇作文《捐款动员以后》。这次学生的作文写得很好:有的学生用日记的形式写下了自己的真心话,表达了对同学的真挚的感情;有的学生则用记叙文的方式,叙述了捐款事件中表现的"一方有难,八方支援"的爱心。这样的命题取材于身边的人和事,教师要引导学生写出自己的真情实感,使学生能"因事而发",感到有事可写,从而写得动人。

总之,在作文教学中,教师应有意识地从学生作文的心理出发,给他们适时的

指导,让学生想写、乐写,让作文成为他们表达的需要。

四、五步评改——指导困境突破

我的作文课中,第二课时、第三课时、第四课时主要是进行作后评改。我总结了一下,作后评改分为五步,即"五步评改"。

第一步,学生自评自改。第二课时开始后,学生继续写作,打完草稿的,自己先读一读,修改不通顺的句子、不恰当的用词等。

第二步,教师指导,简单评改。学生修改完以后,我帮他们大致看一下,提出修改意见。一般面对面地指出一两个需要修改的地方,这样既能有效地进行个别指导,又节省了写评语的时间。然后学生修改定稿,誊写到作文本上。

第三步,同学互评。我一般选一两天之后的自习课,抽出大约15分钟的时间,把作文发给学生,让学生互相评改。我教给学生要"四读":第一遍读,改正错别字、使用错误的标点符号,修改不通顺的句子;第二遍读,找出习作的精彩之处,写上批注;第三遍读,找出习作中的不足;第四遍读,写评语,写出自己对文章的总体看法。

第四步,教师评改。由教师在课下完成,既点评文章本身,又点评学生的评改。

第五步,学生自读再改。在第三课时的讲评课上,发下作文本后,由教师先讲评本次习作的优缺点和普遍存在的问题,再读一两篇有特色的学生作文,让学生一起分析、欣赏,最后让学生根据教师和同学的评语对习作进行第三次修改。

前两步在第二课时完成,第四课时要求学生把作文抄到作文专用本上。

我要求学生每学期每人准备一个作文专用本,平时的练笔、即时作文、修改后的作文都写在上面,作为自己的作品集。为了交流方便,我在班内汇编了《班级优秀作文选》,每次把得"优"的作文抄到上面。这种方式能起到很好的激励作用,学生很积极。

除了平时教材中要求的8个习作外,我要求学生一周写两篇以上的日记,一周交一次,由我批改。我还根据实际上一些即兴作文课,有时是根据阅读教学的需要写一个小片段,有时是写一篇作文。例如,2006年冬天的一个早上,下起了大雾,看着窗外的雾越来越浓,我决定把早读课改成作文课。我问学生:"同学们,今天的雾特别大,大自然给了我们一个观察的好机会,咱们要不要去观察一下?"教室里一片欢呼,于是我给学生讲了注意事项和观察重点:"出教室后,第一条就是保持安静;观察时要特别留心校园里的景物发生了什么变化,自己想到了什么;侧耳倾听,能听到什么;仔细观察一两种景物,如花池里的花草,它们变成了什么样子。"待我讲完,学生就带着笔和本静悄悄地出了教室。十几分钟后,学生回到了教室。我告诉学生:"现在大家抓紧时间把观察所得写下来,不会写的字先写拼音,写完后再查字典。"教室里响起一片沙沙沙的写字声。一节早读课就这样过去了。题目都是学生自拟的,如《冬天里的雾》《雾》《雾中美》《美丽的一景——雾》……也写出了自己的感受。有个学生写道:"屋顶上落了一层薄薄的白霜,像是盖上了一层面纱。"一个调皮的男生看到落满了霜的电线写道:"我定睛一看,这不是一根根拉面吗?"一个文静的女生写道:"霜姑娘连一块小小的石头都不放过,都要把它打扮得漂漂亮亮的,给它穿上了纱裙,戴上了围脖。"

教学实践证明,多练多写,学生慢慢就能找到感觉,时间一长,他们就会从害怕写作文变成喜欢写作文。

农村小学生作文教学突破三个困境,解决的是一线教师作文教学的理念引领和操作性问题,能有效提高作文教学质量,助力学生言语生命的成长。

五、做好首席——指导困境突破

在学生写作过程中,教师作为平等中的首席,要充分发挥指导作用。

(一)读写结合,在阅读课中为学生奠定写作能力的基础

"问渠那得清如许?为有源头活水来。"阅读是写作的基础,儿童具有与别人分享想法和感情的天然愿望,一旦他们认识到语言文字的交际作用,有机会运用语言文字这一交际工具,就会渴望在阅读课文的过程中促进自身写作能力的进一步发展。

1.利用课文空白,设计练笔活动

这里所说的课文空白,是指在阅读教学实践中,与课文内容有关,但是课文又没有直接表达出来的部分。对课文空白进行合理的补充、解释和说明,加深学生对课文思想内容的感悟,有利于学生对课文言语形式和写作方法的把握。例如,《爱之链》一课在课文结尾省略了乔伊的妻子对乔伊说的话,教学时我让学生根据课文内容展开联想,想想乔伊的妻子还会说些什么,接下来会发生什么事。这样既加深了学生对课文的理解,又锻炼了学生的写作能力。

2.模仿课文写法,迁移写作技巧

语文教材中选取了大量文质兼美的课文,这些课文的写作方法为学生的写作

提供了很好的范例。因此,我们应该在指导学生理解课文思想内容的基础上,让学生模仿课文的写作方法,运用写作技巧表情达意。表达的形式力求丰富多彩,如仿写、扩写、缩写和续写等。例如,《烟台的海》一课是将海和人结合起来进行描写的散文,学习时要读懂文章是总分总的构段方式,还要学习运用大量的比喻、拟人等修辞手法这一写作特色。我指导学生仿照课文的写作方法,仔细观察一处景物,抓住景物的特点进行描写,同时展开联想,运用恰当的修辞手法抒发感情,表情达意自然就水到渠成了。

(二)丰富生活,积累生活中的素材

叶圣陶先生说:"作文这件事离不开生活,生活充实到什么程度,才会做成什么文字。"作文是学生生活的再现,要让学生有话可说,有情可抒,有理可讲。要达到这一目的,教师必须引导学生积累丰富的生活素材。

1.丰富学生生活,发掘作文素材

教育界曾流行这样一句话:"听到的,过眼烟云;看见的,铭记在心;做过的,刻骨铭心。"学生每天上学、放学、回家,一成不变的生活枯燥乏味,教师要创造机会,给学生平淡的生活增添几分亮色,让学生能够捡拾起生活的浪花,呼吸到新鲜的空气。我和学生有个心照不宣的约定,每到紧张的学习之余,就和学生"疯"一把,一起玩比手劲、摔纸卡、哑剧配音等,"疯"过,玩过,学生体验到了酣畅淋漓和刻骨铭心,心灵的言语如汩汩泉水自然流淌,生活的精彩在笔尖宣泄而出。

教师可以组织学生春游、秋游、植树等,也可以组织学生参观工厂、医院、商店、养殖场等,还可以组织学生开展拔河、跳绳、踢毽子、歌咏、讲故事等文体活动,通过活动的开展,让学生体验情感,感受到生活的丰富多彩,积累写作素材。

2.设计有趣的观察本

为了激发学生的观察兴趣,便于学生随机观察,我让每个学生准备一本《采蜜集》,把看到的、听到的、印象深的内容随时记录下来。为开阔学生的观察思路,我还组织学生及时地进行观察交流,这样学生的观察内容就会越来越丰富。日积月累,每个学生就有了一个自己的素材库。写作素材增多,再加上教师对学生的思维不加束缚,学生就会克服作文选材上千篇一律的弊端,从而为个性写作提供不尽的源泉。

（三）在习作指导课上，充分激发学生的写作欲望

作文前的指导宜粗不宜细，应主要抓好两件事：

1. 激发兴趣，使学生乐于写作

在课堂上，要与学生展开心灵对话，"聊"出和谐的课堂氛围。写作是一种创造性的活动，习作课要给学生创造一种宽松、愉悦、无拘无束的教学氛围，使学生情满于胸，思绪万千，达到物我交融、神与物游的状态，在这种氛围里寂然聆听内心的声音，乐于表达自己的想法。这里的"聊"，是一种昭示平等、民主、尊重意义的心灵对话。在这种对话中，教师首先要尊重学生，要"蹲下身来"，把学生看作工作中的同伴、生活中的知己，让对话犹如聊家常般轻松自然，让学生感到老师就是他们无话不谈的大朋友。在这种和谐的教学氛围里，学生的语言潜能才能得到最大限度的开发，个性才能得以张扬。

2. 引导学生体验写作是人与人交流的需要

写作是什么？写作是交流，是以文字为符号的人与人之间独特的交流方式。因此，教师要千方百计地创设真实的交流场，让学生在这个交流场里以文字为载体，用心去触摸文字背后的心跳与灵魂。学生要举办影展了，教师让学生为影展写海报，写前言，感受写作就是一种宣传；教师和学生之间设立了心灵交流的信箱，书信来往，畅谈人生，让学生感受写作就是一种倾吐；学生要参与班干部竞选了，教师指导他们写演讲稿，让学生感受写作就是一种提炼。

（四）让习作评价洒满阳光

于永正老师曾说过，教师应该是儿童的语言医生。医生给病人看病，靠的是望闻问切，也就是与病人沟通交流，了解病情，以便对症下药。同样地，教师对学生的习作进行诊断，也得加强沟通交流，与学生在沟通交流中共同建构，共同提高。

1. 宽容

小学生对事物的认识和产生的思想感情与成年人并不完全相同，也不在同一个层次。倘若教师居高临下，用成人的眼光、成人的语言习惯去看儿童的作文，其结果必然是："这儿不通顺""那儿不具体"。这种批改充满了挑剔、敌意、居高临下、强扭硬塞，无意间拉大了师生间的距离以及学生与成功之间的距离，其结果必然是只给学生压力而不是动力，这对于学生作文水平的提高以及学生的成长都是

不利的。对待儿童的习作,我们应该用宽容的态度去评价。

教师要尊重学生为作文所付出的劳动,以学生为主体,替学生想,替学生看。学生的作文中常常会出现天真可笑的童言稚语,对此,我们尽量不要按照成年人的标准随意改动。多留少删,务必少改,尽量保持文中原汁原味的童心、童真、童趣。这不仅有利于保护学生写作的积极性,还有利于学生语言表达能力的提高。

2. 激励

人的潜能是无限的,如果一个人有了成功的表现,同时又受到了激励,就会进一步发挥个人潜能,就会走向更大的成功。第斯多惠说:"教学的艺术不在于传授知识,而在于激励、唤醒、鼓舞。"与其在批语中写上"语句不通",不如把文中少数几个写得通顺连贯的句子用波浪线画出来,批上"这几句写得通顺"。尤其需要指出的是,教师在进行作文评价时,对于学生的苦心经营之处,要能"看见",不能视而不见。

3. 童心

教师的评价,除注重文从字顺外,更应该强调童真、童趣,引导学生写自己想说的话,写自己切身体验的生活,尽管学生的想法有时是幼稚可笑的,甚至还带有"傻气"。在评价过程中,我们要满腔热情地呵护学生的童心,让他们保持童真,永远生活在童话的世界里。在批阅作文时,教师应留意捕捉学生天真的童话,多加表扬这些奇言妙语。其实,这样的句子在学生的习作中俯拾皆是。比如,"我捧起碗,呀,真有意思,那些白嫩的水饺娃娃正躺在碗里睡大觉呢!"多好的一个"躺"字呀!教师要做一个有心人,细心捕捉学生的作文亮点,尽心呵护学生的童心。

4. 沟通

与学生沟通,可以采取面批方式。许多优秀教师都十分重视面批。贾志敏老师、于永正老师在习作教学中就当堂批改。除面批之外,教师还可以通过作文通信(也可以是日记)、师生习作评语接力、集体评讲等方式加强与学生的沟通交流。

第二章
小学语文读写互动教学探索

第一节　研究缘起

在区级课题"农村小学生作文的内容及指导"的研究中,我发现,学生有了好的写作素材和丰富的语言积累并得到适当的习作指导后,作文水平并没有得到大幅度的提高。究其原因,是他们对语言的内化和言语形式的关注不够。因此,有必要探索课内外阅读中读和写的问题。

一、现实背景

自 2011 年我到阳光小学任教后,阳光小学参加了山东省教学研究重点课题"阅读中外经典,享受读书乐趣"的研究,以培养学生良好的读书习惯。本研究是在大量阅读的基础上进行的,旨在从写作本位的角度研究课内外读写互动教学,从而提高阅读教学的质量、学生的阅读质量和写作水平,进而提升学生的语文素养。

在 2019 年被确定为第四期齐鲁名师培养人后,我申报了"小学语文读写互动课程化研究"这一研究课题,着眼于将小学语文读写互动课程化,研究课内外读写互动教学,提高阅读教学的质量、学生的阅读质量和写作水平,实现"以读促写,以写促读",从而提高学生的语文素养。2022 年 4 月,课题结题,在导师张洪高教授以及各位专家的精心指导下,我持续开展了研究,在读写互动课程理念、课程目标、课程实施、课时安排、课程评价等几个方面进行了梳理和总结,取得了可喜的研究成果。

二、理论背景

（1）《义务教育语文课程标准（2011年版）》中指出，"语文课程是一门学习语言文字运用的综合性、实践性课程""阅读是运用语言文字获取信息、认识世界、发展思维、获得审美体验的重要途径""写作是运用语言文字进行表达和交流的重要方式，是认识世界、认识自我、创造性表述的过程。写作能力是语文素养的综合体现。写作教学应贴近学生实际，让学生易于动笔，乐于表达，应引导学生关注现实，热爱生活，积极向上，表达真情实感""要重视写作教学与阅读教学、口语交际教学之间的联系，善于将读与写、说与写有机结合，相互促进"。

（2）从大量资料考证，我国各个朝代的许多作家都从写作角度论述了读与写的关系，其中较早的是西汉著名辞赋家扬雄。唐代大诗人杜甫、唐代大文豪韩愈、南宋大教育家朱熹、元朝大学者程端礼、明朝诗人周立、清代学者万斯同等都对读写结合进行了阐述。语文教学心理学研究表明：阅读和写作是两个不同的心理过程，前者是自外而内的意义吸收，后者是自内而外的思想表达，但这两个心理过程又是可以互相沟通的。汪潮教授认为："从阅读过程的心理机制看，阅读存在两个心理'回合'。一个是从感知语言文字入手，由词到句，由句到段，逐步理解，从而把握课文的中心思想，这是一个从语言到思想、从形式到内容、从外表到内部、从部分到整体的心理过程。另一个是从上一'回合'探索到的中心思想出发，研究作者是如何围绕中心选材组材、布局谋篇、遣词造句的，这是从思想到语言、从内容到形式、从内部到外表、从整体到部分的心理过程。这两个'回合'恰好相反，前一个'回合'是基础，但有待于发展到后一个'回合'。一个完整的阅读教学过程，不仅要实现第一个'回合'，也要实现第二个'回合'。在低年级的阅读教学中，一般重在第一个'回合'的引导，而中、高年级的阅读教学则必须把握两个'回合'的结合。第二个'回合'恰好与写作的心理过程相吻合，从这个意义上说，阅读教学已包含了习作教学的指导。"[①]

认知心理学认为，人在学习中会形成各种有效的认知结构，当解决面临的问题时，就利用相似的联系在已有的认知结构中寻找与要解决的问题相关的"思维组块"，借以对照、分析、推理，以解决实际问题。所以，知识的作用，不是知识量的

---

① 汪潮，裴海安.关于小学读与写的关系[J].语文教学通讯，2018（12）：14-18.

作用,而是良好的知识结构的作用,即"思维组块"的作用。一个人的知识量虽多,但是如果没有将知识系统化,形成有效的知识结构,那么最多只能解决记忆性的问题,而对于需要分析、综合、归纳、推理才能解决的新问题就束手无策了。读与写的对应关系,为学生的读写迁移提供了良好的"思维组块"。当学生面临有关的读写任务时,就会顺利地利用这些"思维组块",达到阅读和写作之间的沟通和运用,形成迁移能力。

(3)著名语文教育家潘新和教授提出了写作本位观,近几年很多教师将这一理念运用到阅读教学中,将"读写结合"升格为"以读促写,以写促读"的"读写互动"。亲近母语课题组开展了一系列研究,其中"读写互动"研究利用经典作品引路,让学生从读中悟出写的技巧,从写中悟出读的意义,通过读与写的交融、师与生的对话、内心与外界的沟通,实现了学生能用语言流畅、规范、自由表达心灵世界的目标,丰富了儿童当下的生命。

本研究以建构主义理论为理论依据,以潘新和教授的言语生命动力学理论为支撑,结合儿童语言发展的相关理论进行研究,确定了小学语文读写互动课程的理念、目标,在研究统编版小学语文教材的基础上,根据学生的言语发展水平,确定了课程内容,在学校的课程安排中保证课时量,依据不同的内容、不同的文体确定课型,进行读写互动课程的实施,通过课程评价检验课程目标是否达成、课程内容是否符合学生的身心发展规律和语言发展规律、课程能否促进儿童言语生命的成长。通过反馈数据调整课程理念和目标,以期更好地促进儿童言语生命的成长,从而提升学生的语文素养。

三、研究基础

(一)现实问题

读写结合,既是传统语文教学的一个宝贵经验,也是当前语文课程改革中一个重要的研究方向。它对提高课堂阅读教学质量、提升学生语文素养有着不可低估的作用。在语文教学中,阅读和写作是最主要的内容,历来受到语文教师的高度重视,基于写作本位的读写互动正好抓住了这一点。但是,在实践过程中,大部分教师将读写结合理解为读一段仿一段或者读一篇仿一篇,这其实是对读写结合内涵的狭隘理解。读写结合,完全可以以广义的形式呈现于学生面前。构建高效能的语文课堂,要着力打破读和写的人为壁垒,确立一种"读写一体""读写互动"的全新的语文教学理念。

在语文教学中,小学语文课几乎没有写作教学,从课时量来看,目前语文课绝大部分课时实际上花在阅读教学上,真正用于写作的课时是很少的。大部分情况下,写作课是有的,有的老师也非常用心,鼓励学生写随笔、写日记等,但是所用的课时很少。按照合理的配置,写作至少每个星期要有两个课时,也就是说,写作课至少要占语文总课时的1/3。那么,为什么不教呢?一个直接的原因是:以往的写作教学基本没有用。教师在长期的教学过程中,感觉到教写作或不教写作效果其实差不多,学生在长期的学习过程中感觉到学写作或不学写作效果差不多。其实,写作之前的审题教学是有的,写作之后的讲评教学也是有的。有的教师非常用心,对学生的作文进行了仔细的批改,也做了很多讲评。但是,这依然不是真正的写作教学。因为,在学生开始着手思考到作文最终完成这一大段时间,教师其实并没有指导。也就是说,从学生思考写作开始,到完成作文,这一阶段几乎没有教师指导。

人的生命一定程度上说是言语生命。写作是人的语文能力的最高呈现,是人的言语生命力的集中体现。每一个儿童都是言语天才。但是在现实的语文教学中,很多学生的作文中假话、空话、套话现象严重,言语间往往缺少童真、童趣,缺少言语生命的活力。学生有了好的写作素材和丰富的语言积累,并得到适当的习作指导后,作文水平并没有得到大幅度的提高。原因是多方面的。学生的写作,需要在阅读中进行语言的积累、写作方法的积累,需要在生活中进行素材的积累,也需要在写作实践中进行写作经验的积累。小学语文读写互动课程让学生从读中悟出写的技巧,体验言语生命的存在;从写中悟出读的意义,观照自身的个性体验,培育个体言语生命。在读写互动中,通过读与写的交融、师与生的对话、内心与外界的沟通,实现学生能用语言流畅、规范、自由表达心灵世界的目标,顺应儿童的天性,促进其言语生命的成长,提升其语文素养,实现语文学科对儿童生命成长的价值,服务于学生的人生。

本研究想要解决的问题是,在语文课堂教学和课外阅读的指导中,如何关注言语形式,如何实现与写作的互动,从而提高学校的语文教学质量以及学生的阅读质量和写作水平,使学生的语文素养得以提升,努力实现"以人为本"的语文教育。通过在小学语文统编版教材的教学中和课外阅读中进行读写互动,从课程理念、课程目标、课程内容、课程实施、课程评价几个方面把小学语文读写互动规范化、系统化。在这个过程中,我们关注儿童的身心发展规律,尊重儿童的言语天性,指向儿童的言语生命成长,让学生在阅读中积累语言、悟出写作技巧,在写作中自由地表达读书感悟和自己真实的内心体验,积累写作经验,并通过写作推动深入阅读,初步形成富有童趣的个性化的话语体系,从而提升语文素养。

(二)研究现状

2008 年《小学语文教师》专门对"如何提高读写互动的实效性"做了专栏宣传,希望通过读写互动更大限度地提升学生的阅读与写作能力。专栏中,杭州市上城区教育学院张化万老师对切实提升读写结合中写的品质做了总结;杭州市拱宸桥小学邵宏锋老师对读写互动的四种基本范式做了介绍……为后续开展实效性读写互动打下了坚实的基础。国内研究读写互动的相关课题如下:浙江义乌楼秀万老师的"让阅读走向写作——'读写互动,定向创新'作文教学模式的构建和实践",重在以写作图式的不断完善为读写目标,以深化写作思维为主要环节,使读写互动创新;天津戴弘、邵元娜老师的"构建互动的读写教学模式,提高学生语文综合读写能力",旨在构建互动的读写课堂教学模式,创设积极的读写活动时空……这些课题都有自己关注的读写互动点。

亲近母语课题组开展了一系列研究,其中"读写互动"研究利用经典作品引路,力求让学生从读中悟出写的技巧,从写中悟出读的意义,让学生写自己感兴趣的话题,在写作中吐露童真,抒写童趣,讲述自己的生活和认知。

研究读与写的关系,绕不开读写结合教学实验时期。这一时期主要是指1949 年至 1976 年关于读写结合的教学实验及研究。1954 年,北京市第三女子中学率先进行了写作与阅读结合的教学实验。1960 年,辽宁省黑山县北关实验小学在作文教学实验中采用了读写结合型仿写教学。1962 年北京市景山学校的老师、1964 年北京师范大学附属中学周学敏老师等进行了读写结合的课堂实践,积累了宝贵的经验。

特别值得一提的是,从 1963 年起,广东省潮州市六联小学丁有宽老师在待优班开展了读写结合实验。他的主要思想包括:一是理念上,以读为基础,从读学写,写中促读,突出重点,多读多练。二是策略上,杂中求精,打好基础;乱中求序,分步训练;华中求实,突出重点;死中求活,教给规律。三是做法上,以读带写,以写促读;从篇着眼,从句入手;从有法到无法;从仿到作;从放到收;从说到作。

在中国知网进行相关文献检索,检索关键词"读写互动",显示内容包括小学语文、中学语文、师生关系、英语教学等多个方面。检索关键词"小学语文读写互动教学",显示的条目较少。山西省晋中市平遥县实验小学的杨丽云撰写了《论小学语文教学的读写互动》，阐述了读写互动的意义，并提出了运用读写互动的策略和建议。她认为小学语文是小学教育中的重要课程之一，通过语文教学能够培养学生的思想素养及文学素养。随着新课改不断推进，小学语文教学必须不断地进行改革。读写互动是小学语文教学的新模式，这种教学模式不仅能够反馈学生的阅读能力，还能够体现学生的写作能力。许多语文教师意识到了这种模式的意义和作用，但是在实际运用时却依然处于探索阶段。扬州大学的夏蓉蓉对所在实习学校的四年级语文教师进行了访谈，对学生课堂学习的情感态度进行了调查，对教学进行了成效分析和问题分析，撰写了《小学语文"读写一体化"教学设计研究——以〈桂花雨〉为例》，提出了关于小学语文读写一体化教学设计的反思：要构建序列化的积累体系、读写一体化训练体系，以及针对性强的作文评价体系。她认为阅读教学与写作教学在语文教学中起着举足轻重的作用。阅读主要在于吸收，作文主要在于倾吐，因此，只有在阅读教学和写作教学之间搭建一个平台，使阅读和写作有效结合，成为一体，才能真正提高学生的读写能力。她在文章中阐述了关于小学语文读写一体化教学设计的理性思考，包括读写一体化教学设计的基本内涵、主要形式、理论基础、应用价值以及基本程序（包括前期分析和具体教学设计），并提供了关于小学语文读写一体化的具体教学设计。江苏省东海县牛山小学的傅淑婷在《小学语文教学中读写互动新探索——以苏教版小语教材为例》指出，只要学生多读书，写作水平自然就会提高。可是在教学中我们发现，阅读量与写作质量并不成正比。其原因何在？她认为：首先，大部分教师将阅读教学与写作教学机械分割，使阅读教学和写作教学缺乏互动和有机结合。其次，大部分教师缺少进行读写互动练习的途径，不知道如何将两者有效互动。

在中国知网检索关键词"课程化"，截止到 2019 年 11 月 26 日，显示"1063条"，相关文献条目中"课程化建设"有 152 条，"课程化模式"有 152 条。可见，对于课程化的研究还是很多的，而且与学科相关的研究也有。麦秋莲在其硕士论文《乡镇初中名著阅读的课程化探索》中，从名著阅读的课程化的概念和价值、课程设计、课程实施、课程评价、初步成效等几个方面进行了系统的论述。田敏娜在其硕士论文《优化读写互动的微写作教学设计研究》中，则论述了通过微写作的教学设计来改变读写互动不畅通的现状。陈林静从读写互动促进儿童语言构建方面来进行探索，发表了论文《读写互动促进儿童语言构建》。

综上所述，国内学者或教育工作者从不同的角度进行了读写互动的探索，或者在不同的领域进行了课程化的研究。研究成果为本研究提供了思路和参照。

截至 2019 年 11 月 26 日,检索"读写互动课程化",显示的文献条目为零。当时,"读写互动课程化"还是空白,从提高语文教学的有效性和促进儿童言语生命的成长,以及提高学生语文素养的角度看,是有必要进行读写互动课程化探索和研究的。

四、研究意义

从实践意义来看,本研究的落脚点在于以写作本位作为理论支撑,通过开展小学语文读写互动课程化研究,形成较为系统的小学语文读写互动课程,梳理出关注儿童言语生命成长的策略,提炼和总结进行语言积累、素材积累、写作方法积累、写作经验积累的有效方法,实现语文学科对儿童生命成长的价值,提升学生的语文素养,服务于学生的成长。

其理论价值在于,国内研究的读写互动课题都有自己研究的角度,本研究的落脚点在于以写作本位作为理论支撑,通过对读写互动的研究,提高学生的读写水平,提高学校的小学语文教学质量和学生的语文素养,让学生从读中悟出写的技巧,从写中悟出读的意义;通过读与写的交融、师与生的对话、内心与外界的沟通,实现学生能用语言流畅、规范、自由地表达心灵世界的目标。从这一角度来看,本研究有着特殊的理论价值。

第二节　读写互动的相关概念

一、核心概念

(一)写作本位

写作本位的读写观由著名语文教育家潘新和教授提出,指的是在小学语文教学中要强调"写作本位""表现本位",并以之取代"阅读本位"这一传统读写观,其核心理念是"阅读,指向言语表现,指向写作""写作是阅读的目的""写作是语文能力的最高呈现""变传统的'以读带写'为'以写促读'"。

(二)读写互动

汪潮教授把"读写互动"的概念定义为:"阅读和写作的紧密联系和相互作用

的辩证统一。"这个定义有 3 个学术要点：①"紧密联系"包括内容、形式、方法、思想等方面的联系。②"相互作用"有两种组合(读—写、写—读)。③"辩证统一"指内容与形式、学习与运用。可以说，"读写结合"是单向的、经验性的、随性的，而"读写互动"是双向的、理性的和更为科学的。[①]潘新和教授的言语生命动力学理论将言语表现欲望作为写作的根本动机，他认为写作教学的最终目的是培养学生的言语个性和精神创造力，使写作成为生命的一部分，使学生通过写作最终达到言语上的自我实现，形成良好的言语人格和言语价值观。

根据专家学者的观点，结合教学实践，我在本研究中对"读写互动"的界定是，在小学语文教学中实现"以读促写，以写促读"，让学生从读中悟出写的技巧，体验言语生命的存在；从写中悟出读的意义，观照自身的个性体验，实现用语言流畅、规范、自由地表达心灵世界的目的。

（三）课程化

课程是指学校学生所应学习的学科总和及其进程与安排。广义的课程是指学校为实现培养目标而选择的教育内容及其进程的总和，它包括学校教师所教的学科和有目的、有计划的教学活动。狭义的课程是指某一门学科。这里所讲的课程是狭义的课程，因而课程实际上是指把读写互动以课程的性质或状态呈现，也就是将写作教学与学生实践学习相结合的课程。课程化，就是将读写互动放在课程内进行，有计划地具体设计课程目标、课程内容、课程实施、课程评价等环节。

二、读写互动课程的目标

小学语文读写互动课程旨在让学生从读中悟出写的技巧，体验言语生命的存在；从写中悟出读的意义，观照自身的个性体验，培育个体的言语生命。

读写互动课程的目标在于：实现阅读和写作的相互促进。在阅读中积累语言、悟出写的技巧，在写作中自由地表达读书感悟和真实的内心体验，积累写作经验，通过写作推动深入阅读，提升语文素养。

我们依据统编版小学语文教材的编排意图，研读课程标准中围绕语文要素的指向阅读和指向写作的具体要求，根据学生的学习现状，确定了部分读写互动课程的具体教学目标。在实施过程中，目标需要进一步细化，根据教学内容确定具体的可操作的目标。

---

① 汪潮，裴海安. 关于小学读与写的关系[J]. 语文教学通讯，2018（12）：14-18.

三、读写互动的课程理念

从某种意义上说,"写作是为了自我表达和与人交流"。在阅读和写作的互动中可以从语言表达与运用、思维发展与提升、审美鉴赏与创造、文化传承与理解四个方面培养学生语文学科的核心素养。读写互动课程化的价值在于实现读与写的互相影响,最终提升学生的阅读素养和表达能力。

丰富学生的语言积累是提高学生语文素养不可缺少的途径,语文教学担负着积累语言的任务。教学中,为了有效提高学生语言积累运用的能力,我们要关注学生语言积累的兴趣、方法。传统的语文教育者认为,积累在运用之前,先有积累再有运用,即先有输入再有输出,而在我看来,这两者并无先后顺序,而应该是一种相互促进的关系。实践证明,"理解—记忆—积累"和"理解—运用—积累"都能不同程度地达到积累的目的,但后者的效果会大大胜于前者。

第三节　读写互动课程的内容

读写互动课程的内容依据教材和拓展的课外阅读来确定,按照课时的长短和是否独立进行,读写互动课程可以分为两大类:读写互动微课程和读写互动专题课程。

一、读写互动微课程

读写互动微课程包括三个方面的内容:

一是统编版小学语文教材常规单元中的读写训练点、课后小练笔,语文园地中词句段运用的读写互动。例如,《精彩极了和糟糕透了》中的对话描写迁移写作练习。

二是课外阅读指导中根据需要开发的读写互动微课程。例如,《小英雄雨来》中环境描写的读写互动训练。

三是写作指导和讲评课上用5~10分钟来指导学生的读写实践,引导学生回顾精读课文、例文、自己的作品、同伴的习作,从而进行读写互动。

微课程教学根据学生的语言表达水平用心挖掘读写训练点,引导学生关注文本的言语表达形式,研读独具匠心的遣词造句,从而使学生发现藏在文字背后的言语密码、写作秘密,提高学生的言语表达能力,促进学生言语生命的成长。

　　细细研读统编版小学语文教材,我发现各类适合开发课程的读写互动结合点有 170 余个,平均每学期近 30 个,资源丰富、系统、立体、多元,具体示例见表 1-2-1。

表 1-2-1

课文	读写互动训练	目标	时长
《落花生》	课后小练笔:花生会让我们想到那些默默无闻作贡献的人。看到下面的事物,你会想到哪些人?选择其中一个,试着写一段话(可以用上对比的手法)	通过描写事物,表达感情或说明道理	15 分钟

二、读写互动专题课程

　　读写互动专题课程教学,根据教材习作或专题写作内容的需要来确定教学内容。五年级下册读写互动专题课程的目录见表 1-2-2。

表 1-2-2

周次	授课内容	课时
第 1 周	把事情的重点部分写具体	2
第 3 周	赏析名著人物	2
第 5 周	走进人物的内心	2
第 7 周	写出人物的外貌特点	2
第 9 周	选用典型事例,突出人物特点	2
第 11 周	间接描写,突出人物特点	2
第 13 周	创作惊险的历险故事	2
第 15 周	介绍一个地方	2
第 17 周	漫画大观	2

　　也可以根据课外阅读书目和教材中的写作教学内容确定读写互动专题课程的内容,具体见表 1-2-3。

表 1-2-3

书目或内容	读写互动训练	目标	时长
《俗世奇人》	漫画同学:用幽默风趣的语言写班里的一个同学,想一想该同学在外貌、性格、喜好等方面有哪些特点,再选择能突出其特点的事来写	学习用幽默的语言写出该同学的特点	60 分钟
《中国民间故事》	选择自己最喜欢的民间故事缩写	缩写民间故事,做到内容完整,语句连贯、通顺	60 分钟

第四节 读写互动课程的实施

读写互动课程化将现有语文教学的内容进行整合,把读写互动的教学穿插在其中,对学习内容和学习效果进行了优化,初步确定了课型和相应的教学流程。

一、读写互动微课程的实施

读写互动微课程教学根据读写训练的具体内容大致分为三类:

一是统编版小学语文教材常规单元中的读写训练点、课后小练笔,语文园地中词句段运用的读写互动。根据不同的训练重点,按照微格训练的步骤进行微写作练习。按照"分解句式—发现规律—尝试表达—对照评价—修改完成"的教学流程,进行句式或句群的表达练习。

二是课外阅读指导中的读写互动。教学时按照"知晓重点—对照评价—修改再评"的流程进行,也可以根据需要作出调整,如静态描写、动态描写等,阅读交流课中的读写互动包括写读书批注、写阅读记录、写读后感等,或者让学生来写同样的内容,写完之后和原作品进行对照,谈感想,从而实现读与写的互相影响。

三是习作课中的读写互动。在写作指导和讲评课上用 5~10 分钟来指导学生的读写实践,引导学生回顾精读课文、例文,"以读促写";引导学生以欣赏或批判的眼光来解读文本是怎样实现表达意图的,习作例文是怎样写的。在"初试身手"或单元习作中练习写作,出现问题时,充分发挥例文的作用,提高学生的表达水平。

二、读写互动专题课程的实施

依据实践,我提炼了课内外读写互动专题课程40～60分钟的教学流程,如图1-2-1所示,2个课时,9个步骤。

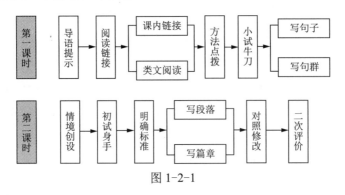

图 1-2-1

第一课时包括4步,即导语提示、阅读链接(课内链接和类文阅读)、方法点拨、小试牛刀(写句子或写句群);第二课时分为5步,即情境创设、初试身手、明确标准(写段落或写篇章)、对照修改、二次评价。这样更好地规范了读写互动课程的实施。

第五节　课内阅读中的读写互动

一、读写互动,向课文学什么

叶圣陶先生说过:"语文教材无非是个例子,凭这个例子要使学生能够举一反三,练成阅读和作文的熟练技能。"显然,这里的"举一"就是凭例子进行示范,"反三"就是让学生仿照例子练习,形成灵活运用的技能。小学语文教材中的每一篇课文,都是让学生仿照例子练习的好材料,关键是教师要根据教材特点精心选择读写结合的点,给学生提供借鉴的对象和创造的依据。

那么,读写结合,教师该引导学生向课文学什么呢?

(一)学习课文的语言风格

于永正老师说,一个人读鲁迅的文章读多了,写文章就会习惯写短句子。我觉得这就是语感的力量。教材中的课文无论文体还是内容都很丰富,所以有意识地引导学生学习课文的语言风格,就能培养学生良好的语感。在领悟课文语言神韵时,要能将学生的情感移入课文描写的对象上,这就需要教师引导学生品味课文语言的魅力,挖掘课文语言的特色。通过咬文嚼字,引导学生仔细揣摩课文语言,让学生通过反复诵读内化为自己的语言。还可以根据实际引导学生仿写。

《水乡歌》是苏教版小学语文二年级上册的一首诗歌,在学习第三小节(水乡什么多? 歌多。千首曲,万首歌,装满一箩又一箩,唱咱水乡新生活)时,我启发学生:"你能学着课文的样子,写一写咱们的家乡吗? 题目可以是《家乡歌》。"学生写道:"家乡什么多? 车多。千辆车,万辆车,一辆一辆连一辆,奔向小康新生活。"虽然略显幼稚,但对于小学二年级的学生来说,应该是一个好的开端。

(二)学习课文的写作方法

学习记叙文的写作方法、说明文的说明方法。

《早》中关于三味书屋的介绍就是按照方位顺序写的,可以让学生按照方位顺序介绍一个场所,如自己的卧室或教室。

《广玉兰》一文中,作者按总分总的构段方式,用优美的语言描写了花开的各种形态,给人以美的享受。我让学生仿照这样的写法描写一种花卉,有学生这样描写荷花:"荷花开花有早有迟,在一个池塘中,能看到花的各种形态。有的含苞待放,粉红色的花苞鲜嫩可爱。有的刚刚绽放,就有蜻蜓停在上面,真是'小荷才露尖尖角,早有蜻蜓立上头'啊! 盛开着的荷花,洁白柔嫩得像婴儿的笑脸,甜美,纯洁,惹人喜爱。先前热热闹闹开过的荷花呢,花瓣虽然凋谢了,花蕊却依然挺立枝头,而且已经长成一个圆形的小莲蓬了。那里面的一个个莲子,就是孕育着新生命的种子。偌大的一个荷花塘,就像是一个数世同堂、生生不息的大家族。"

(三)学习课文的精妙构思

王崧舟老师在执教《望月》一课时,首先凭借自己深厚的文学功底,对诗中月进行了深入的解读,又出其不意地亮出了新招:"我们发现,这篇课文首先写的是江中月,是作者的观察所得,代表月亮的现在之美,写得有散文的味道;接着写诗中月,是作者的回忆所得,代表月亮的过去之美,写得有诗歌的味道;最后写的是心中月,是作者的想象所得,代表月亮的未来之美,写得有童话的味道。同学们,这是你们的重大发现。赵丽宏《望月》这篇文章的构思好不好? 巧不巧? 妙不妙? 连在一起就是三个字,好巧妙! ……"

相信学生在这样的引导下收获的东西肯定能慢慢地渗透到自己的写作中,从而提高写作水平。

（四）学习课文的细腻情感

语文教学的本体价值就是促使学生言与意的积极感悟、内化、转换。文字是有温度的，阅读能培养人的语感，能培养人细腻的情感，而这种情感积淀是观察生活的基础。

例如，课文《爱如茉莉》讲述了妈妈生病住院，爸爸去医院照顾妈妈的小事，告诉读者：父母之间的爱如茉莉一般平淡无奇，却洁白纯净。事情虽然很小，感情却真挚、细腻，令人感动。所以，在教学中，教师要引导学生在品味语言时，感受文中父母之间的真爱，进而运用个性化的语言表达自己独特的感受、体验和理解。在此，教师可以如此引导：生活中还有许多细节让人感受到爱，在你心里，爱像什么？请用这样的句式写下你对爱的理解。从读到写，是仿造积累、文本内化的过程，也是一种创新。在音乐中，师生共同分享对爱的感受：爱是什么？爱是伤心时的一个拥抱，爱是哭泣时的一条手帕，爱是口渴时端上的一杯水，爱是寒冷时送来的一件衣服。爱如茉莉一般平淡无奇，却洁白纯净，幽香缕缕。用诗一般的语言再现课文内容，进行恰当的引领，使学生从文本细节中感受到真爱，将心中涌动着的涓涓细流化成跳跃着真情的文字，流泻于笔端。

（五）学习课文的拟题艺术

题目是文章的眼睛，一个好的题目能为文章增色不少。有人说，文章是先有文后有题，那么拟题也是一门艺术。在批改学生作文时，我发现，学生以"快乐"为主题写的作文，题目是五花八门，但称得上好题目的却寥寥无几。这就需要教师在阅读教学中进行必要的指导，以提高学生的拟题能力。

例如，在教完苏教版小学语文五年级上册《装满昆虫的衣袋》一文，我让学生思考：为什么课文用"装满昆虫的衣袋"作为题目？如果我们教完课文后引导学生思考：作者为什么拟这个题目？如果叫你拟，你会拟一个什么样的题目？和作者拟的题目比较一下哪一个好。在比较中学生会发现，"装满昆虫的衣袋"这一题目形象生动地写出了少年法布尔对昆虫的痴迷，也是揭示法布尔性格特点和成功奥秘的点睛之笔，是后人设计法布尔雕像的创意之举。经常这样引导，学生就会提高拟题水平。

（六）学习课文的观察方法

观察是积累写作素材的好方法,而我们的学生往往不知道如何去观察,教材中有些课文就为我们提供了观察的范例,在这些课文的教学中,教师就要有意识地引导学生从中学习观察方法。

《金蝉脱壳》一文用生动细腻的语言,按照"背—头—脚—尾"的顺序,描述了蝉虫脱壳的过程,学生跟随作者的描写边读边想象,仿佛看到了那有趣的情景,顿时兴致盎然。学了课文后,我让学生挖一挖自己生活中的"趣点",写一写自己观察过的一种有趣的动物现象。有个学生就写了小猫吃奶的情景:"才出生三天的小猫大部分时间安静地蜷缩在窝里睡觉,头和尾巴靠在一起,像个绒球。老猫刚回到窝里,三只小猫就一个个都醒了,它们睁开惺忪的睡眼,'喵喵'地叫着,在老猫身下磨蹭着。老猫刚躺下来,小猫的嘴巴很快就找到了乳头,它们的前腿趴在老猫身上,后腿用力地向后蹬着,贪婪地吮吸着乳汁。老猫呢,则安详地眯着眼睛,似乎在享受做妈妈的幸福呢!"

小学语文教育家崔峦老师说:"阅读教学要体现读写结合,要引导学生在读中悟写,从读学写,加强读写的联系。不应该把阅读仅仅作为理解内容的手段,还应该把阅读和品词析句、揣摩表达作用、学习文章写法结合起来。否则,就是跛脚的阅读教学。"语文课上,只有学生能不断地"得法",我们的阅读教学才不会是"跛脚的阅读教学",才能达到让学生通过学习语文学会表达的目的。

二、阅读教学中的读写互动

写作本位的读写观由著名语文教育家潘新和教授提出,指的是在小学语文教学中要强调"写作本位""表现本位",并以之取代"阅读本位"这一传统读写观,其核心理念是"阅读,指向言语表现,指向写作""写作是阅读的目的""写作是语文能力的最高呈现""变传统的'以读带写'为'以写促读'"。以这样的理念来审视我们的小学语文课内读写结合,应该怎样进行呢? 我结合平时的学习和教学实践谈一谈自己的认识。

在"写作本位"的读写观里,读完(就是读懂)一篇文章,阅读教学只完成了一半,另一半更重要。另一半就是使学生学以致用,就是让学生把从读中学到的东西用在文章的写作中,让他们把对文本的理解、感想说出来或者写出来。这样才算真正完成了阅读教学的全过程。阅读教学关注的不仅是言语内容,还有言语形式。

阅读教学中的写作一般不宜脱离课文内容,应服务于阅读教学的目标,同时又满足学生倾吐的需要。

(一)根据课文内容进行补写

补写课文内容是根据教学目标,对课文中没有写、没有直接写或写得不具体的内容进行补充,是帮助学生透过文字表面,走进人物内心,更好地理解文本的一种方式。文本的空白处就是启发和引导学生的支点。找准支点至关重要。

例如,苏教版小学语文四年级上册《普罗米修斯盗火》的第4自然段只写了"人类就用火来烧熟食物,驱寒取暖,用火来打造工具,还用火来驱赶凶猛的野兽",教师可以引导学生进行合理的想象,想象人们得到火种后欣喜的场面以及人们的生活活动,使学生更进一步地体会普罗米修斯给人类生活带来的变化,体会普罗米修斯的伟大。

这样的做法,可以调动学生的知识储备,拨动学生感情的琴弦,让学生展开丰富的想象,使文中的人物更加丰满,从而加深学生对课文内容的理解。

(二)根据课文内容展开想象

成功的语文课必定是工具性与人文性整体共建、协同推进的课,教师必须充分激发学生自我表达的愿望。

王崧舟老师执教《荷花》一课时,曾有这样一个写作设计:

师:白荷花在这些大圆盘之间冒出来,仿佛想说些什么,仿佛又想做些什么。请把你的想象写在练习纸上。

学生独立写话,5分钟后开始交流。

生:我是一朵美丽的荷花,从这些大圆盘之间冒出来,我想让前来观看的游人们更早地看到我美丽的面孔。

生:我是一朵招人喜欢的荷花,从这些大圆盘之间冒出来,我想跟别的荷花比美,你们谁也没有我美丽动人。

……

师:同学们,看来我们每个人心中都绽放着荷花。

在这里,我们惊喜地发现,荷花已被学生的生活阅历和人生体验拟人化甚至人格化了,它不再是自然之花,而是成了学生的心灵之花。我们强烈地感觉到,不是荷花在言说,而是学生自己在言说。王崧舟老师引导学生入情入境地想象,既发展了学生的形象思维,又使学生加深了对课文内涵的理解,培养了创造力。

于是,一朵朵人格的荷花、文化的荷花盛开在学生纯净的心灵之中。

(三)根据课文内容向文中的人物倾诉

《义务教育语文课程标准(2011 年版)》指出:"阅读教学是学生、教师、教科书编者、文本之间对话的过程。"学习课文,特别是情感类的课文,往往能在学生心中掀起情感的波澜,此时的他们不吐不快,因而教师可以设计倾诉环节来让学生学习表达,这样既可以加深学生对课文内容的理解,又可以锻炼学生的表达能力。

例如,学习课文《在大海中永生》之后,我设计了这样的小练笔:学完课文,你有什么感想?请用一段话写下来,可以以"邓小平爷爷,我想对您说"为题来写。

很多写人物的文章可以用这样的方式来设计练笔,如《诺贝尔》《天火之谜》《天游峰的扫路人》《微笑着承受一切》都可以设计成:"假如他(她)来到你面前,你想对他(她)说什么?请写下来。"

这样不仅能检验学生是否把课文读懂了,还提高了学生的书面表达能力和实践运用能力,自然而然地达成了文意兼得、内化拓展的目标。

(四)根据课文进行续写或改写

续写和改写都是在尊重原文,遵循原文的思路,熟读、理解原文的基础上进行的练笔活动。这样的读写结合能进一步把培养想象力、发展思维能力与丰富语言紧密结合起来。这样既能培养想象力,又能把想象的结果用语言形式表达出来,从而丰富语言。想象要有根据,要合情合理,课文里所写的人物心理活动、对话、故事情节、场面,在讲读教学中都应启发学生想象和进行补充,再进行续写或改写。

例如,苏教版小学语文六年级下册《聂将军与日本小姑娘》写了抗日战争时期,聂荣臻将军关心和照顾在战火中受伤的两个日本孤女,并设法把她们送回日军驻地的故事。学完课文后,可以让学生想象 40 年后,美穗子和她的家人专程前来看望聂荣臻将军的情景,并写下来。

古诗词语言简洁,留给人们的想象空间很大,可以引导学生展开合理的想象进行续写或改写。例如,苏教版小学语文五年级上册《所见》一诗,用简单的 20 个字向我们展示了一幅生动的牧童行歌捕蝉图,教学时可以让学生对照插图,展开想象,写一写诗歌描绘的景象,并续编后面发生的故事。

（五）根据课文的语言风格进行仿写

模仿是孩子的天性。教材中的文章有的清新艳丽，有的明快激越，有的委婉含蓄，有的简约凝练。学生以经典的文章为范文，浸润在与课文语境相似的氛围中仿写，语言能力就能得到很快的提升。

例如，苏教版小学语文三年级下册《庐山的云雾》一课，课文第3、4自然段运用了先总后分的构段方式形象地写出了庐山云雾千姿百态、瞬息万变的特点。在学完课文后，可以让学生模仿课文的写法，用先总后分的构段方式写一处景物。

（六）根据课文内容谈感悟

学习了《海洋——21世纪的希望》一课，我让学生从课文中获取内容，从不同的角度谈谈自己学习这篇课文的收获、感想。有的同学以"得意的人类"为题，从人类利用海洋带来的便利这一角度出发，描写了人类无节制地开发海洋，把人类那种贪婪和得意忘形的心理描写得生动有趣，以警醒人类保护海洋资源；有的同学则以"可怜的海洋生物"为题，从人类过度开发扰乱了海洋生物的生活出发，写出了海洋生物生存的艰难。

这样的练笔方式，是学生阅读理解的深化。让学生结合自己对课文的理解，从不同的角度思考并畅谈自己对海洋是21世纪的希望的感悟和体会，尊重了学生的独特体验，培养了学生多角度思考问题的习惯和独立思考的精神。学生又通过练笔这一形式，将课文的情感、内容、语言内化，从而有话可说，提高了语言表达能力。

清代教育家颜元有言："讲之功有限，习之功无已。"应该说，阅读教学中的读写结合有效地避免了课堂上的"光说不练"。学生在理解、掌握课文内容的基础上进行语言实践活动，使得阅读与写作有机结合。写能使读时不明晰的问题变得明晰，能使思维精密化、感受语词化、思想条理化。在课堂教学中，如果教师经常有意识地带领学生以写促读，学生的阅读能力、写作能力一定会更好地协同发展。

三、发掘文本言语形式的四种方法

"语文教材无非是个例子，凭这个例子要使学生能够举一反三，练成阅读和作文的熟练技能"的理念逐渐成为广大语文教师付诸实践的共识。王尚文教授曾说："语文教学的聚焦点应该是'言语形式'，即'怎么说、怎么写'，而非'说什么、写什么'。"语文教学只要守住了言语形式这个门槛，语文课就一定是上成了语文课，而不是别的课。作为语文教师，要能够从文本中发掘出具体合宜的言语形式，这样才可能在教学中将文本言语形式转化为传递给学生的相应的语文素养。歌德曾说:"内容是大多数人都能关注到的,其含义只有有心人才能得到,而形式对于大多数人却是秘密。"那么,教师如何从文本中发掘合宜的言语形式呢?

(一)细读文本,发现言语形式的秘密

1.关注别具一格的文体特点

小学语文课文并不局限于常见的记事写人的记叙文,还有诗歌、童话、散文、小说等文体。不同的文体在教学处理上各有侧重,现在经常听到"用童话的方式教童话""用诗歌的方式教诗歌"诸如此类的说法。因此,在细读文本时,我们首先要把握的是课文的文体风格,发掘藏在别具一格的文体中的言语形式。例如,《宋庆龄故居的樟树》一文是一篇以物喻人的叙事性文章,它有一个显著的特点,就是借物喻人,借对樟树的赞美表达人们对宋庆龄的敬仰和怀念之情。作为教师,认识到这一点还不够,还需要进一步思考:作者为什么采用借物喻人的方式来写?这样写有什么好处?

2.捕捉统领全文的文眼

小学阶段重要的是落实对字、词、句的感悟、理解、内化、运用。我们不仅要关注那些明显地体现文章情感的词句,如采用各种修辞手法的词句,还要紧紧扣住文眼(即文章中那些最富有表现力、最能帮助读者理解整个作品的主题或脉络层次的关键词句)。文眼往往是作者着力刻画和描摹的中心点、结构的衔接点、主题的凝聚点、情感的升华点,就像一个人心灵的窗户,透过其可窥见文章全部内在气韵的律动,反映整个作品的精神风貌。教学中,如果能紧扣文眼突破开去,便能"牵一发而动全身",达到"删繁就简三秋树,领异标新二月花"的境界。例如,《生命的壮歌》一文以"壮"为文眼来统领教学,学生通过品读文字,感受文中悲壮神圣的场景,感悟弱者在生死攸关的关键时刻所表现出的可贵的合作与献身精神,领悟作者是如何围绕"壮"来组织材料的,从而领悟文章的表达方法,学会仿写作文。这样,学生不但在文眼的统领下达到了阅读学习的要求,而且透过文眼感悟到写作方法,做到了"以文达文",从而实现了阅读学习与习作学习的有机结合,提高了阅读学习实效。

3.把握匠心独运的篇章结构

结构是一个不容小觑的要点,把握文章结构的特点,层层剖析言语内在的组织形式,才能品味出文学作品的匠心独运、精妙构思。在细读文本时,把握好文章的篇章结构,就会对文本有一个更具高度的宏观认识。一篇课文就是一个整体。每篇课文在其谋篇布局上都有一定的特点,它传达了作者在表达上的目的、意图。细读文本,只有把握好文章的结构,才能理清文章的脉络;对文章进行整体把握,才能深入品味文章谋篇的巧妙和构思的精妙。例如,《黄河的主人》一文以"黄河滚滚"这样简短的句子开篇,一下子把波涛汹涌的万里黄河拉到了读者面前,让人感受到黄河波陡浪急的非凡气势。

4.指向容易忽视的标点符号

郭沫若说过:"言文而无标点,在现今是等于人而无眉目。"可见,标点符号之重要。标点符号是一种情感载体,能参与情感表达。它也是我们在教学中往往容易忽视的言语形式的有机组成部分。例如,《桥》中老汉沙哑地喊话:"桥窄!排成一队,不要挤!党员排在后面!"一般情况下,我们在教学中容易忽略这三个感叹号,只让学生提高声音读一读就过了。其实,我们细细品读,把三个感叹号与前面的"沙哑"一对比,就会发现尽管老汉此刻已经很劳累,声音已经沙哑,还是传递出高亢、激昂的声音。这声音便是老汉的威严、责任、人格的体现。可见,一个标点符号也大有文章可做。

(二)比较对照,找出言语形式的个性

在课堂教学中,我们可以通过比较、对照的方法帮助学生体会语言的表达效果,感受语言的情感,体味语言的韵律,感知语言的魅力,极大地引发学生对语文学习和玩索的兴趣,帮助学生探索语言的表达方式,从而培养学生较强的语感。

1.同一单元课文的比较

同一单元的课文,内容相同或相近,并不等于文本形式相同或相近。只要通过仔细比较,就能发现文本形式的个性。下面以苏教版小学语文四年级上册第三单元为例来说明。本单元共有四篇课文。《泉城》《九寨沟》《田园诗情》三篇课文都运用了典型的总分总结构,但是又各有特点。《泉城》开篇,作者就抓住了济南七十二泉的特点:或白浪翻滚,或晶莹剔透,或声音洪大,或声音低细。第2~5自然段是全文的重点,分别介绍了珍珠泉、五龙潭、黑虎泉和趵突泉这四大名泉,都是先介绍泉的位置,再抓住各自的特点重点勾勒和描绘。《九寨沟》同样具有鲜明的特点:分写自然风光与珍稀动物的第3、4自然段是文章的重点部分。这两自然段有一个共同的规律:第3自然段选取了雪峰、森林、湖泊、瀑布四种典型景物,

运用比喻的修辞手法来表现九寨沟自然风景的迷人之处;第4自然段则选取了金丝猴、羚羊、大熊猫、小熊猫四种动物,运用排比的修辞手法来表现九寨沟另一吸引人之处。《田园诗情》是一篇优美的散文,它的独特之处在于除第1和第7自然段之外,剩下的5个自然段都采用了一种类似于电影中"蒙太奇"的分镜头组合方法,对荷兰田园的美丽风光逐一进行了介绍。《桂花雨》语言优美,寄情于叙事之中,最突出的特点是运用了对比的手法写出了桂花与其他花的不同,并且在篇末点题。

2.跨年级课文的比较

例如,在教苏教版小学语文四年级上册《说勤奋》时,不妨与苏教版小学语文五年级下册《谈礼貌》进行比较,这两篇课文内容非常相近,一看题目便可知道立意也相近。它们在形式上各有什么特点呢? 我们可以引导学生努力去寻找。有时,我们可以把多篇课文放在一起比较,对于都是写动物的三篇课文《天鹅的故事》《生命的壮歌》《鸟语》,可以先比较内容,再比较文本形式。

(三)读写结合,实现言语形式的有效链接

叶圣陶先生说过:"语文教学的根在听说读写,是听说读写之内的挖掘与创新,而不是游离于听说读写之外的花样翻新。"其实,我们现在经常用的读写结合、课堂小练笔就是遵循了叶老的理念。但是我们常见的做法是,从文本内容的角度向课外迁移写作片段或文章。例如,执教《秦兵马俑》第8自然段,出示另外的兵马俑图片让学生仿写文中神态描写的部分,由于学生阅读不充分,教师又不加引导,许多学生为文中"有的……有的……有的……"这一常见语言现象所遮蔽,很难发现其中隐含的"事物+联想"的语言特点,结果大部分学生的练笔只是简单地罗列了另外一些兵马俑的神态,只达到了二三年级学生的水平。其实,该段运用了"事物+联想"的方法把兵马俑刻画得更加具体、生动,把静态的事物动态化是学习要点,教学时不妨从言语形式的角度链接阅读与写作。我以为这样教学为佳:第一步,以"兵马俑都有哪些神态"引导学生找和画,并用一个词语概括出来;第二步,引导学生比较阅读,以"这几个神态描写的句子都有什么特点"引导学生发现规律(都用了"好像",都是先写事物,再写联想);第三步,引导学生深入感悟和体会,以"将只进行神态描写和文中'神态+联想'的描写相比较,哪一种写法更好"引领学生感悟作者写法的好处;第四步,出示另外神态的兵马俑的图片,引导学生仿写。

（四）借助背景资料，体会作者的个性创作特征

同一事物，可以入诗，可以入画，可以为文，可以成曲……无非是作者寻求的表达手法不同而已。正如苏轼在《题西林壁》中所阐述的那样："横看成岭侧成峰，远近高低各不同。"同一内容，作者在进行文学创作时，也会根据自己的价值观和擅长的写法寻找合适的语言形式来表达认识和价值观。这种语言表达形式上的差异在历史朝代中的明显表征是：汉赋、唐诗、宋词、元曲、明清小说。这种语言表达形式上的差异在作家个体上的明显个性特征是：李白狂放如仙，诗多瑰丽夸张，想象超乎常人，被誉为"诗仙"；杜甫忧国忧民，诗多工整对仗，伤时感事，其诗被称为"诗史"。因此，阅读文学作品，不能不考虑时代的语言表征和作者的个性创作特征。

当然，言语形式的发掘最终还须基于学生优选整合，以实现最具价值与品位的语文学习。

四、读写互动结合点的梳理研究

（一）研究背景

山东省"十二五"规划课题"基于写作本位的读写互动教学的研究"的申报，让我对读写互动教学开始进行理性的思考。在参加国家《义务教育语文课程标准（2011年版）》研修班学习时，陆志平老师的报告《重提多读多写》和吴忠豪教授的报告《从"教课文"到"教语文"的美丽转身》，再次让我思考：读写互动是必要的，但怎样进行呢？由高唐实验小学的5种课型，我想到了我校进行海量阅读需要进行教材整合。而实际的教学中，教材整合缺乏指导性，教师大多沿着老路走，并没有真正实现课内阅读教学的高效。因而，我在三年级学生已经有了初步的自学能力的基础上，进行了教材的整合，整合的依据是怎样才能发挥教材的示范作用。

正如崔峦老师所说的："阅读教学要体现读写结合，要引导学生读中悟写、从读学写，加强读写的联系。不应该把阅读仅仅作为理解内容的手段，还应该把阅读和品词析句、揣摩表达作用、学习文章写法结合起来。否则，就是跛脚的阅读教学。"只有语文课上学生能不断地"得法"，我们的阅读教学才不会是"跛脚的阅读教学"，也才能达到通过学习语文学会表达的目的。

（二）教材中读写结合点的梳理

苏教版小学语文三年级教材中的读写结合点见表1-2-4。

表 1-2-4

教材内容	训练目标	读写结合点	训练形式	预期效果	备注
《古诗两首》	学习古诗的基本思路：知诗人，解诗题，明诗意，悟诗境，诵诗文	可以在学完古诗后，让学生自学其他几首古诗，然后交流		掌握学习古诗的基本方法，有兴趣自学古诗	
《长城和运河》	朗读、背诵，与练习1整合，背各省简称		配乐朗诵	可以让学生集体朗诵	制作朗诵视频或音频
《庐山的云雾》《美丽的南沙群岛》	学习总分的构段方式（两课时）。两篇课文在写法上相似，在表达的情感上也很相似，因而可以进行整合，精读《庐山的云雾》，略读《美丽的南沙群岛》，训练学生的阅读和写作能力。将练习2的读读背背补充在《庐山的云雾》后	两课的第2、3自然段都是总分的构段方式，可以重点学习《庐山的云雾》，然后让学生迁移学法，学习《美丽的南沙群岛》	仿写（两课时）	学会总分构段方式（出示写景、写物、写人三类例子）	运用总分构段方式的例子
《翻越远方的大山》《雪儿》	学习一件事的叙述方式。相比较而言，《雪儿》一课更贴近学生的生活，可引领学生用心体会小作者蕴藏在字里行间的那份浓浓的真情，关注言语的形式，学习写法。略讲《翻越远方的大山》，引导学生感受刘翔的坚持和勇于超越的精神，品味语言	第二单元写的是人物的品质和人与人、人与动物之间的情感，可以与习作4进行整合	仿写	认识到写一篇文章要围绕一个意思来写，能够写出自己的真情实感	

教材内容	训练目标	读写结合点	训练形式	预期效果	备注
《花瓣飘香》、习作4	学写人物对话,学习例文(两课时)。体会人物的品质之后,迁移学习习作4的例文,注意人物表情和动作传达出的情感、表达的人物的性格特点	两个教学内容不仅写法相似,内容也都是表达亲情的,可以整合。要注意冒号、引号的用法,注意提示语	仿写	学会写简单的人物对话,能正确使用标点符号,恰当使用提示语	联想:对四年级学生提高要求,引导他们注意人物语言中的措辞或语气词传达的情感是否符合年龄段要求
《菩萨兵》《李广射虎》《少年王勃》《大作家的小老师》	人物单元写的都是故事,要关注叙述的顺序,故事的起因、经过和结果。既然是写人,就要关注人物的语言(《菩萨兵》)、动作(《李广射虎》《少年王勃》)、神情(《李广射虎》)	《菩萨兵》中人物的语言表达了朱总司令对战士的关心与爱护;"菩萨"是这一课的文眼。《李广射虎》一文要注意环境的烘托作用和引号的用法。《少年王勃》一课要注意正面描写和反衬手法的运用。《大作家的小老师》一文要注意"以小见大"的写法(人物之间的对话)	仿写	能在自己的写作中适当地用上一两种学到的方法	找一找自己在课外阅读中或者读过的作文中见到的这样的写法
《赶海》	童年生活(记叙事情的,关注最想表达的中心,将最有趣的部分描写清楚)	将《赶海》作为《童年趣事》的例文来教。积累练习7中的词语	迁移写法	写一件童年趣事,能把最想表达的内容、最有趣的部分描写清楚	注意新课标中三年级学生要求达到什么水平

教材内容	训练目标	读写结合点	训练形式	预期效果	备注
《荷花》	学习观察描写,知道不仅要看,还要想(状物的写法、联想)	细致观察,并进行描写,还可以把自己想到的写下来	仿写	观察一处景物或者一种植物,把观察到的和想象到的写下来	这应该是学习联想的最初锻炼吧
《我应该感到自豪才对》	精讲	了解童话的基本特点,初步掌握写童话的基本要领			
《水上飞机》《跟踪台风的卫星》	将两课整合,科普童话知识,迁移运用《我应该感到自豪才对》掌握的写童话的基本要领				
《"你必须把这条鱼放掉!"》《狼和鹿》《放飞蜻蜓》	人与动物单元,要注意环保意识的培养(《"你必须把这条鱼放掉!"》渗透了慎独思想)	在写法上,《"你必须把这条鱼放掉!"》的人物语言和动作反映了人物复杂的内心斗争。《狼和鹿》采用了对比的手法,写出了人们对环境的影响。《放飞蜻蜓》内容简单,可以让学生谈谈自己对蜻蜓的认识,关注一下人物语言的写法,关注一下提示语			

续表

教材内容	训练目标	读写结合点	训练形式	预期效果	备注
《槐乡五月》	学习课文的语言,运用比喻的写作手法	积累语言,学习写法	仿写	写一种自己喜欢的花草,学习课文的写法,用上比喻句、叠音词、象声词等	
《恐龙》《海底世界》	两篇课文介绍了科学常识,属于说明性文章,要关注说明方法(作比较、打比方、列数字、举例子等)	学习课文《海底世界》总分总的构段方式			
《日月潭的传说》	神话传说,拓展神话故事	大胆想象神话曲折的故事情节			
《寓言两则》《争论的故事》《剪枝的学问》	读懂寓言及一些故事中蕴含的道理	可以写一写自己从生活中的小事发现的一些道理	迁移写法		举行读、讲寓言故事比赛,写、讲身边的故事
习作8	学会创编情节简单的童话故事	学习课文中将事物拟人化的手法,结合生活展开合理的想象,设计有趣的情节	创编	喜欢创编童话故事,且能创编想象合理、情节简单的童话故事	

五、童话单元读写教学的思考

2013 年 4 月,按照聊城市东昌府区教体局的要求,我结束了忙碌而又充实的名师开放课堂周教学。回首一周的教学,我努力践行了"关注生命的语文"教学理念,用课文来教语文,进行读写互动,我想我所呈现的语文课堂是真实、朴实的。

一周的时间过得飞快,但我有很多收获。

　　拿到听课教师名单的时候,我心中充满忐忑,虽然说是五节课,于我而言却如五座大山。这是五节新课,虽然我已经提前做了准备,但是心里还是不安:"我拿什么奉献给你,我的学生？我拿什么呈现给你,来听课的老师？"

（一）研读教材,"弱水三千,只取一瓢饮"

　　《我应该感到自豪才对》《水上飞机》《跟踪台风的卫星》是三篇童话,翻阅童话教学的资料,最好的办法就是想象情境,从学习表达的角度看,可以让学生说一说、讲一讲。调整教材的顺序后,我把习作8编写童话故事放在了三篇童话的教学之后,目的是引导学生将从课文中学到的表达方法运用到自己的写作中。《"你必须把这条鱼放掉！"》是一篇借事明理的文章,文中的人物对话反映出了人物的品质。

　　课文教学内容的选择是我要考虑的第二个问题,我以表格形式整理出自己预设的这五节课的教学内容,见表1-2-5。

表1-2-5

教材内容	教学重点	语言表达训练点
《我应该感到自豪才对》	结合课文内容感受小骆驼心情的变化,了解驼峰、脚掌、睫毛的作用,感悟正确的审美观	续写练习:沙漠旅行结束了,小骆驼又遇见了小红马……
《水上飞机》	了解水上飞机的外形、用途,培养学科学、爱科学的兴趣	练习说话:小海鸥怎么向他的同伴介绍自己的见闻呢？
《跟踪台风的卫星》	结合对课文中重点语句的朗读,感受台风的狂暴和气势汹汹,感受卫星的自信和坚定	用自己的话说一说气象卫星是怎样跟踪台风的
习作8编写童话故事	联系学过的三篇童话和自己读过的童话故事,知道写好童话故事要做到:合理想象,将故事情节写生动。从例文中学会有序观察,展开联想,并说明一个道理	能根据教材给出的图片编写一个童话故事,说明养成良好习惯的重要性
《"你必须把这条鱼放掉！"》	结合对课文中重点语句的理解和朗读,体会汤姆心情的变化,懂得要严于律己,自觉遵守社会规则	想象说话:很多年过去了,汤姆也做了父亲,有一天,他给儿子讲起了小时候那个关于鲈鱼的故事……

（二）努力践行，"一言一行总关情"

梳理这几课的教学，我精心设计了教学环节，努力呈现如下的课堂：

1. 书声琅琅的课堂

语文课只有在书声中才能散发出特有的味道。从《我应该感到自豪才对》中小红马对小骆驼的嘲笑、妈妈语重心长的教育，到《水上飞机》中小海鸥与海上飞机的对话，再到《跟踪台风的卫星》中台风的狂傲以及卫星的自信，我都设计了不同形式的朗读来引导学生走进课文中的角色，走进文中的情境，初读谈感受，带着理解读，必要时教师范读、学生评价读，在一次次的朗读中，学生理解了课文，读出了感情，也读出了感悟。在一次次的引导中，我注意教给学生朗读的方法：抓住关键词，注意语气词，关注标点符号，还要停顿得当。看着他们陶醉于读书的样子，听着他们朗朗的读书声，我很欣慰。

2. 静心写字的课堂

三年级的教材中，生字的处理直接关系到学生基础知识的掌握，根据《义务教育语文课程标准（2011年版）》的要求，每堂课要有10分钟的写字时间。我在这几节课中，都重点指导了学生书写。在《我应该感到自豪才对》一课的教学中，我采用分散指导的方法。在板书课题时，指导生字"豪"；在生词听写环节，重点指导"委屈"一词的书写；在朗读过程中，重点教授多音字"散"的音和义。在《跟踪台风的卫星》一课中，我重点指导了"监""怒"两个笔画多的字，发挥学生的主体作用，让他们找出需要提醒大家记住的字，有个学生提出了"疯"字，并发挥想象力说："风生病了，就发疯了！"这让我不禁感叹学生的潜能是无限的。在生字展示的评价阶段，学生对生字笔画的位置、间架结构的把握超出了我的想象，再次证明学生的潜能是无限的。

3. 乐于表达的课堂

"课文无非是个例子"，在每篇课文的学习中都可以适当地给学生表达的机会。在《我应该感到自豪才对》一课的教学中，我设计了续写练习：沙漠旅行结束了，小骆驼又遇见了小红马……40分钟的课，学生写了近10分钟，交流了3分钟。在《水上飞机》一课，我设计了小海鸥向同伴介绍的环节，给学生提供了内化的机会，提示学生：应该从哪几个方面介绍呢？（名称、外形、用途）在《跟踪台风的卫星》一课的教学过程中，我引导学生在学完课文之后思考：课文主要想描写的是哪一个角色？为什么用那么多的笔墨来写台风？从而引导学生感受课文的衬托手法。

在学完三篇课文后，我上了一节编写童话故事的习作课。谈话导入之后，我带着学生结合学过的三篇童话，想象怎样才能编写出生动有趣的童话故事。根据学生的回答，我伺机出示课文中的有关片段，让学生感受写好童话故事要合理想象，写好角色之间的对话，注意提示语、语气词、标点符号，努力发挥课文的示范作用。

4. 以生为本的课堂

我努力实现以生为本的课堂，在课前准备了自主学习卡，提前了解了学生的情况，以学定教。例如，在执教《水上飞机》一课时，因为自己觉得课文浅显易懂，本想指导学生朗读后，就让学生自己汇报水上飞机的用途，然后以水上飞机的口气自述。但是根据自主学习卡的反馈情况，我发现，有些学生对课文的理解并不到位，所以我改变了原来的设计，课堂上带着学生有感情地朗读课文，然后在朗读中交流。待学生理解课文后，我又设计了小海鸥向同伴做介绍的练习环节。事实证明，这样的设计更接近学生的最近发展区，课堂上学生很活跃，说得也很好。

以生为本应该努力让每个学生都有进步，我在课堂上进行提问时，根据学生的学习能力，按难易程度分层次进行，并结合评价语的运用，让每个层次的学生都能享受到成功的快乐。

"授人以鱼，不如授人以渔"，在课堂上，我注意教给学生方法，如：朗读课文时要注意停顿、重音，学习用不同的符号做标记；写字时要注意字的间架结构，学习读帖的方法；听课时要养成做记录的习惯；等等。

5. 追求高效的课堂

课堂的高效源于教师的精心设计，所以我努力让自己的教学设计更精妙。例如，《我应该感到自豪才对》一课，我设计了词语的听写，用"委屈""担心""自豪"把梳理小骆驼的心情变化和对生字生词的检查结合起来，一举两得。《"你应该把这条鱼放掉！"》一课，我提炼了钓鱼一段的关键词，在学生读过这一段之后，让他们用上部分词语说一说钓鱼的情景，这样既让学生理解了课文，又帮助他们内化了课文的语言，同时节省了时间。

课堂中的小细节也会让课堂变得高效。我和学生有一些小约定，我用手势提醒学生坐正，用眼神鼓励学生，用简洁的评价语引导课堂。

在语文教学"返璞归真"的今天，我想自己应该以扎实的训练、朴实的教风展示真实的课堂，为学生的生命奠基。但回顾自己几天的教学，我发现仍有很多遗憾。但我相信，只要有追求的热情，有脚踏实地的行动，就会有越来越多的精彩在不远的前方悄然出现！

六、单元语文要素与读写互动

统编版小学语文教材以人文主题和单元语文要素双线组合。开展读写互动课程化研究，需要把握单元语文要素，进行精准的教学设计。结合教学实践，我从以下三个方面建构语文要素落地的策略。

（一）把握语文要素的编排要旨

语文要素的编排要旨在于构建语文学科训练体系。统编版小学语文教材中的语文要素，即语文训练的基本要素，包括必备的语文知识、基本的语文能力、适当的学习方法（策略）和学习习惯等，分成若干个知识或能力训练点，由浅入深，由易到难地分布在各个单元。统编版小学语文教材，努力构建符合语文学习基本规律、符合学生身心发展特点的语文能力发展体系，统筹规划训练目标的序列，并按照一定的梯度落实在各个年级的相关内容中，努力体现语言文字训练的系统性、发展性。这样的编排，既遵循了语文学科的规律和特点，解决了语文教学内容中的问题，能有效指导一线教师更好地发挥教材的作用，又尝试构建语文学科读写互动训练体系，努力体现训练的系统性。

因此，教师在备课时要细心研读教材，领会教材的编写意图，进一步思考怎样进行精准的教学设计才能让语文要素落到实处。

根据《义务教育语文课程标准（2011年版）》的要求，中年级应该加强段的训练，而统编版小学语文教材在编写中呈现出了具体的路径和提示。以三年级下册第三单元为例，教材不仅在单元页中明确地提出了"了解课文是怎样围绕一个意思把一段话写清楚的"，还在语文园地的交流平台中提出了和学生一起回顾课文内容，以本单元的《赵州桥》《一幅名扬中外的画》为例，复习总分结构的两个自然段，在读中悟出围绕一个意思把一段话写清楚的方法，即先写中心句，然后围绕中心句来写，相似的事物可以用"有的……有的……有的……"这样的排比句式写。而同样是写一段话，《纸的发明》中却用了一连串的动词来把整个造纸过程记录清楚，在读中提炼出流程图。在写作中，可以先画出流程图，再把整个过程按照顺序写清楚。还可以复习前面的精彩段落，比如，以第一单元《荷花》第2自然段来引导学生关注写作顺序,关注优美语句的运用。教师只有把教材的编写意图吃透,并引导学生带着明确的目标学习,在读写实践中感受段的构成和写作方法的运用,才能提高学生写一段话的水平。

(二)处理好单元语文要素和每篇课文之间的关系

统编版小学语文教材的单元语文要素在单元导语、课后练习、泡泡图中都有体现,统编版小学语文教材虽然同单元的课文都是围绕一两个语文要素的,但又是相互独立的。编者匠心独运,将这些要素分成若干知识点或能力训练点,在每一课的课后练习中呈现,旨在让学生从多层次多角度进行训练,形成相互联系的知识体系。所以,教师在备课时要关注单元语文要素和每篇课文的关系。下面以三年级上册《掌声》一课为例来说明。这是一篇经典的课文,编排进统编版小学语文教材后,语文要素更加清晰,经过研读教材和课后题可以确定教学目标。三个课后题紧紧围绕单元语文要素给出了明确的指向。"默读课文,想一想:英子前后有怎样的变化?为什么会有这样的变化?"这一道题非常明确地指向本单元的训练重点,也是这一单元语文要素在课后题中的体现。"读下面的句子,你体会到英子怎样的心情?你还从课文的哪些地方体会到了英子心情的变化?画出来和同学交流。"课后题引导学生在默读时品悟语言。这一问题指向的是在课文学习过程中怎么带着问题默读,也就是说,无论是整体感知或回顾全文,还是品读课文的重点语句,都可以带着问题默读,而且是一边读一边要想一想,这是落实语文要素的要点。"如果是英子自己来讲这个故事,她会怎样讲呢?从第2~4自然段中任选一段试着来讲一讲。"基于上述因素,我确定这一课的教学目标为:第一,学习生字词,读准"落""犹豫""忧郁"等生字、生词的读音,结合课文内容理解重点词语的意思,能有感情地朗读课文;第二,带着问题默读课文,能从人物的动作、神态描写中体会到英子心情的变化,并与同学交流,感受掌声带给英子的变化,学习给人鼓励和赞赏的美好品质;第三,初步学会转述故事的方法,能从第2~4自然段中任选一段转换人称讲述英子的故事。在统编版小学语文教材的使用过程中,只有吃透教材,精准地确定教学目标,让教学有的放矢,才能把有效的读写互动呈现在课堂上。

细细研读统编版小学语文教材会发现,单元语文要素在每篇课文中是有着不同的训练重点的,需要教师借助语文园地的交流平台进行归纳梳理,并让学生在语文学习实践中反复运用,这样才能提高学生的能力。比如,统编版小学语文五年级上册第二单元围绕"学习提高阅读速度的方法"这一单元语文要素编排了四篇课文,这四篇课文的题材各不相同,但重点都是训练学生提高阅读的速度。《搭石》一课重点训练学生"集中注意力,不回读",这是提高阅读速度的基础和起点;《将相和》一课则重在让学生练习"连词成句地读",学习的是扩大视域的方法,进一步提高阅读速度;说明性文章《什么比猎豹的速度更快》则引导学生结合文章段落特点,抓住关键语句提高阅读速度;《冀中的地道战》则引导学生带着问题读,并且要综合运用学过的方法提高阅读速度。如此各有侧重,循序提高,从而落实单元语文要素。教师在教学中要关注每篇课文在落实单元语文要素时的特殊作用,在训练中不断提高学生的语文能力,提升学生的语文综合素养。

（三）设计基于学情的支架

在学生学习过程中,教师要搭好学生学习的支架,让学生有法可循。语文学习的支架有很多种,诸如把思维可视化的思维导图、条目清晰的表格、标画重点语句谈感受、教师示范学生模仿等,这些帮助学生经历学习过程的学习工具或学习方式都是学习支架。

比如,在《掌声》一课的教学目标中,转换人称讲故事是教学难点,根据"如果是英子自己来讲这个故事"的要求,可以把这一训练分为以下几个步骤来落实。

第一,引导学生默读课文中人物的动作、神态描写,感受英子心情的变化。在感受掌声带给英子的感受这一过程中,我再一次提出默读的要求,手把手地教给学生用不同的线做标记,引导学生抓住"慢吞吞地站""一摇一晃地走"等,想象英子当时的心情。在这里,搭建一个小台阶,用填空的方式提示学生想象英子的动作、神态有什么变化,抓住两次"一摇一晃地走",想象同样的动作背后人物不一样的心情,感受掌声的巨大力量。通过想象课文没有写出来的细节让学生有所感悟,进而体会人物心情的变化,为后面的转换人称讲故事时抓住人物心情的变化做好铺垫,降低难度后,对于掌声含义的理解也就水到渠成了。

第二,教师讲故事、做示范,引导学生体会人物的内心。课堂中用创设情境的方法领着学生往前再走一步,"后来的英子参加了全国奥林匹克物理竞赛,还获了奖,并考上了北京的一所大学,在一次活动中,英子向她的朋友们讲起了她童年的这段经历。"教师可以运用配乐讲故事的方式,让学生对比原文说说发现了什么,教师适时进行小结——转换人称讲故事有两个要点:改变人称,将英子改为

"我";添加人物的心理活动,可以说一说英子想到了什么。在这一环节中,我引导学生在教师讲故事之后对比原文,发现不同,领悟转换人称讲故事的要点,并在课件中用切割凸显关键词语和用字体颜色的变化来提示学生,降低了难度,为突破难点搭了台阶,这样就给了学生具体的支架。事实证明,这样的设计,即便是讲故事有困难的学生也能达成学习目标。

第三,让学生尝试讲故事,把语文要素融进语文实践中。"接下来,英子会怎样讲两次掌声带给她的力量呢?请你选择一段学着老师的样子讲一讲吧!"尝试讲故事这一语文实践活动,让学生有了习得的过程。"英子,来把这个故事完整地讲给家人听吧!"这项作业也是课堂教学的延续,让学生潜移默化地内化语言,学习转换人称讲故事的方法。在落实单元语文要素时,恰当地运用学习支架能让学生在学习中经历必要的学习过程,习得知识,形成能力,使语文要素转化为学生的语文素养。

总之,只有理解了课程标准的要求,把握教材语文要素的编排要旨,处理好课文与单元语文要素之间的关系,再根据学生的学习实际从教材提供的资源中找到切入点,设计好支架,进行精准的教学设计,才能设计好读写互动环节,让语文要素落地。

七、精读课例中的读写互动策略

教材中的课文是学生学习语言、学习表达的优秀范例,在教学中发挥精读课文的例子作用,举一反三,能助力学生的习作表达。统编版小学语文教材习作单元中的精读课文,更是隐藏着学生学习习作表达的秘诀。从精读学写作的具体策略如下:

(一)揣摩行文结构,构思整体呈轮廓

以四年级下册第四单元为例,该单元的人文主题是"可爱的动物",语文要素是"体会作家是如何表达对动物的感情的"。文本中的三篇名家作品在选材、结构上做了最显著、最典型的示范。教师要有意识地从扶到放,让学生在深入学习中逐渐培养整体把握全文结构的能力。教学时,先让学生理清文本结构,如教授《猫》一课时,要引领学生抓住猫性格古怪、淘气、可爱,来感受老舍先生对猫的喜爱之情,然后理清课文的结构。同样地,在教授《白鹅》一课时,先让学生思考:课文重点写了白鹅的什么特点?是从哪几个方面来写的?在浏览全文之后,抓住关键句子,梳理出作者围绕白鹅的"高傲"这一特点,写了它的叫声、步态、吃相。再

带领学生细细品读课文:你从哪些地方读出了白鹅的高傲?这样的篇章结构,为学生在后面学习写动物提供了范例。在进行习作教学时,先让学生回顾前面的几篇课文,这样极大地促进了学生的写作,实现了读与写的互动。

(二)赏析语言特色,精雕细琢出精品

细节的处理是体现文章品质的关键,细腻形象的描写使人如闻其声,如见其形。能否进行细节描写是四年级学生写作水平最明显的分界线,教师在教学中要有意识地抓住文章精彩的句段引领学生去品读、感悟、模仿,这样可以提高学生的语言表达能力,这样的读写互动可以更好地引发学生对语言风格的兴趣,让学生学会用鲜活的语言表达。

例如,作者在《白鹅》第5自然段中不厌其烦地写鹅的吃相,妙趣横生,引人发笑。教学时,我要求学生边读边勾画出白鹅吃饭时令人发笑的词句,然后通过交流提炼出白鹅吃饭的可笑。教授《白公鹅》一课时,我采用对比法,指导学生圈出动词,边读边想象,边读边观察,反复体会叶诺索夫描写白公鹅走路慢条斯理的特点与丰子恺的《白鹅》的异曲同工之妙。教授《母鸡》一课时,我则有意识地发挥学生自主学习的积极性,让他们在小组内交流自己觉得精彩的细节描写,或读或演,或背或诵,自我阅读,自我发现,自我探究,尊重并激活学生的不同阅读感受,在品词析句时让学生自然领会到作者抓住特点写细致和先抑后扬的写作方法。

(三)品味表达的真情

受年龄特点和语言积累的限制,很多学生习惯用"我真喜爱小狗呀""小猫是我最喜欢的伙伴"之类苍白的句子来表达自己的感情。本单元三篇课文字里行间都流露出作者对动物的喜爱,而且语言风格又各具特色。我们要善于挖掘教材语言的特点,点燃学生对语言的情感火花。比如,把白鹅称作"架子十足"的"鹅老爷",言语间却流露出无法掩饰的亲昵。《白公鹅》中"干这种勾当它从不偷偷摸摸,总是从从容容、不紧不慢的,因为它自认为是这条河的主宰"。作者的无可奈何中同样流露出对白鹅满心的喜爱。虽然两位作者都是非常喜欢鹅的,但从叙述中要引导学生通过反复朗读想象,提高语言敏感度,感受不同的语言。因此,运用平实无雕琢的语言将事实具体地写出,可以使动物的形象越来越丰满,性格越来越鲜明,给读者留下深刻的印象。

读中悟写,以写促读,进而形成一种良好的读写互动。学生的习作中出现了

这种刚学会的句子:"你看吧,大黄狗又在脏兮兮、乱糟糟的杂物堆里东闻闻、西闻闻,到处寻找老鼠的身影。它两眼直盯着老鼠洞,屏息凝视。""它高兴的时候,就会在你无聊时,像一个歌手一样,唱着一首歌逗你开心。在你吃饭时,它会把它的双足放在你的腿上,再用可怜巴巴的表情看着你,好像在对你说:'主人,赏我几块骨头吧!'"

"始于起步,终于创新。"致力于读写结合研究的全国著名特级教师丁有宽老师说:读和写是互逆的过程。它们既相对独立,又密切联系,读是理解吸收,写是理解表达;有理解性的吸收,才会有理解性的表达,表达能力强了,又促进理解吸收能力的提升。

第六节　课外阅读中的读写互动

一、不同文体课外阅读中的读写互动

不同文体的课外阅读中怎样关注言语形式,以实现读与写的互动呢?我做了以下探索。

(一)儿童诗

儿童诗以儿童为主体,适合儿童欣赏、吟诵、阅读。在教学中,我带领学生通过反复诵读,品味、把握儿童诗的形象,感受诗歌饱满的情感、丰富的想象、新颖巧妙的构思、凝练形象的语言、童稚优美的意境。在品读感悟的基础上,我关注言语的表达形式,引导学生欣喜地发现:儿童诗不仅语言有趣,诗行也可以有新奇的排列方式。林世仁的《下雨了》,诗行排列成一把打开的大伞;陈木城老师《瞌睡虫》的诗行就像一只瞌睡虫在脸上爬,特别是大小适中的两个圆圈,就像两个鼻孔……诗可长可短,只要内容能感动自己,有情趣,三言两语、三行两句就是一首精致可爱的短诗。例如《花》:"她的香,抓住了大家的鼻子,使我们都沉醉了。"简简单单的三行诗,写出了花的香味吸引了我们每一个人。在引导学生表达时,要鼓励他们展开想象,用心灵去感悟生活。例如读了《花和蝴蝶》(花是不会飞的蝴蝶,蝴蝶是会飞的花。蝴蝶是会飞的花,花是不会飞的蝴蝶。花是蝴蝶,蝴蝶也是花),我告诉学生:"花是蝴蝶,蝴蝶也是花,是因为花和蝴蝶都有美丽的色彩、相似的外形。所以,看到花,诗人想到的是不会飞的蝴蝶;看到蝴蝶,诗人想到的是会飞的花。从一个事物想到另一个事物,这样的方法就叫作联想。联想是诗歌常用的方法。"我们的想象就像蜘蛛网一样四通八达,我们可以从这里想到那里,从现在想到过去,也可以从一种东西想到一件事,从一件事想到一个人。只要找到它们相关联的地方,就可以不停地想下去。只要根据声音、感受或者形状找到关联点,就可以找到诗了。有了丰富的想象,再加上细心观察和生活积累,以及新颖巧妙的构思,一首有趣的儿童诗就诞生了。

(二)童话

童话是一种比较适合儿童阅读的文学题材,它按照儿童的心理特点和需要,通过丰富的想象和夸张的手法来塑造鲜明的形象,采用曲折动人的故事情节和浅显易懂的语言文字来反映现实生活,抑恶扬善,达到教育人的目的。童话表现出了我们对美好生活的向往和追求。

学生喜欢读童话,也喜欢自己编写童话。在教学时,我们要注意根据年级的不同,给学生适当的引导。引导低年级学生关注有趣的人物形象和优美的语言;引导中年级学生展开丰富的想象,关注故事情节的叙述方式;引导高年级学生注意作者的叙述层次性以及写作特点,并让学生试着编写童话故事。

(三)绘本

绘本利用图讲故事的方式,把原本属于高雅层次、仅供少数人欣赏的绘画艺术带到了孩子们面前。读绘本,要读的绝不仅仅是文字,而是要从图画中读出故事,进而欣赏绘画。绘本中高质量的图与文,对培养孩子的认知能力、观察能力、沟通能力、想象力、创造力,以及促进孩子的情感发育等,都有着难以估量的潜移默化的影响。

专家一致认为:绘本是最适合孩子阅读的图书形式。

在低、中、高年级开展绘本阅读活动,能够激发学生的阅读兴趣,提升学生阅读、想象、写作等方面的能力。具体做法如下:

1.扩写、改写、续写绘本故事

(1)扩写:根据画面内容扩展写作。

绘本故事《两棵树》中,一幅画中说道:"两棵树一起在春天绽放鲜花,一起在冬天战胜严寒。"我们可以思考两棵树在夏天和秋天会一起做些什么,然后进行扩写。

（2）改写：阅读完故事后，进行改编。

在读完绘本故事《母鸡萝丝去散步》后，我们都知道狐狸最终没能吃到萝丝，反而落得一身狼狈。我们可以按下面的提示进行改编：萝丝虽然聪明，但是狐狸也不傻，如果狡猾的狐狸最后吃到了萝丝，它是怎样吃到萝丝的呢？

（3）续写：阅读完故事后，根据角色的特点进行续写。

读完《两只羊的故事》后，我们可以找到续写的切入点：又一个春天来了，两只羊又会发生怎样的故事呢？

2. 选择绘本故事中的一幅或几幅图画进行片段描写

这种写作方式相对来说比较简单，根据图意来描写即可。

在《再游一次》中，我们可以结合画面，根据故事中"熊宝宝蹦蹦跳跳地跟在妈妈身后，来到奇异的冰雪世界"，以"奇异的冰雪世界"为题让学生融入自己的想象来描写片段。

3. 想象创编：启发学生通过想象来创编故事

我认为这种写作方式是最能启发学生思维和想象力的方式，而且最适宜在赏读封面的时候运用。

在看《森林里的聚会》的封面时，由于封面上有很多动物，学生的兴趣一下子就被调动起来了，我们可以趁热打铁，以"森林里的动物为什么要聚会呀？发生了什么事呢？"为切入点，让学生进行想象，创编《森林里的聚会》。

4. 写绘本故事读后感

在读完绘本《我妈妈》后，可以让学生通过回忆绘本故事，与自己的生活进行链接，写读后感。

依据各年级学生的年龄特点和写作水平，可以安排不同的写作方式，甚至让不同年级的学生阅读同一本绘本，写作方式不同，学生的收获也不同。

（四）儿童小说

儿童小说是以塑造儿童形象为中心、以广大儿童为主要读者对象的散文体叙事性儿童文学样式。它也具备小说的三要素：人物、情节、环境（自然环境和社会环境），有以儿童形象为中心的人物形象或以儿童视角所表现的成人形象、以儿童行为为中心而串联的故事情节、以儿童生活的背景和场所为主的环境描写。其中，人物是小说的核心，情节是小说的骨架，环境是小说的依托。

在学生阅读儿童小说时，要引导他们关注这些基本的写作方法，并且结合具体的语言描写理解小说中的故事情节（包括开端、发展、高潮、结局）。环境指人物活动的背景和场所，小说中的人物称为典型人物，可以通过外貌、动作、语言、心理、神态进行描写。而这些都可以用在我们自己的写作中。

在阅读《草房子》时，我们要引导学生关注描写秃鹤的文字，留心对他的外貌、语言、动作、心理的描写，让学生找一找书中用了哪些典型事例来突出人物的性格特点，以及有哪些细节描写，然后迁移运用。首先，选择一个自己熟悉的人，用三个形容词来形容他三个突出的特点。其次，找出生活中的典型事例，同时关注细节描写。

二、课外阅读记录单的设计

针对推荐的必读书目，我从内容理解、阅读方法指导、写作方法指导、语言积累运用等方面精心设计了课外阅读记录单，使之发挥阅读指导地图的作用，帮助学生记录读书所得，促进学生实现读与写的互动。同时，针对不同年级的学生，根据阅读书目进行不同的读写互动。低年级进行绘本读写绘，将读书与绘画相结合；中年级进行诗歌创作；高年级进行名著梗概写作和读后感写作。

阅读记录单由阅读提示和课文链接组成，如五年级必读书目《呼兰河传》的阅读记录单是这样设计的：第 1 页首先根据学期必读书目中的三本小说，介绍小说的三要素，进行阅读方法指导，下面还附了课文链接，以激发学生的阅读兴趣。第 2 页是从作者简介、整本书简介、作家评价、前言（或后记）、序言等方面对学生的阅读进行指导，并启发学生思考怎样阅读。前两页可以用在导读课中，帮助学生开启整本书的阅读之旅；第 3、4、5 页则根据书中的人物和故事进行导读，帮助学生进行深入的阅读，可以在阅读推进课中以检查指导的方式，给教师教学和学生阅读提供学习的支架；第 6 页引导学生再次回顾整本书的内容，从写作方法、人物形象等角度对全书进行梳理。该阅读记录单实现了整本书阅读中读写的深度融合，真正达到以读促写、以写促读的目的，学生在读写过程中提高了阅读能力，提升了语文素养。

五年级"畅游经典"阅读记录单

阅读提示

亲爱的同学们,这学期给大家推荐的必读书目是《呼兰河传》《三国演义》《西游记》,这三本书都是长篇小说。你们一定知道我国的四大名著吧?咱们可以选择青少年版的《三国演义》《西游记》来读,有兴趣的同学也可以挑战一下原著。

小说的三要素是人物、情节、环境。人物是小说的核心,情节是小说的骨架,环境是小说的依托。人物形象的核心是人物的思想性格,为了突出人物的特点,往往会用到正面描写和侧面描写。在读小说时,关注小说的三要素能让你们有更多的收获。同学们在阅读时可以通过人物的外貌、动作、语言、神态、心理等描写更好地把握人物的性格特点。在阅读时反复品味生动的语言,能让你们感受到经典的力量。小说中精彩曲折的故事情节很吸引人,让人欲罢不能,沉浸其中,你们一定可以感受到读书真好!

在读书过程中,千万别忘了做笔记。请你们根据老师的提示学习阅读,做好读书笔记。细细品味,在领悟作品表达的情感的过程中,还可以学习写作的技巧。

快来开启你们的阅读之旅吧!

课文链接

亲爱的同学们,你们还记得这学期语文教材中的《祖父的园子》吗?这篇课文选自萧红的《呼兰河传》。让我们走进这本书,去了解课文背后更多的故事吧!

阅读书目:《呼兰河传》	阅读日期:

走进一本书

作者简介:＿＿＿＿＿＿＿＿＿＿＿＿＿＿＿＿＿＿＿＿＿＿＿＿

＿＿＿＿＿＿＿＿＿＿＿＿＿＿＿＿＿＿＿＿＿＿＿＿＿＿＿＿

＿＿＿＿＿＿＿＿＿＿＿＿＿＿＿＿＿＿＿＿＿＿＿＿＿＿＿＿

整本书简介:＿＿＿＿＿＿＿＿＿＿＿＿＿＿＿＿＿＿＿＿＿＿＿

＿＿＿＿＿＿＿＿＿＿＿＿＿＿＿＿＿＿＿＿＿＿＿＿＿＿＿＿

＿＿＿＿＿＿＿＿＿＿＿＿＿＿＿＿＿＿＿＿＿＿＿＿＿＿＿＿

＿＿＿＿＿＿＿＿＿＿＿＿＿＿＿＿＿＿＿＿＿＿＿＿＿＿＿＿

这是一部长篇小说,我国著名作家茅盾这样评价它:＿＿＿＿＿＿

＿＿＿＿＿＿＿＿＿＿＿＿＿＿＿＿＿＿＿＿＿＿＿＿＿＿＿＿

＿＿＿＿＿＿＿＿＿＿＿＿＿＿＿＿＿＿＿＿＿＿＿＿＿＿＿＿

＿＿＿＿＿＿＿＿＿＿＿＿＿＿＿＿＿＿＿＿＿＿＿＿＿＿＿＿

读了书的前言(或后记),我知道了:＿＿＿＿＿＿＿＿＿＿＿＿

＿＿＿＿＿＿＿＿＿＿＿＿＿＿＿＿＿＿＿＿＿＿＿＿＿＿＿＿

＿＿＿＿＿＿＿＿＿＿＿＿＿＿＿＿＿＿＿＿＿＿＿＿＿＿＿＿

＿＿＿＿＿＿＿＿＿＿＿＿＿＿＿＿＿＿＿＿＿＿＿＿＿＿＿＿

读了书的序言,我知道了:＿＿＿＿＿＿＿＿＿＿＿＿＿＿＿＿

＿＿＿＿＿＿＿＿＿＿＿＿＿＿＿＿＿＿＿＿＿＿＿＿＿＿＿＿

＿＿＿＿＿＿＿＿＿＿＿＿＿＿＿＿＿＿＿＿＿＿＿＿＿＿＿＿

＿＿＿＿＿＿＿＿＿＿＿＿＿＿＿＿＿＿＿＿＿＿＿＿＿＿＿＿

我想这样读《呼兰河传》这本书:＿＿＿＿＿＿＿＿＿＿＿＿＿＿

＿＿＿＿＿＿＿＿＿＿＿＿＿＿＿＿＿＿＿＿＿＿＿＿＿＿＿＿

＿＿＿＿＿＿＿＿＿＿＿＿＿＿＿＿＿＿＿＿＿＿＿＿＿＿＿＿

＿＿＿＿＿＿＿＿＿＿＿＿＿＿＿＿＿＿＿＿＿＿＿＿＿＿＿＿

＿＿＿＿＿＿＿＿＿＿＿＿＿＿＿＿＿＿＿＿＿＿＿＿＿＿＿＿

阅读书目:《呼兰河传》	阅读日期:

走进一座城

在萧红心中,呼兰河小城是这样的:_____

_____

_____

_____

_____

_____

_____

在这座小城里,人们说话也很特别,比如:_____

_____

_____

_____

_____

_____

_____

在这座小城里,你认识了哪些人物? 用一两句话写一写他(她)留给你的印象:_____

_____

_____

_____

_____

_____

_____

走进这座城,认识了这座城,我想说:_____

_____

_____

_____

_____

_____

_____

_____

阅读书目:《呼兰河传》	阅读日期:

走进一个人的童年

读了这本书,我认为书中女孩的童年是这样的:_____

_____

_____

_____

_____

_____

_____

列举书中"我"经历的那些难忘的事:_____

_____

_____

_____

_____

_____

_____

书中"我"的童年生活是有趣的,这些语句我很喜欢:_____

_____

_____

_____

_____

_____

_____

我想对书中的"我"这样说:_____

_____

_____

_____

_____

_____

_____

_____

_____

阅读书目:《呼兰河传》	阅读日期:

回望这座小城

我很喜欢小说尾声中的这些语句:＿＿＿＿＿＿＿＿＿＿＿＿＿＿＿＿＿＿＿＿＿
＿＿＿
＿＿＿
＿＿＿
＿＿＿
＿＿＿

读着读着,我发现,在"我"的记忆中,小城中最让人难忘的是＿＿＿＿＿＿＿＿＿＿,
原因是:＿＿＿＿＿＿＿＿＿＿＿＿＿＿＿＿＿＿＿＿＿＿＿＿＿＿＿＿＿＿＿＿＿＿＿＿
＿＿＿
＿＿＿
＿＿＿
＿＿＿

小城留下的是作者幼年的记忆,还有那些温暖的场景,如＿＿＿＿＿＿＿＿＿＿＿＿＿
＿＿＿
＿＿＿
＿＿＿
＿＿＿

读完这本小说,我最大的感受是:＿＿＿＿＿＿＿＿＿＿＿＿＿＿＿＿＿＿＿＿＿＿＿
＿＿＿
＿＿＿
＿＿＿
＿＿＿
＿＿＿

阅读书目:《呼兰河传》	阅读日期:

品味经典

书中的环境描写很有特点,比如:＿＿＿＿＿＿＿＿＿＿

＿＿＿＿＿＿＿＿＿＿＿＿＿＿＿＿＿＿＿＿＿＿＿

＿＿＿＿＿＿＿＿＿＿＿＿＿＿＿＿＿＿＿＿＿＿＿

＿＿＿＿＿＿＿＿＿＿＿＿＿＿＿＿＿＿＿＿＿＿＿

＿＿＿＿＿＿＿＿＿＿＿＿＿＿＿＿＿＿＿＿＿＿＿

＿＿＿＿＿＿＿＿＿＿＿＿＿＿＿＿＿＿＿＿＿＿＿

书中的语言描写很生动,我喜欢这些语句:＿＿＿＿＿＿

＿＿＿＿＿＿＿＿＿＿＿＿＿＿＿＿＿＿＿＿＿＿＿

＿＿＿＿＿＿＿＿＿＿＿＿＿＿＿＿＿＿＿＿＿＿＿

＿＿＿＿＿＿＿＿＿＿＿＿＿＿＿＿＿＿＿＿＿＿＿

＿＿＿＿＿＿＿＿＿＿＿＿＿＿＿＿＿＿＿＿＿＿＿

＿＿＿＿＿＿＿＿＿＿＿＿＿＿＿＿＿＿＿＿＿＿＿

小说中的祖父是这样的:＿＿＿＿＿＿＿＿＿＿＿＿＿

＿＿＿＿＿＿＿＿＿＿＿＿＿＿＿＿＿＿＿＿＿＿＿

＿＿＿＿＿＿＿＿＿＿＿＿＿＿＿＿＿＿＿＿＿＿＿

＿＿＿＿＿＿＿＿＿＿＿＿＿＿＿＿＿＿＿＿＿＿＿

＿＿＿＿＿＿＿＿＿＿＿＿＿＿＿＿＿＿＿＿＿＿＿

＿＿＿＿＿＿＿＿＿＿＿＿＿＿＿＿＿＿＿＿＿＿＿

如果祖父就在面前,萧红可能会这样对祖父说:＿＿＿

＿＿＿＿＿＿＿＿＿＿＿＿＿＿＿＿＿＿＿＿＿＿＿

＿＿＿＿＿＿＿＿＿＿＿＿＿＿＿＿＿＿＿＿＿＿＿

＿＿＿＿＿＿＿＿＿＿＿＿＿＿＿＿＿＿＿＿＿＿＿

＿＿＿＿＿＿＿＿＿＿＿＿＿＿＿＿＿＿＿＿＿＿＿

＿＿＿＿＿＿＿＿＿＿＿＿＿＿＿＿＿＿＿＿＿＿＿

＿＿＿＿＿＿＿＿＿＿＿＿＿＿＿＿＿＿＿＿＿＿＿

三、绘本阅读中的读写互动

绘本,顾名思义就是"画出来的书"。它用图画和文字共同来叙述故事,图画和文字呈现出一种互补的关系,缺一不可。培利·诺德曼在《阅读儿童文学的乐趣》中说:"一本绘本至少包含三种故事,文字讲的故事、图画暗示的故事,以及两者结合产生的故事。"不仅如此,绘本文字的排列、潜在的节奏、细节、留白、阅读的方向都值得我们去细细玩味,到处包含着"写"的元素。

下面以《狼大叔的红焖鸡》为例,来谈一谈绘本阅读中的读写互动。

《狼大叔的红焖鸡》讲了一只"除了吃,再也没有其他爱好"的狼有一天想吃红焖鸡的故事。它遇到一只母鸡,忽然有了一个主意,想让母鸡变得肥一点儿,好多吃几口肉,于是它给母鸡做了甜甜圈等美食悄悄地送到母鸡家,就在它满怀希望去母鸡家的时候,迎接它的却是鸡妈妈热情的招待和鸡宝宝们的亲吻,这个狼大叔被感动了,想着第二天要不要给这些小鸡做些甜饼干送过去。

这是一个友善与爱改变邪恶的故事。一年级的学生并不能理解那么多,但他们有自己的思维方式。我尝试着让学生在阅读绘本《狼大叔的红焖鸡》时进行写话练习,颇有收获。我意识到,如果教师能引导学生充分利用绘本"写"的元素,创造性地进行写话练习,使阅读和写话融为一体,实现读写互动,可谓一举两得。

(一)仔细观察,描摹图画的精彩——补白

《狼大叔的红焖鸡》是以画为主体的绘本,文字简洁明了,舍去了很多烦琐的叙述,生动的图画间那些欲言又止的留白正是绘本的精髓,给学生留下了无尽的想象空间。阅读绘本时,可以引导学生反复观赏,仔细描摹,从图画中解读出文本未表达的故事,想象文字以外、画面以外的世界,进行延伸创作,使绘本更加丰满,让学生享受到意想不到的写话乐趣。可以用"细读图画,丰富原文本"的形式来帮助学生写话。

阅读之初,在读过封面之后,学生已经对狼大叔的角色有了感性认识,在翻开第一页时,我给学生讲:"从前,有一只狼,他喜欢各种各样的美食。除了吃,他再也没有其他的爱好了。他总是吃完了这顿饭,马上开始想:下一顿吃什么呢?"

之后,我设计了写话练习,让学生观察书中狼大叔的餐桌、餐具,以及狼大叔的眼神、动作,并想一想:狼大叔喜欢各种各样的美食,有( ),有( ),还有( )。学生写得很好,"狼大叔喜欢各种各样的美食,有烧鸡,有红烧鱼,还有排骨""狼大叔喜欢各种各样的美食,有鱼,有牛奶,还有果汁"。这样,学生更深刻

地理解了"各种各样"这个词语的意思,而且在写话过程中对狼大叔有了更深的印象。

（二）模仿文本,增加词句的积淀——仿写

"模仿是创作的开始",特别是对第一学段的学生来说,更是如此。绘本的文字都经过了精心挑选与整理,这些语言生动活泼,朗朗上口,是学生模仿的经典。在阅读绘本时,可以抓住绘本中有特色的词、句、段,让学生迁移仿写。

在这本绘本中,狼大叔给母鸡做了煎饼、甜甜圈、大蛋糕等,每次把东西送给母鸡的时候,它都要念叨几句。讲到这里的时候,我让学生根据送煎饼时狼大叔念叨的几句话加以想象(狼大叔送这些美食的时候心里会怎么想),并仿照着写几句话。

这样的写话练习与故事情节的推动紧密相连,既促进了学生对故事的理解,又让学生体会到狼大叔一次比一次急切的心情。在仿写过程中,学生迁移了绘本中精彩的表达方式,形成了自己的语言,体会到了写话的乐趣,同时对接下来的阅读有了更多的期待。

（三）展开想象,延续情节的发展——续写

《狼大叔的红焖鸡》的故事在温暖的画面和优美的音乐中结束,最后一幅图——鸡宝宝们围着一篮子饼干在快乐地啄食,又酝酿着一个新的故事,让人意犹未尽,回味无穷。绘本于精彩之处戛然而止,却让学生思绪飞扬,产生无数想象。这些有趣的想法让每个学生都蠢蠢欲动,忍不住想给故事续个"尾巴"。如果这时候让他们写,谁也不会无话可说了。

所以,在课堂接近尾声时,我这样引导学生:"故事的最后一页,庆子阿姨给我们留下了这样一幅图。请你猜猜狼大叔和小鸡们又会发生什么有趣的故事。第二天……"

学生的故事沿着原有的情节向下发展,有的还更曲折。这样的续写丰富了学生的想象,发展了他们的语言,实现了读与写的互动。

（四）触发灵感,拓宽题材的宽度——抒写

苏霍姆林斯基曾经说过:"儿童是用形象、色彩、声音来思维的。"绘本特别贴近孩子的生活,通过图画和文字将故事角色的言行情态描摹得惟妙惟肖。在阅读绘本时,学生往往能看到自己的生活,有种似曾相识的感觉,这能激发学生的共

鸣,使他们不知不觉地联想起自己生活中的故事。此时引导学生写自己的故事,可称为"抒写",这是由故事的主题引发的写。

在《狼大叔的红焖鸡》这个故事中,我引导学生理解"是鸡妈妈的热情友善、小鸡们的亲吻凝聚成一股爱的力量,让狼大叔害羞了、变了,心里想吃鸡的恶念消失了"。接着,我给了学生写的引导:"在你的生活中,有没有这样的事情?请你回想一下,在你的生活中,什么时候发生过这种因为爱和友善而改变的事情。先想一想,再和你的同桌说一说,然后写下来吧!"

课堂实践证明,学生读了绘本以后,画面和语言的积累更厚实了,思想和情感更活跃更丰富了,于是创作绘本也就水到渠成了。

绘本以它独有的精妙的语言和明快的画面,给予学生的不仅是听觉上、视觉上的享受,更多的是细节的领悟和心灵的体会。在绘本教学时,我们应引导学生发现图的秘密,落实写的训练,在聆听中,在想象中,在自由的表达中,让学生享受绘本带来的快乐,让课堂因为读与写的互动而更加精彩!

四、课外阅读中读写互动教学资源

下面以统编版小学语文五年级读写互动教学资源为例来说明。

(一)以小见大,小视角切出大主题

材料一

散　步

莫怀戚

我们在田野散步:我,我的母亲,我的妻子和儿子。

母亲本不愿出来的。<u>她老了,身体不好,走远一点就觉得很累。我说,正因为如此,才应该多走走。母亲信服地点点头,便去拿外套。她现在很听我的话,就像我小时候很听她的话一样。</u>

母亲身体不好,对儿子信服,为后面的背母亲埋下伏笔。

天气很好。今年的春天来得太迟,太迟了。有一些老人挺不住。但是春天总算来了。我的母亲又熬过了一个严冬。

这南方初春的田野,大块小块的新绿随意地铺着,有的浓,有的淡;树上的绿芽也密了;田野里的冬水也咕咕地起着水泡。这一切使人想起一样东西——生命。

我和母亲走在前面,我的妻子和儿子走在后面。小家伙突然叫起来:"前面也是妈妈和儿子,后面也是妈妈和儿子。"我们都笑了。

后来发生了分歧:母亲要走大路,大路平顺;我的儿子要走小路,小路有意思。不过,一切都取决于我。我的母亲老了,她早已习惯听从她强壮的儿子;我的儿子还小,他还习惯听从他高大的父亲;妻子呢,在外面,她总是听我的。一霎时,我感到了责任的重大。就像民族领袖在严重关头时那样。我想找一个两全的办法,找不出;我想拆散一家人,分成两路,各得其所,终不愿意。我决定委屈儿子,因为我伴同他的时日还长。我说:"走大路。"

但是母亲摸摸孙儿的小脑瓜,变了主意:"还是走小路吧。"她的眼随小路望去:那里有金色的菜花,两行整齐的桑树,尽头一口水波粼粼的鱼塘。"我走不过去的地方,你就背着我。"母亲说。

这样,我们在阳光下,向着那菜花、桑树和鱼塘走去了。到了一处,我蹲下来,背起了我的母亲;妻子也蹲下来,背起了儿子。我的母亲虽然高大,然而很瘦,自然不算重;儿子虽然很胖,毕竟幼小,自然也轻。但我和妻子都是慢慢地,稳稳地,走得很仔细,好像我背上的同她背上的加起来,就是整个世界。

田野中的事物使人想起"生命",也自然让读者跟着文字思考。

两对母子,背起的就是整个世界,这一蹲一背之间,传承的是中华民族尊老爱幼的传统美德。

学习提示

1. 文中写了晚饭后散步的小事,表现的是什么主题?对你有什么启发?
2. 你怎么理解"以小见大"的表现手法?

材料二

贝 壳
席慕蓉

在海边,我捡起了一枚小小的贝壳。

贝壳很小,却非常坚硬和精致。回旋的花纹中间有着色泽或深或浅的小点,如果仔细观察的话,在每一个小点周围又有着自成一圈的复杂图样。怪不得古时候有人采用贝壳来做钱币,在我手心里躺着的实在是一件艺术品,是舍不得拿去和别人交换的宝贝啊!

作者通过细致的观察发现了贝壳的美,字里行间流露出对贝壳的喜爱和珍惜。

在海边捡起这一枚贝壳的时候,里面曾经居住过的小小柔软的肉体早已死去,在阳光、砂粒和海浪的淘洗之下,贝壳中的生命所留下来的痕迹已经完全消失了。但是,为了这样一个短暂和细小的生命,为了这样一个脆弱和卑微的生命,上苍给它制作出来的居所却有多精致、多仔细、多么地一丝不苟啊!

比起贝壳里的生命来,我在这世间能停留的时间是不是更长和更多一点呢?是不是也应该用我的能力来把我所能做到的事情做得更精致、更仔细、更加地一丝不苟呢?

作者由贝壳想到了生命,想到了生命的意义和价值。

请让我也能留下一些令人珍惜、令人惊叹的东西来吧。

在千年之后,也许也会有人对我留下的痕迹反复观看,反复把玩,并且会忍不住轻轻地叹息:"这是一颗怎样固执又怎样简单的心啊!"

学习提示

1. 一枚坚硬、精致的小贝壳引发了作者思考,你认为作者由此受到了什么样的启发?

2. 表现生命主题可以有多种方式,你认为通过贝壳这一事物来表现生命主题有什么好处?

🌹 **初试身手**

1. 一次一家人的散步，一枚小小的贝壳，都是生活中常见的事和物，但作者却由此生发了思考。通过描写小事情、小东西、小动物、小人物等来表现大美德、大人生、大境界、大情怀等，就是"以小见大"的写法。你能由下列常见的事物想到什么？试着写一写吧！

(1) 我看到蜡烛在热烈地燃烧，就想起了＿＿＿＿＿＿＿＿＿＿＿＿＿。

(2) ＿＿＿＿＿＿＿＿＿(什么事情)，启发我＿＿＿＿＿＿＿＿＿＿＿。

2. 在《乌衣巷》中，诗人运用"以小见大"的表现手法，通过"朱雀桥边野草花""乌衣巷口夕阳斜""王谢堂前燕"这样平常的小景、小物来解释时代变迁、人生多变，抒发了自己对盛衰兴败的深沉感慨。写"小"的时候，要紧紧抓住一个点来集中描写或者延伸放大；而写"大"的时候，则可采用记叙、抒情、议论等表达方式来凸显主题。请你从生活中选择常见的事、物或景，来表现你所思考的某个大主题吧！

(二)巧用修辞，写出人物外貌特点

 材料一

秃 鹤

曹文轩

秃鹤与桑桑从一年级始，一直到六年级，都是同班同学。

秃鹤应该叫陆鹤，但因为他是一个十足的小秃子，油麻地的孩子，就都叫他为秃鹤。秃鹤所在的那个小村子，是个种了许多枫树的小村子。每到秋后，那枫树一树一树地红起来，红得很耐看。但这个村子里，却有许多秃子。他们一个一个地光着头，从那么好看的枫树下走，就吸引了油麻地小学的老师们停住了脚步，在一旁静静地看。那些秃顶在枫树下，微微泛着红光。遇到枫叶密集，偶尔有些空隙，那边有人走过时，就会一闪一闪地亮，像沙里的瓷片。那些把手插在裤兜里或双臂交叉着放在胸前的老师们，看着看着，就笑了起来，也不知道是什么意思。

秃鹤已许多次看到这种笑了。

但在桑桑的记忆里，秃鹤在读三年级之前，似乎一直不在意他的秃头。这或许是因为他们村也不光就他一个人是秃子，又或许是因为秃鹤还太小，想不起来自己该在意自己是个秃子。秃鹤一直生活得很快活，有人叫他秃鹤，他会很高兴地答应的,仿佛他本来就叫秃鹤,而不叫陆鹤。

　　秃鹤的秃,是很地道的。他用长长的好看的脖子,支撑起那么一颗光溜溜的脑袋。这颗脑袋绝无一丝瘢痕,光滑得竟然那么均匀。阳光下,这颗脑袋像打了蜡一般地亮,让他的同学们无端地想起,夜里它也会亮的。由于秃成这样,孩子们就会常常出神地去看,并会在心里生出要用手指头蘸了一点唾沫去轻轻摩挲它一下的欲望。事实上,秃鹤的头,是经常被人抚摸的。后来,秃鹤发现了孩子们喜欢摸他的头,就把自己的头看得珍贵了,不再由着他们想摸就摸了。如果有人偷偷摸了他的头,他就会立即掉过头去判断,见是一个比他弱小的,他就会追过去让那个人在后背上吃一拳;见是一个比他有力的,他就会骂一声。有人一定要摸,那也可以,但得付秃鹤一点东西:要么是一块糖,要么是将橡皮或铅笔借他用半天。桑桑用一根断了的格尺,就换得了两次的抚摸。那时,秃鹤将头很乖巧地低下来,放在了桑桑的眼前,桑桑伸出手去摸着,秃鹤就会数道:"一回了……"桑桑觉得秃鹤的头很光滑,跟他在河边摸一块被水冲洗了无数年的鹅卵石时的感觉差不多。

　　秃鹤读三年级时,偶然地,好像是在一个早晨,他对自己的秃头在意起来了。秃鹤的头现在碰不得了,谁碰,他就跟谁急眼,就跟谁玩命。人再喊他秃鹤,他就不再答应了。并且,谁也不能再用东西换得一摸。油麻地的屠夫丁四见秃鹤眼馋地看他肉案上的肉,就用刀切下足有二斤重的一块,用刀尖戳了一个洞,穿了一截草绳,然后高高地举在秃鹤眼前:"让我摸一下你的头,这块肉就归你。"说着,就要伸出油腻的手来,秃鹤说:"你先把肉给我。"丁四说:"先让我摸,然后再把肉给你。"秃鹤说:"不,先把肉给我。"丁四等到将门口几个正在闲聊的人招呼过来后,就将肉给了秃鹤。秃鹤看了看那块肉——那真是一块好肉!但秃鹤却用力向门外一甩,将那块肉甩到了满是灰土的路上,然后拔腿就跑。丁四抓了杀猪刀追出来,秃鹤跑了一阵却不再跑了,他从地上抓起一块砖头,转过身来,咬牙切齿地面对着抓着锋利刀子的丁四。丁四竟不敢再向前一步,将刀子在空中挥舞了两下,说了一声"小秃子",转身走了。

　　秃鹤不再快活了。

学　习　提　示

　　长篇小说《草房子》中,秃鹤是个很有特点的人物,尤其是他的外貌,找一找作者是怎样运用修辞手法来描写秃鹤的外貌的。

水浒传（节选）

施耐庵

话说宋江因躲一杯酒，去净手了，转出廊下来，趷了火锨柄，引得那汉焦躁，跳将起来，就欲要打宋江。柴进赶将出来，偶叫起宋押司，因此露出姓名来。那大汉听得是宋江，跪在地下，那里肯起，说道："小人有眼不识泰山，一时冒渎兄长，望乞恕罪！"宋江扶起那汉，问道："足下是谁？高姓大名？"柴进指着道："这人是清河县人氏，姓武，名松，排行第二。今在此间一年矣。"宋江道："江湖上多闻说武二郎名字，不期今日却在这里相会。多幸，多幸！"

柴进道："偶然豪杰相聚，实是难得。就请同做一席说话。"宋江大喜，携住武松的手，一同到后堂席上，便唤宋清与武松相见。柴进便邀武松坐地。宋江连忙让他一同在上面坐，武松那里肯坐。谦了半晌，武松坐了第三位。柴进教再整杯盘来，劝三人痛饮。宋江在灯下看那武松时，果然是一条好汉。但见：

身躯凛凛，相貌堂堂。一双眼光射寒星，两弯眉浑如刷漆。胸脯横阔，有万夫难敌之威风；语话轩昂，吐千丈凌云之志气。心雄胆大，似撼天狮子下云端；骨健筋强，如摇地貔貅临座上。如同天上降魔主，真是人间太岁神。

当下宋江看了武松这表人物，心中甚喜，便问武松道："二郎因何在此？"武松答道："小弟在清河县，因酒后醉了，与本处机密相争，一时间怒起，只一拳打得那厮昏沉。小弟只道他死了，因此一径地逃来，投奔大官人处躲灾避难，今已一年有余。后来打听得那厮却不曾死，救得活了。今欲正要回乡去寻哥哥，不想染患疟疾，不能勾动身回去。却才正发寒冷，在那廊下向火，被兄长趷了锨柄，吃了那一惊，惊出一身冷汗，觉得这病好了。"宋江听了大喜，当夜饮至三更。酒罢，宋江就留武松在西轩下做一处安歇。次日起来，柴进安排席面，杀羊宰猪，管待宋江，不在话下。

学习提示

武松的出场十分精彩，特别是他的外貌描写，读一读，想一想：作者是怎样借助修辞手法来描写武松的外貌的？这对表现人物特点有什么作用？

材料三

故乡(节选)
鲁　迅

"哈!这模样了!胡子这么长了!"一种尖利的怪声突然大叫起来。

我吃了一吓,赶忙抬起头,却见一个凸颧骨,薄嘴唇,五十岁上下的女人站在我面前,两手搭在髀间,没有系裙,张着两脚,正像一个画图仪器里细脚伶仃的圆规。

我愕然了。

"不认识了么?我还抱过你咧!"

我愈加愕然了。幸而我的母亲也就进来,从旁说:

"他多年出门,统忘却了。你该记得罢,"便向着我说,"这是斜对门的杨二嫂,……开豆腐店的。"

哦,我记得了。我孩子时候,在斜对门的豆腐店里确乎终日坐着一个杨二嫂,人都叫伊"豆腐西施"。但是擦着白粉,颧骨没有这么高,嘴唇也没有这么薄,而且终日坐着,我也从没有见过这圆规式的姿势。那时人说:因为伊,这豆腐店的买卖非常好。但这大约因为年龄的关系,我却并未蒙着一毫感化,所以竟完全忘却了。然而圆规很不平,显出鄙夷的神色,仿佛嗤笑法国人不知道拿破仑,美国人不知道华盛顿似的,冷笑说:

"忘了?这真是贵人眼高……"

"那有这事……我……"我惶恐着,站起来说。

"那么,我对你说。迅哥儿,你阔了,搬动又笨重,你还要什么这些破烂木器,让我拿去罢。我们小户人家,用得着。"

"我并没有阔哩。我须卖了这些,再去……"

"阿呀呀,你放了道台了,还说不阔?你现在有三房姨太太;出门便是八抬的大轿,还说不阔?吓,什么都瞒不过我。"

我知道无话可说了,便闭了口,默默的站着。

"阿呀阿呀,真是愈有钱,便愈是一毫不肯放松,愈是一毫不肯放松,便愈有钱……"圆规一面愤愤的回转身,一面絮絮的说,慢慢向外走,顺便将我母亲的一副手套塞在裤腰里,出去了。

学 习 提 示

这一片段写"我"回到阔别 20 余年的故乡,再次见到老邻居杨二嫂的场景,片段通过外貌描写突出了人物特点。作者是怎样用比喻手法描写杨二嫂的外貌特点的呢?这样写对表现人物特点有什么作用呢?

初试身手

1. 用修辞手法能把人物的外貌写得更加形象生动,为表现人物特点服务。请你用学过的修辞手法来修改一下下面的片段吧!

我的奶奶

我的奶奶是个勤劳的人,她虽然已经 80 多岁了,但干起家务活来还是"宝刀未老",非常利索。她那慈祥的面孔上,没有戴老花镜的痕迹,看来她还是"火眼金睛"啊!

她非常疼爱我,那件事令我深深地感到了这一点。那天是星期六,爸爸妈妈都不在,只剩下我和奶奶在家里,我在房间里玩电脑,时间一分一秒地过去了,九点、十点……渐渐地到了午饭时间,我还沉迷在游戏中,没有想吃饭,这时奶奶的呼唤声传来,叫我赶快去吃饭。可是我似乎没听见,继续玩,奶奶到房间里叫我,我才回过神来,准备出去吃饭。

到了客厅,奶奶已经把饭准备好了,这顿饭可以说是一顿丰盛的大餐。我吃完一碗饭后,她又添了一碗饭给我,我说吃不下了,可她却坚持要我吃下去,没办法,我只能慢慢吃了。我吃完后她还不"善罢甘休",又要让我再吃一碗,我生气地说:"我实在吃不下去了!"这时她才"放过我"。回房间后,我想:奶奶这么做一定是怕我饿着,她是多么爱我啊,我怎么能生气呢?顿时,我的怒气烟消云散了。我又想:她对我是多么关心,姑姑带什么好吃的,她都给我留一份。晚上被子掉了,她再给我盖上……我高兴有这个奶奶还来不及呢,怎么可以对她发脾气呢?真是不应该啊!我立刻到厨房里向她道歉,她竟然说:"道什么歉啊,你又没有做错事。"原来奶奶还是个"不记仇"的人啊!

这就是我的奶奶,勤劳又"不记仇"的人,还非常关心我,真是我心目中最好、最棒的奶奶!

2. 观察家里人的体貌,选择其中一个家人作为描写对象,运用所学的知识描写他(她)的外貌,体现人物特点,力争做到外貌描写为表现人物特点服务。

（三）写好细节，典型事例突出人物特点

 材料一

祁黄羊

春秋时代，几个大国为了争夺霸主的地位，经常出兵征伐别的国家。当时，晋国的军事力量比较强大，晋国国君悼公决定由祁黄羊担任中军尉，负责统领驾驭战车的士兵。

几年后，祁黄羊要告老退休，便请求晋悼公准许他辞职。

悼公说："中军尉职责重大。你在军中多年，心目中一定有合适的人选。你觉得谁能替代你呢？"

"我看解狐就很不错。"祁黄羊想了想，郑重地说。

悼公深感意外，说："解狐不是你的仇人吗？你怎么会举荐他呢？"

"主公问我谁可以担此重任，并没有问他是不是我的仇人哪！"

"好吧，我相信你，就照你的意见办！"

悼公立即派使者去召解狐，没想到解狐大病在身，卧床不起，不久就去世了。悼公只好让祁黄羊再举荐一位能接替他的人。

"看来只有祁午能担当此任了。"祁黄羊想了想，又郑重地说。

悼公十分惊讶："祁午不是你的儿子吗？你举荐他，难道不怕人家说你偏心眼儿？"

"主公让我推荐能替代我的人，事关国家安危，我不能不慎重。我只是想，朝中的人哪个有军事才能，可以担此重任，我压根儿就没去想他是不是我的仇人或亲人。"

悼公于是决定由祁午继任中军尉。

当时的人都很钦佩祁黄羊，说他外举不避仇，内举不避亲，做事如此出以公心，真是难得呀！

 学习提示

1. 祁黄羊是个怎样的人？标出文中的相关语句。

2. 文中选取了什么典型事例来突出祁黄羊出以公心、光明磊落的精神？这对于表现人物的品质有什么好处呢？

材料二

张大力

冯骥才

张大力,原名叫张金璧,津门一员赳赳武夫,身强力蛮,力大没边,故称大力。津门的老少爷们喜欢他,佩服他,夸他。但天津人有自己夸人的方法。张大力就有这么一件事,当时无人不晓,现在没人知道,因此写在下边——

侯家后一家卖石材的店铺,叫聚合成。大门口放一把死沉死沉的青石大锁,锁把也是石头的。锁上刻着一行字:

凡举起此锁者赏银百两

聚合成设这石锁,无非为了证明它的石料都是坚实耐用的好料。

可是,打石锁撂在这儿,没人举起过,甚至没人能叫它稍稍动一动,您说它有多重?好赛它跟地壳连着,除非把地面也举到头上去!

一天,张大力来到侯家后,看见这把石锁,也看见上边的字,便俯下身子,使手问一问,轻轻一撼,竟然摇动起来,而且赛摇一个竹篮子,这就招了许多人围上来看。只见他手握锁把,腰一挺劲,大石锁被他轻易地举到空中。胳膊笔直不弯,脸上笑容满面,好赛举着一大把花儿!

众人叫好呼好喊好,张大力举着石锁,也不撂下来,直等着聚合成的伙计老板全出来,看清楚了,才将石锁放回原地。老板上来笑嘻嘻地说:"原来张老师来了,快请到里头坐坐,喝杯茶!"

张大力听了,正色说:"老板,您别跟我弄这套!您的石锁上写着嘛,谁举起它,赏银百两,您就快把钱拿来,我还忙着哪!"

谁料聚合成的老板并不理会张大力的话。待张大力说完,他不紧不慢地说道:"张老师,您只瞧见石锁上边的字了,可石锁底下还有一行字,您瞧见了吗?"

张大力怔了。刚才只顾高兴,根本没瞧见锁下边还有字。不单他没瞧见,旁人也都没瞧见。张大力脑筋一转,心想别是老板唬他,不想给钱,以为他使过一次劲,二次再举不起来了,于是上去一把又将石锁高高举到头顶上。可抬眼一看,石锁下边还真有一行字,竟然写着:

惟张大力举起来不算

把这石锁上边和下边的字连起来,就是:

凡举起此锁者赏银百两,惟张大力举起来不算!

众人见了,都笑起来。原来人家早知道惟有他能举起这家伙。而这行字也是人家佩服自己,夸赞自己——张大力当然明白。

他扔了石锁,哈哈大笑,扬长而去。

　　作者选取了张大力举起石锁的典型事例来突出人物特点,作者在情节安排上有什么特别之处呢?

背　影

朱自清

　　我与父亲不相见已二年余了,我最不能忘记的是他的背影。

　　那年冬天,祖母死了,父亲的差使也交卸了,正是祸不单行的日子。我从北京到徐州,打算跟着父亲奔丧回家。到徐州见着父亲,看见满院狼藉的东西,又想起祖母,不禁簌簌地流下眼泪。父亲说:"事已如此,不必难过,好在天无绝人之路!"

　　回家变卖典质,父亲还了亏空;又借钱办了丧事。这些日子,家中光景很是惨淡,一半为了丧事,一半为了父亲赋闲。丧事完毕,父亲要到南京谋事,我也要回北京念书,我们便同行。

　　到南京时,有朋友约去游逛,勾留了一日;第二日上午便须渡江到浦口,下午上车北去。父亲因为事忙,本已说定不送我,叫旅馆里一个熟识的茶房陪我同去。他再三嘱咐茶房,甚是仔细。但他终于不放心,怕茶房不妥帖;颇踌躇了一会。其实我那年已二十岁,北京已来往过两三次,是没有什么要紧的了。他踌躇了一会,终于决定还是自己送我去。我再三劝他不必去;他只说:"不要紧,他们去不好!"

　　我们过了江,进了车站。我买票,他忙着照看行李。行李太多了,得向脚夫行些小费才可过去。他便又忙着和他们讲价钱。我那时真是聪明过分,总觉他说话不大漂亮,非自己插嘴不可,但他终于讲定了价钱;就送我上车。他给我拣定了靠车门的一张椅子;我将他给我做的紫毛大衣铺好座位。他嘱我路上小心,夜里要警醒些,不要受凉。又嘱托茶房好好照应我。我心里暗笑他的迂;他们只认得钱,托他们只是白托!而且我这样大年纪的人,难道还不能料理自己么?唉,我现在想想,那时真是太聪明了!

　　我说道:"爸爸,你走吧。"他往车外看了看说:"我买几个橘子去。你就在此地,不要走动。"我看那边月台的栅栏外有几个卖东西的等着顾客。走到那边月台,须穿过铁道,须跳下去又爬上去。父亲是一个胖子,走过去自然要费事些。我本来要去的,他不肯,只好让他去。我看见他戴着黑布小帽,穿着黑布大马褂,深青布棉袍,蹒跚地走到铁道边,慢慢探身下去,尚不大难。可是他穿过铁道,要爬上那边月台,就不容易了。他用两手攀着上面,两脚再向上缩;他肥胖的身子向左微倾,显出努力的样子,这时我看见他的背影,我的泪很快地流下来了。我赶紧拭干了泪。怕他看见,也怕别人看见。我再向外看时,他已抱了朱红的橘子往回走了。过铁道时,他先将橘子散放在地上,自己慢慢爬下,再抱起橘子走。到这边时,我赶紧去搀他。他和我走到车上,将橘子一股脑儿放在我的皮大衣上。于是扑扑衣上的泥土,心里很轻松似的。过一会说:"我走了,到那边来信!"我望着他走出去。他走了几步,回过头看见我,说:"进去吧,里边没人。"等他的背影混入来来往往的人里,再找不着了,我便进来坐下,我的眼泪又来了。

　　近几年来,父亲和我都是东奔西走,家中光景是一日不如一日。他少年出外谋生,独立支持,做了许多大事。哪知老境却如此颓唐!他触目伤怀,自然情不能自己。情郁于中,自然要发之于外;家庭琐屑便往往触他之怒。他待我渐渐不同往日。但最近两年的不见,他终于忘却我的不好,只是惦记着我,惦记着我的儿子。我北来后,他写了一信给我,信中说道:"我身体平安,惟膀子疼痛厉害,举箸提笔,诸多不便,大约大去之期不远矣。"我读到此处,在晶莹的泪光中,又看见那肥胖的、青布棉袍黑布马褂的背影。唉!我不知何时再能与他相见!

学 习 提 示

　　1. 这篇回忆性的抒情散文中表达的父子亲情读来令人潸然泪下,朱自清先生选取了哪些典型事例来写?

　　2. 最打动人的是细节描写,作者在选取典型事例时,借助了哪些细节来表现这份父爱?标画出相应的语句细细品读一番,看有什么收获。

🌹 **初试身手**

1. 选取最能突出人物特点的典型事例能更好地表现人物形象,叙述时注意情节中的某一处细节,借助动作、语言、心理活动等细节描写可以做到让人读了如见其人、如闻其声。请你尝试着修改一下下面这段话,突出人物特点。

爱唠叨的妈妈

妈妈是一个很爱唠叨的人,处于叛逆期的我,常常会和她吵得不可开交,而有时我也会怄气,把自己关在房间里面不出来吃饭。这时,妈妈便会在门外叫我,见我没有反应,就直接把我拉出去,然后又是一阵唠叨。妈妈常说,小女儿的脾气不好。经常拿我跟姐姐比较,我听了就更不爽了。但是妈妈的名言就是:"娇子害自己,娇女害别人。"这是我们村的俗语。

2. 我们身边有形形色色的人,细心观察其中一位,看看他有什么特点,可以选取什么样的典型事例来描写他,并用上学过的通过典型事例抓细节的方法来写一写。

(四)间接描写,突出人物特点

材料一

片段一

时间一分一秒地过去。这时候,大儿子杰克慢慢地站起来,"天真冷。我到柴房去搬些柴来生个火吧。"说着,伸手端起烛台朝门口走去,屋子顿时暗了许多。中尉快步赶上前,厉声喝道:"你不用蜡烛就不行吗?"一把夺回烛台。孩子是懂事的,他知道,厄运即将到来了。在斗争的最后时刻,他从容地搬回一捆木柴,生了火,默默地坐待着。<u>烛焰摇曳,发出微弱的光</u>,此时此刻,它仿佛成了屋子里最可怕的东西。伯诺德夫人的心提到了嗓子眼上,她似乎感到德军那几双恶狼般的眼睛正盯在越来越短的蜡烛上。

——《半截蜡烛》

片段二

<u>皎洁的月光透过露天的屋顶,照进房子里。</u>李时珍说:"庞宪,趁着大好月色,我们把今天寻访所得记下来吧。"

庞宪从行囊里拿出笔墨砚台，又搬来几块砖垒成桌子。李时珍把本子摊开，拿起毛笔，边忆边写："忍冬花初开时银白色，两三天后变为金黄色，所以又叫金银花，可以解暑消热。"

"胭脂草捣烂了，可以治虫咬伤。"

"刀豆子烧成渣子吃下去，能治呃逆。"

"鸡肠草……庞宪，你把药包拿来。"李时珍拿过药包，从里面翻出两种草。它们的叶子十分相似，但是药性不同。怎样区别它们呢？李时珍端详了一阵，各扯下一点放在嘴里嚼嚼，若有所悟。他接着往下写："鸡肠草，生嚼涎滑；鹅肠草，生嚼无涎……"

寺外，山风呼啸，猫头鹰在尖叫着。圆盘似的月亮，慢慢移到了当空。

——《李时珍夜宿古寺》

读两个片段，关注文中用波浪线标出的语句，想一想："烛焰摇曳""月光""山风"似乎与人物并无关系，作者为什么这样写？这样写对突出人物特点有什么作用呢？

泥人张
冯骥才

手艺道上的人，捏泥人的"泥人张"排第一。而且，有第一，没第二，第三差着十万八千里。

泥人张大名叫张明山。咸丰年间常去的地方有两处，一是东北城角的戏院大观楼，一是北关口的饭馆天庆馆。坐在那儿，为了瞧各样的人，也为捏各样的人。去大观楼要看戏台上的各种角色，去天庆馆要看人世间的各种角色。这后一种的样儿更多。

那天下雨，他一个人坐在天庆馆里饮酒，一边留神四下里吃客们的模样。这当儿，打外边进来三个人。中间一位穿得阔绰，大脑袋，中溜个子，挺着肚子，架势挺牛，横冲直撞往里走。站在迎门桌子上的"撂高的"一瞅，赶紧吆喝着："益照临的张五爷可是稀客,贵客,张五爷这儿总共三位——里边请!"

一听这喊话,吃饭的人都停住嘴巴,甚至放下筷子瞧瞧这位大名鼎鼎的张五爷。当下,城里城外气最冲的要算这位靠着贩盐赚下金山的张锦文。他当年由于为盛京将军海仁卖过命,被海大人收为义子,排行老五,所以又有"海张五"一称。但人家当面叫他张五爷,背后叫他海张五。天津卫是做买卖的地界儿,谁有钱谁横,官儿也怵三分,可是手艺人除外。手艺人靠手吃饭,求谁?怵谁?故此,泥人张只管饮酒,吃菜,西瞧东看,全然没把海张五当个人物。

但是不会儿,就听海张五那边议论起他来。有个细嗓门的说:"人家台下一边看戏,一边手在袖子里捏泥人。捏完拿出来一瞧,台上的嘛样,他捏的嘛样。"跟着就是海张五的大粗嗓门说:"在哪儿捏?在袖子里捏?在裤裆里捏吧!"随后一阵笑,拿泥人张找乐子。

这些话天庆馆里的人全都听见了。人们等着瞧艺高胆大的泥人张怎么"回报"海张五。一个泥团儿砍过去?

只见人家泥人张听赛没听,左手伸到桌子下边,打鞋底下抠下一块泥巴。右手依然端杯饮酒,眼睛也只瞅着桌上的酒菜,这左手便摆弄起这团泥巴来;几个手指飞快捏弄,比变戏法的刘秃子的手还灵巧。海张五那边还在不停地找乐子,泥人张这边肯定把那些话在他手里这团泥上全找回来了。随后手一停,他把这泥团往桌上"叭"地一戳,起身去柜台结账。

吃饭的人伸脖一瞧,这泥人真捏绝了!就赛把海张五的脑袋割下来放在桌上一般。瓢似的脑袋,小鼓眼,一脸狂气,比海张五还像海张五。只是只有核桃大小。

海张五在那边,隔着两丈远就看出捏的是他。他朝着正走出门的泥人张的背影叫道:"这破手艺也想赚钱,贱卖都没人要。"

泥人张头都没回,撑开伞走了。但天津卫的事没有这样完的——

第二天,北门外估衣街的几个小杂货摊上,摆出来一排排海张五这个泥像,还加了个身子,大模大样坐在那里。而且是翻模子扣的,成批生产,足有一二百个。摊上还都贴着个白纸条,上边使墨笔写着:

贱卖海张五

估衣街上来来往往的人,谁看谁乐。乐完找熟人来看,再一块乐。

三天后,海张五派人花了大价钱,才把这些泥人全买走,据说连泥模子也买走了。泥人是没了,可"贱卖海张五"这事却传了一百多年,直到今儿个。

学习提示

1. 泥人张的手艺大家有目共睹,你是从哪些语句感受到的?标画一下。

2. 文中有不少描写海张五的语段,能不能去掉?细细品读一番,看看这个人物的存在对表现泥人张有什么作用。

🌹 **初试身手**

1. 用环境描写可以间接突出人物的心情或者特点,请你用环境描写的方法来修改下面的文段。

这次期末测试他三科得了"C",拿到试卷的时候,他的大脑一片空白,不知道是怎么走出校门的。一向严格的妈妈会怎么教育他?周末约了几个同学一起去游乐场玩,这还怎么出得了家门?……

2. 借助周围的环境或者人物,可以更好地表现人物特点。选取生活中特点鲜明的人物,用上间接描写的方法来写一写吧!

(五)场景描写,细节中表达情感

材料一

荷塘旧事

那是我刚好念四年级的时候,妈妈叫来在城里念大学的舅舅,让他带我去乡下,到外祖母家去过暑假。

外祖母家居住的村子周围有四个大水塘。其中最美的一个便是村东北的野荷塘,塘中长满了荷花。又有人叫它"月牙泡",因为它的形状像月牙。

月朗风清的夜晚,舅舅领我去那塘边散步。<u>来到塘边,只见满塘浮光跃金,如繁星闪烁。塘四周的树木在微光下形成一围黑绿。整个月牙泡恰似一弯晶莹的新月嵌在田野上。</u>

安宁祥和的月夜,带给我美好的回忆。

白天，塘面在阳光下泛着绿光，在微风中漾着绿浪；绿色的荷叶铺在水面上，绿叶中点缀着许多粉红的荷苞和荷花，娇嫩而洁净的荷花颤动着，像披着青纱跳舞的少女。

塘面上有块白水，荷叶在白水边形成一条弯曲的边缘线。我和村里的伙伴们经常来到这块白水边，在几株垂柳下脱光了衣服，走过一段湿润的沙地，跳入清凉的水中。恬静的塘面便响起一片喧闹声，一条条"黑泥鳅"在水中钻来钻去。水流像母亲柔和的手，轻轻地抚摸着我们，我们像荡在摇篮中。

有时，我们排成整齐的横队，有人发一声喊，只听得"扑通通""扑通通"，像哪个鼓队敲乱了套似的一阵乱响，身后翻着大菊花似的浪。这就是我们常玩的"狗刨比赛"。

"刨"到岸边，人人都气喘吁吁，仰面倒在柔软的沙滩上。太阳热烘烘的，晒得我们昏昏欲睡，驾云似的。

有时，我们分成两队，相互击水。那情景更是闹得慌，急速的水线向对方射去，又从对方射来，水线交射在一起，撞击出点点白珠，腾起，落下。"哗哗"的撩水声，"呀呀"的叫喊声，乱糟糟响成一片。塘边树上的鸟也被骇得停止了鸣叫。两条战线越逼越近，最后混成一团。搞不清谁和谁是一队的啦，只是闭着眼，嘴里"扑扑"地吐着，使劲往外击水。当我们互相扭在一起时，便停止了击水，哈哈大笑起来。

然而，无论怎样闹，绝不能超越那道荷叶形成的绿色边缘线。大家告诉我，线那边水深，还有些杂草，小朋友都怕。可是，我却根本没把这些警告放在心上。我一个城里的孩子，见识比他们多多啦，我才不怕呢！

刚学会几下"狗刨"时，我觉得有了水中自卫的本事，就满不在乎地冲破了那道绿线，到了荷叶丛中。该城里人向乡下人炫耀了，我想站立起来，再向小朋友骄傲地喊上一声："你们看！"

荷塘是"我"和伙伴们的乐园，就连水流都是如此温柔。

留在作者心底的这一幕，有色彩，有声音，有动作，有人物，呈现给我们一个充满欢乐的画面。

可是这壮举刚开头，水便一下子没了我的头顶。顿时，一种不可名状的恐惧感紧紧地攫住了我。

我挣扎出水面，凄厉地嚎起来："救命啊……"

"咕噜"，一口水进了肚。

我晕头转向地一个劲往上挺，每次冒头只能喊"救……"，便"咕噜"喝一口水。

我双脚够不着底，身子像铅块般地往下坠，只觉得眼前金花乱冒，耳朵里嗡嗡作响，脑袋涨得几乎要炸，水还一个劲往嘴里涌。突然，我觉得有人抓住了我的手腕，接着一股力把我拉出来。原来，小伙伴们在水中排成一队，手拉手铁链般将我拖到了岸上。

我吓得哇哇大哭，一个劲呕水。他们却围着我哈哈大笑，这下，他们可逮着机会嘲笑我这个傲气十足的城市小少爷了。

然而，那笑声是多么憨直淳朴啊！我一直留恋那笑声。

如今，我的孩子已经上学了，往事也忘了许多，可是，那荷塘却同天上的月牙一样，时时浮现在我的眼前。

我怀念那荷塘，在那里我认识了大自然和谐的美和人类淳朴的爱。

这个场景中更多的是"我"个体的感受，详细描写了在水中下坠的恐惧，让读者如身临其境。

学习提示

1. 文中两次写到了"哈哈大笑"，联系上下文，思考两次笑表达的情感有什么不同。

2. 为什么荷塘边的往事时时浮现在"我"的眼前呢？请结合文中的两处场景描写说明理由。

材料二

八女投江(节选)

太阳从地平线升了起来,乌斯浑河西岸弥漫着滚滚硝烟。女战士们手中已经没有一颗子弹了。现在她们眼前只有两条路:要么战死,要么被鬼子兵抓住。冷云静静地看了看战友们,好像在说:"同志们,怎么办?"战友们也默默地看了看冷云,点了点头,好像是在回答:"指导员,你就下命令吧。"冷云把手一挥,果断地说:"同志们,下河!"

八个英勇的抗联女战士互相搀扶着,昂着头,一步一步坚定地走进了激流翻滚的乌斯浑河。子弹呼啸着从她们头上飞过,河水冲撞着她们的身体,她们坚定地往前走着。这悲壮的情景,把日本侵略军一下惊呆了。这些家伙万万没有想到,跟他们激战了半天的竟然是八个女战士!

日本鬼子的一排炮弹轰轰轰地在八个女战士身边炸开了,掀起了一个个巨大的白色浪柱。巨浪过去以后,八个女战士的身影不见了,只有乌斯浑河的水还在不停地奔流着……

八个女战士壮烈牺牲的场景惊呆了日本侵略军,也带给读者强烈的震撼。

学习提示

1. 作者在描写八个女战士牺牲的场景时,除了写她们坚定赴死的悲壮身影外,还写了什么?这样写有什么好处?

2. 同样是描写场景,对比阅读材料一和材料二,你发现作者在描写时的侧重点有什么不一样?这带给你什么启发?

🌹 初试身手

1. 场景描写是以人物为中心的环境描写,一般由人物、事件和环境组成,对渲染气氛、烘托人物、突出中心都能起到重要的作用。按照一定的顺序能将场景写得更有条理,综合运用叙述、描写、抒情等多种表达方式能使场景变成一幅生动而充满感染力的图画。你能尝试一下把下面的场景写具体吗?

运动会

　　秋季运动会开始了,操场上彩旗招展,运动员们摩拳擦掌,准备上场了。站在草坪上的啦啦队成员们满怀期待。

　　2. 生活中处处有场景,如学校里的运动会、课间活动、课堂场景,家庭聚会、地铁出行,等等,请你以《难忘那一幕》为题,选择一个印象深刻的场景,用上学到的方法,以人物活动为主,结合周围事物,按顺序来写一写留在记忆中的那一幕吧!

(六)读者意识,让表达更得体

材料一

(一)

　　生物长期适应温度条件的周期性变化,形成了与此相适应的生长发育节律,这种现象称为物候现象,包括三个方面:

　　(1)植物物候,又称为作物物候,如各种植物发芽、展叶、开花、叶变色、落叶等现象,是农作物生育期中的物候现象。

　　(2)动物物候,如候鸟、昆虫及其他动物的迁徙、初鸣、终鸣、冬眠等现象。

　　(3)各种水文、气象现象,如初霜、终霜、结冰、消融、初雪、终雪等自然现象。

——百度百科

> 作者列举了生活中不同的物候现象。

(二)

　　几千年来,劳动人民注意了草木荣枯、候鸟去来等自然现象同气候的关系,据以安排农事。杏花开了,就好像大自然在传语要赶快耕地;桃花开了,又好像在暗示要赶快种谷子。布谷鸟开始唱歌,劳动人民懂得它在唱什么:"阿公阿婆,割麦插禾。"这样看来,花香鸟语,草长莺飞,都是大自然的语言。

这些自然现象,中国古代劳动人民称它为物候。

——竺可桢《大自然的语言》

作者用生活化的语言介绍了生活中的物候现象,适合不从事专业研究的读者阅读。

学习提示

1. 文段(一)(二)都介绍了物候,它们在表达上有什么不同?

2. 文段(二)如果给做物候研究的专家看,是否属于最佳表达? 这对你有什么启发?

材料二

(一)植物妈妈有办法

孩子如果已经长大,
就得告别妈妈,四海为家。
牛马有脚,鸟有翅膀,
植物旅行又用什么办法?

蒲公英妈妈准备了降落伞,
把它送给自己的娃娃。
只要有风轻轻吹过,
孩子们就乘着风纷纷出发。

苍耳妈妈有个好办法,
她给孩子穿上带刺的铠甲。
只要挂住动物的皮毛,
孩子们就能去田野、山洼。

石榴妈妈的胆子挺大,
她不怕小鸟吃掉娃娃。

作者介绍了蒲公英、苍耳、石榴、豌豆的传播方式,语言生动有趣,适合二年级的小学生阅读。

孩子们在鸟肚子里睡上一觉，
就会钻出来落户安家。

豌豆妈妈更有办法，
她让豆荚晒在太阳底下，
啪的一声，豆荚炸开，
孩子们就蹦着跳着离开妈妈。

植物妈妈的办法很多很多，
不信你就仔细观察。
那里有许许多多的知识，
粗心的小朋友却得不到它。

——人民教育出版社二年级上册语文

（二）植物种子的传播方式

植物种子的传播方式很多，常见的有风力传播、水力传播、动物传播、弹射传播等。

1. 风力传播

（1）蒲公英种子：蒲公英的种子就是借着风力传播的。蒲公英每年能够开三次花，花朵凋零后会长出长满绒毛的种子，它们能够随风飘走，随意落在任何地方，然后种子会在土壤中慢慢生根发芽。

> 将蒲公英种子的传播方式描述得很清楚，通俗易懂。

（2）柳树：柳树的种子上面有白色的绒毛，随风飞散如飘絮，所以称柳絮。柳树也是借助风力传播种子的植物之一。

2. 水力传播

（1）椰子：当椰子成熟后，就会从树上掉落下来，如果掉入海中，椰子就会顺着潮水漂到其他地方，再顺着潮水冲上岸边，如果环境适宜，那么椰子可以再长成椰子树。

（2）睡莲：睡莲开花结果后，果实落入水中，果实腐烂后露出种子，种子便开始在水底生根发芽。

3. 动物传播

（1）苍耳：苍耳的种子上拥有倒钩，有动物经过时，倒钩会挂在动物的身上，苍耳的种子就会随动物而去。在某一时刻，苍耳的种子从动物身上脱落，如果环境适宜，则开始生根发芽。

（2）山葡萄：山葡萄的果实是鸟类喜爱的食物，小鸟吃掉山葡萄的果实后，会将不能消化的山葡萄种子排到体外。环境适宜时，山葡萄的种子则开始生根发芽。

4. 弹射传播

（1）豌豆：豌豆的豆荚在晒干变黄以后，会向外自动迸裂开来，种子受力弹射而出。

（2）芝麻：果实心皮富含纤维，弓形生长，相互间形成压力，在晒干后，果皮迸裂，将种子弹射而出。

——网友

> 苍耳种子的传播用词准确，"倒钩""脱落"表达清楚、到位。

> 豌豆种子的传播方式用"迸裂""弹射"等写得清楚、明白。

学习提示

1. 同样是写植物种子的传播方式，二年级语文课文和网友上传的资料有什么不同？对你有什么启发？

2. 根据以上材料，结合日常写作，想一想：你怎么理解"读者意识"？

🌹 初试身手

1. 现代著名教育家夏丏尊说："所谓好的文章，就是使读者容易领略、感动、乐于阅读的文字。诸君执笔为文的时候，第一，不要忘记有读者；第二，须努力地求适合读者的心情，要使读者在你的文字中得到兴趣或愉快，不要使读者感到厌倦。"

心中有读者，根据读者对象的特点和应用的场合来得体地表达。上幼儿园的弟弟看到你在煮饺子，好奇地问："煮熟的饺子为什么会浮起来啊？"请你根据科学课浮力的内容写一段话，回答一下弟弟的问题吧！

科学小常识

饺子刚下到水里的时候,受到的重力要比受到的浮力大,所以它会沉入水底。当饺子煮熟后,饺子内部的气体膨胀,体积增大,受到的浮力也增大。根据物体的浮沉条件可知,当饺子受到的浮力大于受到的重力时,就会上浮。

2. 地球是我们人类赖以生存的家园,可在实际生活中,有很多人不重视环境保护。请你查阅相关资料,写一篇浅显易懂的科普文章,向那些无视环境污染的人说明为什么要保护地球。

第七节　习作教学中的读写互动

在学生积累写作经验的过程中,用好统编版小学语文教材,读写互动,能助力学生的习作表达,让学生笔下生花,提升学生的写作能力和语文素养。

根据统编版小学语文教材的编写特点,充分发挥教材的作用,妙用读写策略,促进读写互动,可以助力学生的习作表达。单元习作是学生系统学习语言表达的必由之路,需要语言、生活素材、写作经验、表达方法等方面的积累,如果在教学中能借助教材中的词句段运用、课后小练笔让学生进行微格练习,从精读课文中学习表达方法,在课外阅读中积累语言、学习他人的表达经验,一定能助力学生的习作表达,提升学生的写作能力和语文素养。

一、在词句段运用中学表达,书真情时刻

统编版小学语文教材语文园地中的词句段运用旨在培养学生的词句段运用能力,指向的是学生语文素养的提升。五年级两册语文教材语文园地中安排的有学习修改文章,有对衬托、对比、排比等修辞手法表达效果的微格练习,也有对人物进行动作、神态、心理描写表达效果的体会和运用。借助词句段运用,可以指导学生感受修辞手法、描写方法的精妙;通过微格练习,可以让学生学习表达,书写生活真情时刻。

例如,统编版小学语文五年级下册第一单元词句段运用第二部分是一组关于衬托手法的句子。第一句出自季羡林的《月是故乡明》:"在风光旖旎的瑞士莱芒湖上,在无边无垠的非洲大沙漠中,在碧波万顷的大海中,在巍峨雄奇的高山上,我都看到过月亮。……对比之下,我感到这些广阔世界的大月亮,无论如何比不

上我那心爱的小月亮。"后面的两句分别出自《桂花雨》《父爱之舟》。我在教学时,反复吟咏,随着作者思接万里,展开想象,在感受作者字里行间的思乡之情之余,发现了表达中衬托手法的运用这一写作技巧。在词句段运用部分的教学中,我又让学生读其他两句,体会衬托手法的表达效果,然后理清几个分句之间的关系(前面的分句是并列关系,是抑;后面的分句是意思上的转折,是扬,抒发真情)。我让学生结合生活想一想什么时候有过类似的体验,有哪些或哪一个难忘的时刻历历在目,练习用衬托手法写一写那一刻的感受。在教授单元习作《那一刻,我长大了》时,我让学生尝试运用衬托手法,结果本是难点的"那一刻",学生写得很出彩,实现了在词句段运用中学修辞,在习作中书写生活中的真情时刻的目标。

二、从小练笔中学观察,记生活细节

课后小练笔是统编版小学语文教材的亮点,体现了读写相融的理念,紧贴课文,读中学写,对学生的习作表达有着不可忽视的作用。这些习题式的小练笔进行的是片段式写作,形式灵活,内容丰富,能助力学生的习作表达。

五年级上册《慈母情深》的课后小练笔是:"联系上下文,说说为什么'我'拿到钱时'鼻子一酸'。你有过'鼻子一酸'的经历吗?试着写一写。"对学生而言,这样的经历一定有过,真正落笔时,难在没有细节,很难写好。在进行这一小练笔的指导时,我先带着学生梳理该单元中的几篇课文,对文中的场景描写进行了回顾,思考作者是怎样写的,让学生明白要写好细节,就要关注人物的动作、语言、神态、心理等细节描写,还要加上对关联事物的描写。这样学生在生活中观察时的着眼点就会有意识地落在场景中的人做了什么动作,说了什么话,表情怎样,自己内心的感受如何。教授习作《他_____了》的时候,我指导学生回顾课文中和课后小练笔的写作方法,观察生活,按照之前学到的方法一一细致地观察之后再落笔。

小练笔中往往藏着单元语文要素,引导学生从读中学习观察生活和写作的方法,能助力学生的习作表达。

三、从精读课例中学方法,现事物特征

统编版小学语文教材五年级上册第五个习作单元是学生第一次在习作中学习写说明性文章,对于习惯了写叙事性作文的小学生而言,难就难在客观地或者用文艺化的语言描述一种事物。这一单元的《太阳》和《松鼠》两篇课文就给学生提供了有关写作方法的案例。教学中,我先指导学生进行说明方法的梳理,结

合课文理解打比方、列数字、作比较等说明方法。在进行单元习作教学前,我安排学生观察胶州湾大桥,查找资料。上课时,我先让学生尝试着用学过的说明方法去写胶州湾大桥的特点,比如:用具体的数字写出它哪一年竣工,有多长,有多宽,平均车流量大约多少;白天大桥像什么,夜晚的大桥又是什么样;大桥通行以后,对比之前通行时长有什么变化。经过这样的练习,学生进行单元习作时就有了抓手。

四、从课外阅读中学语言,抒真情

高年级的习作对学生的书面语言表达能力提出了更高的要求,课外阅读有助于语言的积累和特色语言的学习。我结合习作让学生进行课外阅读,有目的地指导学生品读语言、学习表达,从而助力学生的习作表达,突破教学中的重难点。

统编版小学语文五年级上册第二单元的习作为《"漫画"老师》,写老师不难,难在用漫画式的文字来写。学生学过第一单元的课文《珍珠鸟》后,我给学生推荐了冯骥才先生的《俗世奇人》,并在阅读课上带领学生品读了作者风趣幽默的语言,感受了作者笔下性格鲜明的人物形象。在读书汇报课上,我指导学生从作者是怎样写出人物特点的进行交流,引导学生关注作者的语言、观察生活,并尝试用类似的语言描写身边的同学,然后互相猜一猜对方写的是谁,互相读一读,看谁的语言更幽默风趣。在此基础上,我指导学生回忆自己的老师,明确人物特点,选择典型事例,尝试用幽默风趣的语言进行描写,学生有了前期的阅读积累和写作的实践经验,顺利达成了单元习作目标。

写作范文或者习作例文中的读写互动也能有效帮助学生提高写作水平。习作例文的表达水平是和学生接近的,更容易被学生接受和吸收,特别是对于学业困难的学生来说,是一种很好的读写互动资料。这种读放在写作之后的修改阶段或者写作前的资料准备阶段,效果更好。对习作例文的阅读是以写作为目的的读,此时的读能促进学生的写,实现读写互动。

第八节　读写互动课程评价

评价是将读写互动课程化落地的必要途径,我在对统编版小学语文教材中阅读和写作的语文要素进行研究的基础上,结合课程标准中对学生的学段要求,确

定了读写互动系列课程的评价指标。我还根据读写互动课程的具体教学内容和
教学目标,确定了评价指标,编制了评价量表。这些评价指标的确定使得读写互
动课程化有据可依,也使统编版小学语文教材的教学目标更好地落地,并产生了
可视化的效果。

　　例如,三年级下册"围绕一个意思把一段话写清楚"这一内容的课程评价指
标可以用表 1-2-6 来呈现。

表 1-2-6

评价标准	等级	评价结果
1. 有中心句。 2. 有表示顺序的词语或句式。 3. 与例段结构相似。 4. 修改符号正确,修改后更通顺、清楚	A	
1. 中心句不清楚。 2. 没有用表示顺序的词语或句式。 3. 与例段结构有一部分相似。 4. 修改符号不完全正确,修改后表达效果提高不明显	B	
1. 没有中心句,内容凌乱。 2. 没有用表示顺序的词语或句式,条理性差。 3. 与例段结构不相似,有与中心无关的内容。 4. 修改符号不正确或者没有修改	C	

　　在研究过程中,我开发的评价量表是依据教学互动的内容设计的,习作用纸
中评价量表的开发促使教师认真研读教材内容,对学生的习作修改提供了指导。
习作用纸包括单元习作题目、习作内容、评价指标、作文格等部分,如图 1-2-2 所
示。学生在使用时,先根据要求完成初稿,再进行自评,然后在小组内互评,最后
由教师给予评价和指导。学生根据三轮评价完成草稿修改以后,誊抄在自己的优
秀作文集中。这样实现了评改一体、作品留存的目标,既方便了教师教学,也提升
了学生的习作能力。

班级： 姓名：

统编版小学语文五年级下册第一单元习作《那一刻，我长大了》

习作题目	那一刻，我长大了（题目自拟）			
习作内容	1.写一件自己成长过程中印象最深的事情，要把事情的经过写清楚。 2.把感到自己长大了的"那一刻"的情形写具体，记录当时的真实感受。 3.学会根据同学的意见修改自己的习作			
评价指标	具体项目	自评	互评	师评
	交代清楚事情的时间、地点、人物、起因、经过、结果。			
	把事情的经过写清楚，语句要通顺，注意详略得当			
	把感到自己长大了的"那一刻"的情形写具体，记录当时的真实感受、关注细节，可以把自己的语言、动作、神态、心理等写出来			
	书写认真、规范、字体美观大方，不少于450字，无乱涂乱画痕迹			
评语		书写等级		
习作等级				日期

图 1-2-2

* 文章不厌百回改，反复推敲佳句来。记得用心修改你的习作物！

第三章
习作教学流程及策略

第一节　研究缘起

　　基于多年进行习作教学、读写互动教学的实践以及在学校大阅读项目的持续推进下,我开展了在支架理论指导下进行"143"双主体习作教学的实践研究,全面梳理了教材中的习作支架,深入研究了支架理论在小学习作教学中的运用,从而引导教师充分理解并运用习作支架,提升习作教学效益和学生习作质量。经过20多年的探索,我梳理出了习作教学的全流程及实施策略。

一、研究问题

　　为了解决习作教学中教学目标不明确、教学过程随意、教师指导效率低、教学评价不及时等问题,落实教学评一致性教学理念,提升习作教学质量和学生语文学科核心素养,促进学生言语生命的生长,本课题在支架理论的支撑下,对"143"双主体习作教学进行了持续深入的实践研究,设计、梳理出了有效的教学支架,形成了有理论支撑、操作性强、有完整体系的习作教学方法。

二、研究背景

(一)现实背景

　　写作是人的语文能力的最高呈现,是人的言语生命力的集中体现。但是,在小学习作教学实践中,教师苦于"不会教,教不好"和学生抱怨"不会写,写不好"是一种常态。因此,提高教师对学生习作教学的过程性指导成为提高习作教学效果和学生习作水平的关键环节，如何加强和改善习作教学的过程性指导是教师面临的重要问题。

《义务教育语文课程标准（2022 年版）》这样描述语文核心素养四个方面的关系："在语文课程中，学生的思维能力、审美创造、文化自信都以语言运用为基础，并在学生个体语言经验发展过程中得以实现。"在课堂观察中我们发现，教师的习作指导与学生的实际需要是"断裂"的，在学生习作过程中，教师对于学生个体言语经验发展的关注度不够，从学生着手准备习作到完成习作，常常出现教师指导乏力的现象。小学习作教学中或多或少地存在三个方面的问题：

一是习作教学过程中目标泛化、内容窄化、方法弱化、评改虚化。每次习作教学，究竟要着重训练哪一项习作能力，训练到什么程度，教师并不十分明确，习作目标往往是面面俱到、泛泛而谈的。在指导学生"写什么"上，教师的思路不够开阔，不能从多个角度打开学生的思维，内容窄化，导致学生的习作千篇一律。在指导学生"怎样写"上，教师缺乏突破习作重难点所需的有效方法，方法指导的力度不够，针对性和实效性不强。在指导学生"怎样评""怎样改"上，教师缺乏明确的评改方向，往往大而化之、不了了之。

二是习作教学过程中教、学、练、评脱节。习作教学中，教师实际所教、所评，学生实际所学、所练，与教学目标的关联度不大甚至脱离的现象不同程度地存在。

三是习作教学过程随意性大，可操作性不强。长期以来，语文教材为阅读教学提供了一定的内容材料和学习程序，为习作教学提供的凭借却相对有限。学生习作是极具个性的思维活动，教学灵活度要求极高。因此，习作教学过程存在着一定的随意性，可操作性不强。

在对统编版小学语文教材进行研究的过程中，我们发现，无论是低年级的写话，还是中高年级的习作，教材都非常重视为学生提供写作的素材，为学生"写什么"提供支架；通过多种方法对学生进行指导，为学生"怎样写"提供了支架。这些支架会在一定程度上为学生学写作、教师教写作提供帮助。

但是在课堂观察中，我们也发现：教师在教学实践中没有支架意识，难以发现习作支架，更难以有效运用习作支架。因此，全面梳理教材中的习作支架，深入研究支架理论在小学习作教学中的运用，引导教师充分理解并运用习作支架，显得非常必要。为了解决语文教学中的这一教学重难点，我们课题组在支架理论指导下进行了"143"双主体习作教学的实践研究。

（二）理论基础

1. 支架的概念

"支架"是建筑行业的术语。20世纪50年代,美国教育心理学家布鲁纳最早将支架与教育活动相结合,作为为学习者提供的暂时性支持,帮助他们完成目前无法独立完成的学习任务,促进学习者知识的建构、学习水平的提高。随着支架的搭建,学习者的水平也将不断提高。

关于支架,有不同的定义。罗森塞恩等认为,支架是学习者从当前水平到完成目标过程中的帮助。伯尼•道奇博士则把支架定义为,在学生无法独自完成任务时所建立的一种临时帮助,促使其完成该任务。普利斯里认为,支架就是在学生遇到问题时,给予帮助,并在他们解决问题、提高能力后撤去的支持。较为公认的支架的定义是,由教师或父母(辅导者)对学习者所提供的即时支持,这种支持能促进学习者(被辅导者)有意义地参与问题解决并获得技能。

支架理论认为,学习者能力的发展水平是有差异的,面对不同发展阶段的学习者,必须提供与其能力发展水平相适应的学习支架。教师要根据学习内容的不同,为学生提供相应的学习支架,通过这种支架的帮助,为学生提供学习活动需要的认知资源,从而使学生有效地完成学习任务。然而,需要注意的是,支架是一种临时性的辅助,随着学习者能力的发展变化,要适时调整,当学习者达到目标时,就要撤去,再进行下一个支架的搭建,如此反复,不断提高学习者的能力和水平。

2. 支架的分类

根据不同的角度,支架可以有多种分类方法。国外学者艾根等从互动类型的角度将支架分为双向型支架和单向型支架。彭尼等从教学情境的角度将支架分为偶发性支架和策略性支架。斯科隆从帮助类型的角度将支架分为垂直式支架和连续式支架。美国圣地亚哥州立大学伯尼•道奇博士按照教学任务、目的的不同,将支架分为接收支架、转换支架和产品支架。

国内有学者从学习支架表现形式的角度,将支架分为范例、提示、建议、向导、图表和解释等类型。何捷在《搭建"支架",写作教学的核心任务》中谈到了范例支架、问题支架、活动支架、情感支架、评价支架五大支架类型。荣维东在《写作教学的关键要素与基本环节》一文中,谈到了14种写作教学支架类型,并详细阐述了情境支架、知识支架、范例支架、问题支架、写作建议支架、图表支架、活动支架、工具支架8种支架。周子房在《写作学习支架的设计》中,从学习支架功能标准的角度,将支架分为程序支架、概念支架、策略支架、元认知支架 4 种类型。许龙梅在语文课堂中的导语设计环节,将支架分为趣味型支架、情境型支架、知识型支架和问题型支架。曾凤蓉将支架分为问题式支架、实践式支架和情感式支架 3 种类型。邓彤在《微型化写作教学研究》一书中,还提到了接收支架、转换支架和评价支架。

3. 支架理论指导下的教学模式

经过学者们多年的研究,现在公认的支架教学模式分为搭建支架、引入情境、独立探索、协作学习和效果评价五个环节。

(1)搭建支架。先根据学生的学习情况确定学生的最近发展区,再围绕当前的学习主题搭建支架,引导学生了解学习内容,明确学习任务,为学生提供学习的概念框架。

(2)引入情境。为激发学生兴趣,教师可以利用活动、视频、图片等多种方式创设教学情境,使教学内容贴近学生生活,帮助学生在真实情境中进行有意义的知识建构。

(3)独立探索。在这一过程中,教师要引导学生对所学主题进行独立自主的探索。一开始时,学生可能会遇到一些问题和障碍,教师可以提供适当的帮助和支持,随着学习的深入和学生独立探索能力的提高,教师可以逐渐减少支持和帮助,直至学生独立进行探究学习。

(4)协作学习。此环节中,教师可将学生分成若干小组,在小组内进行讨论与交流。通过这种合作学习,学生之间互相帮助、互相启发,拓宽思路,从而对所学内容形成较为全面的认识和理解。

(5)效果评价。效果评价可以利用学生自评和小组互评的方式进行,主要对学生的学习过程和学习结果进行评价,有利于学生及时了解自己的学习情况,也有利于教师在后续教学过程中改进教学方法。

"143"双主体习作教学的继续深入研究需要先进的理论作为支撑,支架教学是在最近发展区理论基础上发展起来的一种辅助教学手段,它能够助力教师的教和学生的学。根据学生的最近发展区,依据教师在习作教学过程中以及学生在写作过程中遇到的问题,设计并提供合适的支架,能提高习作教学的质量。

三、研究意义

1.实践意义

本研究旨在探索支架理论下的"143"双主体习作教学实践,增强教师在教学实践中的习作指导能力,使教师树立支架意识,全面梳理教材中的习作支架,深入研究支架理论在小学习作教学中的运用,充分运用习作支架提升习作教学的效益,提高教师的习作教学质量和学生的习作质量,从而为教师的教和学生的学找到适合的路径,实现提升学生语文核心素养的目标。

2.理论价值

首先,本研究把支架教学理论和习作教学实践相结合,以理论来支撑习作教学实践,进行基于实践的"143"双主体习作教学,同时又用具体教学实践对支架教学理论进行验证,丰富习作教学的研究理论,为习作教学实践提供理论指导。其次,本研究可以丰富、发展和完善基于支架理论的教学体系。通过对支架理论下的习作教学进行研究,希望引起广大一线教师对支架理论的关注,将支架理论更好地运用到课堂教学中去。

四、研究假设

根据小学低、中、高三个学段,从低年级的写话教学到中、高年级的习作教学,都在锚定教学目标的前提下,开展支架理论下的习作教学实践。"143"双主体习作教学是在教师和学生两个主体的共同作用下,以学生写出符合教学目标的习作为目的,按照"再现素材,情动辞发—借助支架,完成写作—师生评改,形成定稿—终结评价,展示成果"四个步骤,根据学生在构思、写作、评改等不同阶段的需要,提供不同的支架,来突破学生写作的重难点,完成习作教学。在学生写作的不同阶段,教师从文化自信和审美创造两个角度指导学生的习作立意,从语言运用和思维能力两个方面指导学生的选材和表达,最终指向的是学生语文核心素养的提升。

第二节 "143"双主体习作教学法

一、支架理论下"143"双主体习作教学法的定义

"143"双主体习作教学法是通过四个步骤,借助习作支架实现"三度"来进行习作教学的。教学活动中确立了师生双主体的教育理念,从而全面提高了学生的语文核心素养。

"1"是指语文核心素养。《义务教育语文课程标准(2022年版)》中指出,语文核心素养是学生在积极的语文实践活动中积累、建构,并在真实的语言运用情境中表现出来的,是文化自信、语言运用、思维能力、审美创造的综合体现。

"4"是指双主体习作过程的四个步骤:① 再现素材,情动辞发;② 借助支架,完成写作;③ 师生评改,形成定稿;④ 终结评价,展示成果。

"3"是指教学目标落实"三度"思维:梯度——领会教材意图,把握目标边界;向度——围绕单元整体,定准课时目标;力度——细化方法目标,体现目标价值。

"双主体"是指在教学活动中,体现教师教的主体作用的同时,又体现学生学的主体作用。教师和学生都是教学活动的承担者和参与者,共同构成同一教学过程的两翼,发挥着不同的作用。

二、"143"双主体习作教学法的理论基础

根据《义务教育语文课程标准(2022年版)》的课程理念,我们首先要立足学生核心素养的发展,充分发挥语文课程的育人功能,彰显教学目标以文化育人的导向。其次要创设真实而富有意义的学习情境,凸显语文学习的实践性,增强课程实施的情境性和实践性,促进学生学习方式的变革,并倡导课程评价的过程性和整体性,重视评价的导向作用。

核心素养是学生通过课程学习逐步形成的正确的价值观、必备品格和关键能力,是课程育人价值的集中体现。核心素养的四个方面是一个整体。其中,语言运用也是培养审美能力和提升审美品位的重要途径,学习语言文字的过程也是学生文化积淀与发展的过程。

俗话说:"巧妇难为无米之炊。"在作文课上,学生提起笔却没话可写,主要是

没有把握可供作文的材料。我们的"143"双主体习作教学法一改常规的学生写作教师批改的僵硬死板的训练方法,而是通过课前预备阶段中"立足生活,积累素材""语言内化,读写积累"进行充分的课前准备。首先,为学生创设写作情境,这是学生练笔的源泉,也是激发学生的原动力,如让学生进行家庭亲子游戏、在课堂上进行即时表演、进行持续地观察等,可以充分调动学生的积极性,让学生有话可写。其次,在阅读中完成语言的内化积累,教师指导学生在读写练习中积累写作经验、写作方法,通过阅读经典、学习范文、同学间互相学习等方法进行选材的准备。

"万事俱备,只欠东风。"在材料准备充分后,只有掌握了具体的写作方法,才能写出优秀的作文。课上我们借助习作支架,让学生根据评价量表中的具体要求,明确写作的目标及详略,做到有据可循,并根据评价量表进行自我修改。叶圣陶说:"文章要自己改,学生学会了自改的本领,才能把文章写好。"因此,我们把作文批改的主动权还给学生,既解放了自己,又彰显了学生的主体地位。除了自改,我们还采用了互批的方法,因"文章不厌百回改",好文章是反复修改出来的,学生在修改中互相学习,取长补短。最后,我们运用 AI 智批这一工具对学生的习作进行了评价,并有针对性地进行了个性化的指导。

在学生多次修改完善后,我们课后进行了优秀习作的整理与展示,极大地调动了学生写作的兴趣,让学生体验到成就感。

这种双主体教学法是以学生为主体,以教师指导学生主体参与学习全过程为基本特点,以培养学生主体意识与能力、学生创新精神与实践能力为目标,由统一设计、同步推进的教师教的过程和学生学的过程有机组成的课堂教学实践活动方式。其中,"教"是针对学生"学"的"教","学"是借鉴教师"教"的"学"。同理,教师的指导过程也应该是学生的学习过程,而学生的学习过程也应该是教师的指导过程,二者是相辅相成、辩证统一的。

总之,习作能力是语文素养的综合体现。习作教学应贴近学生实际,让学生易于动笔、乐于表达,应引导学生关注现实、热爱生活并借助工具表达出真情实感。

第三节 习作教学全流程

习作教学的全流程围绕"培养学生的语文核心素养"这一目标,从关注学生言语生命的角度,以习作前、习作中、习作后三个阶段的不同任务来呈现习作教学的完整过程。在此过程中,习作教学关注学生言语生命的成长,最终指向学生的终身发展,落实立德树人根本任务。

习作教学的全流程围绕一个目标,抓实习作的三个阶段,通过落实习作前的四个积累、习作中的四个步骤、习作后的五步评改,来关注学生言语生命的成长,促进学生语文核心素养的提升。

一、抓实习作的三个阶段

习作的三个阶段就是指学生习作前、习作中、习作后三个阶段,涵盖了学生一次写作的全过程。将学生在日常生活中的素材积累、课内外阅读和课后小练笔等作为写作前的准备阶段,体现了写作与生活、阅读的密切关系。

二、落实习作前的四个积累

习作前,完成四个积累(生活素材积累、语言积累、表达方法积累、写作经验积累),滋养言语生命。在日常生活中,通过观察日记等方式积累写作素材;在课内外阅读中,按照读写互动教学理念,通过阅读记录单、阅读分享交流等活动实现语言积累;在教材的词句段运用、课后小练笔以及课外阅读的仿写和续写中学习表达方法,实现表达方法的积累;在写作和修改习作的过程中实现个体写作经验的积累。进行四个积累的过程,也是促进学生个体言语生命不断成长的过程。

三、落实习作中的四个步骤

第一步,再现素材,情动辞发。

教师通过提前布置观察日记或唤起学生体验的方式,引导学生调动积累的原始素材。通过设置情境、谈话导入等方式,激发学生表达的欲望,引导学生通过师生交流、生生交流的方式进行信息的加工、再现,做好写作准备。

第二步,借助支架,完成写作。

教师根据学生的需要搭建合适的教学支架,如:以情境支架唤起学生的素材积累和独特体验;以图表支架帮助学生梳理思路和提炼关键信息;以范例支架启发学生在模仿中进行写作;以目标支架帮助学生锚定写作目标,围绕中心选材和构思;以问题支架激发学生深入思考。在此过程中,教师要引导学生组织语言,表达自己的个性体验,抒发内心的真实感受。

第三步,师生评改,形成定稿。

教师设计评价量表,实现"三度":梯度——领会教材意图,把握目标边界;向度——围绕单元整体,定准课时目标;力度——细化方法目标,体现目标价值。教师运用评价量表指导学生自评、互评,然后亲自评价,并有针对性地进行个性化指导,实现教学评一致性和多主体评价。

第四步,总结评价,展示成果。

教师依据目标支架对学生的习作进行总结性评价,将选出的优秀作品通过广播站播出,通过多种渠道的"投稿""发表"或举行习作展等,激发学生的写作热情,激扬学生的言语生命。

四、落实习作后的五步评改

在学生完成初稿后,教师用五步评改法进行评改指导。

第一步,学生完成初稿后自评自改。

第二步,教师评改指导,学生修改,形成初稿。

第三步,学生对照评价标准,互相评改。学生互相评改时要做到"四读":第一遍读,改正错别字、使用不正确的标点符号,修改不通顺的句子;第二遍读,找出别人习作中的精彩之处,写上批注;第三遍读,找出别人习作中的不足;第四遍读,写评语,写上自己对别人习作的总体看法。

第四步,教师进行总结性评价。此步骤由教师在课下完成,教师既点评文章本身,又点评同学的评改。

第五步,学生自读再改,誊抄。教师先讲评本次习作的优缺点和普遍存在的问题,学生再进行同伴作品赏评,然后根据教师和同学的评语对自己的习作进行第三次修改,誊抄终稿,并进行习作成果展示。

第四节 习作教学常用支架

根据习作教学的目标,通过学情前测,找到学生习作的最近发展区,根据学生需要搭建支架,有助于学生理解习作要求、运用习作方法、激发自我学习意识,促进学生语言表达能力的提升和言语生命的成长。

我们在研究中探究了以下支架类型的运用。

一、情境支架

情境支架是依据学生的写作需要,再现学生熟悉的生活场景,唤起学生真实的体验,达到活跃学生思维、激发学生表达需要的目的,从而帮助学生运用语言进行表达。

统编版小学语文五年级上册第五个习作单元是学生第一次在习作中学习写说明性文章,对于习惯了写叙事性作文的小学生而言,难就难在客观地或者用文艺化的语言描述一种事物。这一单元的《太阳》和《松鼠》两篇课文就给学生提供了写作方法的案例。教学中,我先指导学生进行说明方法的梳理,结合课文理解打比方、列数字、作比较的说明方法。在进行单元习作教学前,我安排学生观察胶州湾大桥,查找资料。上课时,我先让学生交流资料、出示相应数据,然后引导学生尝试着用学过的说明方法去写胶州湾大桥。比如,用具体的数据写出它哪一年竣工,有多长,有多宽,平均车流量大约多少;白天的胶州湾大桥像什么,夜晚的胶州湾大桥又是什么样;大桥通行以后,对比之前通行时长有什么变化。经过这样的练习,学生写作时就有了抓手,提升了写作表达水平。

二、范例支架

模仿是初学者的重要学习方式,对于小学生而言,模仿和借鉴是学习写作行之有效的途径。教师可以根据学生的需要搭建素材范例、结构范例、写作方法范例,来启发学生在模仿中进行写作。

五年级上册第五单元,在《太阳》和《松鼠》的教学中,我们学习了说明方法,但对于说明一种事物,学生面临的问题是不知道抓什么特点,对于说明方法的运用也很吃力。在习作指导课上,教师出示课文的写作方法范例支架、同伴优秀作文范例支架,让学生在对比阅读中明白了要根据需要用上列数字、作比较、打比方等说明方法,也让学生了解了选择素材的方法,学到了文章布局谋篇的方法。在讲评时,教师要让学生对照习作评价量表进行修改,想一想有没有把事物的特点说清楚,哪里还没说清楚,用上合适的说明方法或者进行字斟句酌地修改。

三、图表支架

小学生的习作往往缺少丰富的素材、清晰的思路,或者没有具体可感的描写手法来作为支撑。通过图表支架,可以帮助学生积累素材、理清思路,将思维可视化,从而使文章的结构、层次更清楚、更合理,使语言表达更加有序、有物。

比如,在进行《我的动物朋友》习作指导时,我首先准备观察记录表来帮助学生从动物的外形、习性等方面进行细致地观察和记录,并让学生将自己的感受填写在表格中,实现了用图表来帮助学生进行写作素材的积累,有助于学生的表达更加清楚条理、具体生动、可触可感。

再比如,在进行《他_____了》习作教学时,我从审题、构思再到细节描写,一次出示三个图表:第一个图表是选择谁怎么样了的人物和事例,解决选材问题;第二个图表是针对事例的完整性来梳理事情的起因、经过、结果,解决文章结构完整的问题;第三个图表是通过正面描写中的动作、语言、神态描写,以及侧面描写中的环境描写和其他人的动作、语言、神态、心理描写,解决把内容写生动的问题。三个图表串起整堂课,依次突破了教学重难点,让学生顺利完成了本次写作。

四、目标支架

根据教学评一致性的教学理念可知,教学目标是学生学习"将要到达的地方",而进行"是否到达了"的评价时的评价量表呈现的正是目标的具体表现,这也是写作的重要支架,能帮助师生明确要求。我将习作的教学目标转化为评价量表,以此作为学生习作评价的抓手和学生的目标所向,帮助学生更好地完成学习目标,完成写作。我引导学生写作前锚定目标,写作时心中有目标,修改时对照目标,努力落实教学评一致性的理念,从而提高习作教学质量。

借助评价量表的具体操作为:作前明确目标;作中分解目标,搭建支架;作后让学生对照评价量表进行自评和互评,然后由教师进行有针对性的评价和指导,学生根据评改建议完成修改,最后形成定稿,展示习作成果。

五、问题支架

问题支架是通过构建一个个问题情境,帮助学生在自主思考中建立起由模糊到清晰的表达思路,或唤起学生记忆中生动的表达场景,从而开阔学生的思路,提高学生表达的准确性、条理性。

比如,在进行《形形色色的人》的习作指导时,我就以几个问题来引导学生思考:在你身边,有哪些人的特点非常突出?关于他的这个特点,你能想到哪些事例呢?在这些事例中,哪件事让你印象最深刻?你还记得当时他的动作、表情是怎样的吗?用一连串的问题引导学生将任务特点、事例进行聚焦,再将一个个细节聚焦,可以帮助学生理清习作的思路和重难点。

· 第 二 篇 ·

实 践 篇

第一章
精读教学课例

第一节 《我应该感到自豪才对》教学设计

【教材分析】

《我应该感到自豪才对》是一篇语言浅显易懂,看似平淡却含义深刻的童话故事。这篇课文通过讲述小骆驼因小红马嘲笑他难看而委屈,到沙漠里亲身体验后,发现自己的驼峰、脚掌和睫毛都很有用而认识到自己应该感到自豪才对的故事,让我们明白这样的道理:我们要辩证地看待事物、判断事物的美丑,不能只看外表,而要看本质,看其有没有用处,要树立起自信。课文富有情趣,寓动物常识于生动形象的童话故事中,有利于激发学生的阅读兴趣,有利于调动学生的情感参与认知活动,有利于培养学生正确的审美观。

【教学目标】

1. 正确、流利、有感情地朗读课文,能有条理地讲述这个故事。

2. 学会本课 9 个生字,两条蓝线条内的字只识不写。认识 1 个多音字,理解由生字组成的词语。

3. 学会用抓住关键词和提示语等方法体会人物的内心活动。

4. 凭借对课文内容的朗读感悟,懂得骆驼的驼峰、脚掌、睫毛在沙漠里的特殊用途,树立正确的审美观。

【教学重难点】

通过抓住关键词和提示语理解课文内容,体会人物内心的活动,树立正确的审美观。

【教学准备】

课件。

【教学过程】

一、复习导入

1. 检查生词,听写"委屈""担心""自豪"。

2. 小骆驼的心情发生了怎样的变化?为什么会发生这样的变化呢?让我们走近这匹小骆驼,到课文中找一找答案吧!

二、精读课文,感悟语言

1. 感受小骆驼委屈的心情。

(1)小骆驼为什么会感到委屈呢?(指生回答)

教师出示句子:

你的脚掌又大又厚,眼皮上长着两层睫毛,背上还有两个肉疙瘩,多难看呀!

谁来读一读小红马的话?(指名读)

(2)从他的朗读中你体会到了什么?从哪个词可以看出小红马在嘲笑小骆驼?(在课件上将"难看"一词标红)

加上提示语,再读一读。还可以从哪个地方看出小红马在嘲笑小骆驼?(在课件上将"喷着响鼻"四个字标红)

(3)你能当当小红马来说一说这句话吗?(指导学生读出嘲笑的语气)

小结:看,抓住关键词和提示语就可以感受人物的内心活动,我们在平时的习作中也可以通过运用恰当的提示语来描述人物的内心活动。

(4)假如你是小骆驼,听了小红马的话,心情会怎么样?

教师板书:委屈。

(5)那么,骆驼妈妈是怎么安慰孩子的呢?(指生回答)

教师出示句子:

孩子,明天你跟我到沙漠里走一趟吧。

教师指名让学生读。

你读懂了什么?加上提示语再读,还能感受到骆驼妈妈对孩子的疼爱之情。(生齐读)

2. 略读第5自然段,领悟"自豪"一词的含义和表达的感情。

过渡:为了不让小骆驼觉得委屈,骆驼妈妈决定带它到沙漠里走一趟。同学们,经过这次沙漠旅行,小骆驼的想法改变了吗?

（1）请自由朗读第3～5自然段。

（2）教师出示最后一个自然段：

沙漠旅行结束了,小骆驼默默地想:我们的驼峰、脚掌和睫毛在沙漠里有那么大的用处,我应该感到自豪才对呀!

此时小骆驼的心里觉得怎么样? 从哪里可以看出来?（指名答）

教师在课件上将"我应该感到自豪才对呀"标红,学生齐读。

教师板书:自豪。

（3）质疑:小骆驼刚开始觉得那么委屈,现在又感到这么自豪。读到这儿,你有什么疑问吗?

【设计意图】学贵有疑,该环节重在培养学生的质疑能力,让学生抓住小骆驼的心理变化——从委屈变成了自豪,从而产生疑问。

（4）指名学生回答,并在课件上将"我们的驼峰、脚掌和睫毛在沙漠里有那么大的用处"标红。

3. 紧扣词句,感受沙漠环境的恶劣。

过渡:那么,骆驼的驼峰、脚掌、睫毛的作用到底有多大? 让我们赶紧跟随课文去沙漠里看一看吧!

（1）亲爱的同学,你了解沙漠吗?

（2）文中又是怎样描写沙漠的呢? 请你快速阅读第3、4自然段,并用直线画出描写沙漠的词句。

（3）找出来后读一读,同桌之间交流补充。

（4）教师指名让学生汇报。

【预设过程】如果一人汇报不全,再找其他学生补充。

看,老师也找到了这些词组,谁愿意站起来读一读?（指名读）

教师出示词组:茫茫的大沙漠、无边无际的沙漠、松散的沙子、风沙铺天盖地刮过来。

（5）现在就让我们跟随画面,走进这茫茫的大沙漠。（播放沙漠的视频）

解说:茫茫的大沙漠,沙丘一座连着一座,放眼望去寸草不生。这里常常风声肆虐,黄沙漫天飞舞。转瞬间,沙丘被移走了一片又一片。

（6）想着刚才的画面,把这些词组的意思读出来。（指名读、生齐读）

【设计意图】集体交流后,利用课件圈出描写沙漠特点的词语,不仅加深了学生对沙漠的了解,还使学生学到了积累词语的方法。教学中抓住了关键词,让学生感受到沙漠的特点,如茫茫的、无边无际、风沙铺天盖地等,通过朗读让学生体会到沙漠的大、沙漠环境的恶劣。

4. 精读第 3、4 自然段,了解各部分的作用。

过渡:亲爱的同学,你觉得沙漠的环境怎么样? 到这样恶劣的环境中旅行,骆驼母子会遇到什么困难? 它们用什么法宝克服了这些困难呢?

(1)请自学课文第 3、4 自然段,边默读课文边用波浪线标出体现脚掌、驼峰、睫毛作用的句子。

【设计意图】此环节引导学生充分地读,自读自悟,培养学生边读书边做批注的阅读习惯和能力。

(2)找出来的同学先在小组内交流。交流方法是,先读找到的句子,再用自己的话说说这部分的作用。(学生前后 4 人一个小组进行交流)

(3)按顺序集体交流。

① 指生读句子、说作用,伺机板书:脚掌、陷不进。

教师出示下面的句子,指导学生朗读。

多亏我们的脚掌长得又大又厚,如果我们的脚也像小红马那样,陷进沙子里怎么拔得出来呢?

A. 骆驼妈妈说的话中有个问号,谁能用上句号说说这句话?(指名说)

B. 看,用上句号意思没变,但用问号更能肯定骆驼的脚掌是陷不进去的。那么,骆驼妈妈在说这句话时,她的内心会觉得怎么样?(学生回答:自豪。)谁能用自豪的语气说一说这句话?

C. 从哪个词也可以看出骆驼妈妈说这句话时很自豪?(学生回答:多亏。)谁能抓住"多亏"一词读出妈妈自豪的语气?(指名读)

D. 小结:看,抓住关键词也能体会出人物的心理活动(自豪的语气)。

② 咱们继续往下交流。

教师指名让学生读句子、说作用,伺机板书:驼峰、存养料。

教师出示句子:

我们背上的这两个肉疙瘩叫驼峰,里面贮存着养料,够我们路上用的了。

我们背上的这两个肉疙瘩叫驼峰,里面贮存着养料,足够我们路上用的了。

A. 你有什么发现? "够"和"足够"这两个词的意思有什么不一样吗?(指名回答)

【预设过程】引导学生说出"够"说明刚满足,"足够"说明很充足,还有剩余。

B. 小结:一字之差可以告诉我们这么多信息,在平时的学习时我们也要学会恰当运用词语。

C. 骆驼妈妈说这话时用的是什么语气? (学生回答:自豪。)(指名读)你也自豪地说一说这句话。

D. 抓住"足够"齐读句子,体会骆驼妈妈内心的自豪感。

小结:看,通过小骆驼与骆驼妈妈的对话,我们了解了骆驼身上各部分的作用,这种表达方式叫语言描写。我们在今后的习作中也要学会运用呀!

③ 过渡:沙漠里的天说变就变,就在小骆驼与妈妈说话间,风沙又来了。(播放风沙的声音)小骆驼该怎么办呢? (指名回答)

教师出示文段:

说话间,一阵风沙铺天盖地刮过来。妈妈让小骆驼俯下身子,闭上鼻孔和眼睛。一会儿,风沙过去了,小骆驼的鼻孔和眼睛里没进一点沙子。

A. 加上自己的想象来读这段话。(指名读)从这段话中,你读懂了什么?

教师伺机板书:睫毛、挡风沙。

B. "没进一点沙子",难怪小骆驼沙漠旅行结束后会默默地想……引读最后一个自然段:

沙漠旅行结束了,小骆驼默默地想:我们的驼峰、脚掌和睫毛在沙漠里有那么大的用处,我应该感到自豪才对呀!

C. 抓住感叹号再读最后一句话,读出小骆驼的兴奋之情。

【设计意图】这一环节旨在把学习的主动权交给学生,调动其积极性,让学生在自读中了解内容,在合作中加深对内容的理解,在朗读中提升对思想的认识,培养学生自主合作探究的能力。

三、补充资料,点拨感悟

其实,值得骆驼自豪的不光这些本领,它还有一个美称——"沙漠之舟"。

结合文中插图,阅读补充资料。

教师出示补充资料《沙漠之舟》:

骆驼耐饥耐渴,性情温顺。骆驼不畏风沙,善走沙漠,被公认为"沙漠之舟"。骆驼的寿命可达35~40岁。野生的骆驼被列为国家一级保护动物。骆驼有惊人的耐力,在气温50℃、失水率达体重的30%时,还能20天不饮水;它还能负重200千克以每天75千米的速度连续行走4天。骆驼的嗅觉特别灵敏,能在1.5千米处辨察和感觉到远处的水源。初生的小骆驼很快就能站起来行走,随父母漫步沙漠。

四、紧扣课题,领悟道理,积累方法

1. 课文学完了,请你用上"我知道了""我明白了"或者"我学会了"来说说自己的收获。

【预设过程】学生能看板书把骆驼的主要特点说出来,就鼓励他收获大。如果能说出道理,要及时表扬他不仅学到了知识,还明白了深刻的道理。此外,还要引导学生积累写作手法——语言描写。

小结:其实课文不仅让我们了解了骆驼身体各部位的作用,还告诉我们一个道理——事物美不美不在于外表,而在于有没有用处。

2. 看板书,小结。

(1)虽然骆驼的脚掌又大又厚,但是在沙漠中行走陷不进沙子里,所以小骆驼说……(教师指课题,学生齐读)

(2)虽然骆驼背上的两个肉疙瘩很难看,但是它能贮存足够多的养料,所以小骆驼说……(教师指课题,学生齐读)

(3)虽然骆驼的两层睫毛不好看,但是能挡风沙,所以小骆驼说……(教师指课题,学生齐读)

3. 总结升华。

现在你知道小骆驼为什么自豪了吧?(擦去问号)是的,生活中有很多东西虽然不好看,但是很有用,所以我们要正确地判断事物的美与丑。

五、布置作业

现在的小骆驼真想把自己的收获和小红马说一说。有一天,它们又见面了……你能以第一人称的口吻续写这篇童话吗?

【设计意图】语文言意论认为:文本作为言语作品,是言和意的统一体。母语教学的本体价值就是促使学生言与意的积极感悟、内化、转换,并进而运用个性化的言语表达读者独特的感受、体验和理解。此项作业与上文衔接紧密,由易到难,从点到面,自然水到渠成。

【板书设计】

我应该感到自豪才对

驼峰——存养料

脚掌——陷不进

睫毛——挡风沙

(委屈)→(自豪)

第二节 《水上飞机》教学设计

【教学目标】

1. 学会生字词,理解重点词语在课文中的意思。

2. 正确、流利、有感情地朗读课文,理解课文内容。

3. 知道水上飞机是有特殊用途的飞机,能帮助人类完成各种任务,激发求知欲,从小学科学、爱科学。

【教学重难点】

理解课文内容,练习说话。

【教学准备】

课件、自主预习卡。

【教学过程】

一、揭示课题,谈话导入

1. 说说你所了解的飞机。(学生交流)

教师出示水上飞机的图片。

我们知道船在水面上航行,飞机在天空中飞行。但是,有一种新型的交通工具不但能在空中飞行,而且能在水面上航行,这就是……

学生齐答:水上飞机。

2. 揭题:水上飞机。(生齐读)

3. 你有什么问题要问?让我们跟着小海鸥一起去会会这位新朋友。

说明:开门见山,直接点题,通过图片和简要介绍,使学生初步感受水上飞机的与众不同,有效激发学生的学习兴趣。

二、初读感知,自学生字

1. 小组读课文,自学生字。

要求:读准字音,读通课文。

2. 学生交流预习生字的情况。

3. 学生互相检查自主预习卡的完成情况。

三、细读课文,感知解疑

1. 水上飞机是什么样的呢?让我们一起来学习第 1 节。

(1)请自由读第 1 节,用直线画出描写水上飞机外形的句子。(教师出示水上飞机的图片)

(2)教师检查,学生回答,教师出示"白色船体的两边长了一对大翅膀"。

(3)学生齐读句子。

(4)看到这艘"白色船体的两边长了一对大翅膀"的怪船,小海鸥怎么想?

(5)"究竟"是什么意思?换个词说一说。

2. 水上飞机究竟有什么本领呢?轻声读第 2~7 节,用直线画出说明水上飞机用途的句子。

学生交流,教师检查。

(1)你找到了几句描写水上飞机本领的句子?(教师出示句子并配上图片)

教师板书:迅速救援海上遇难的船只,给航行中的船只输送物资,能从海中汲水去扑灭森林的大火,随时从海上起飞去参加战斗。

(2)教师指名让学生读句子,男生读,女生读。

(3)读了句子,你读懂了什么?(学生小组讨论,交流)

(4)水上飞机的本领可真大,谁能用"有的……有的……有的……还有的……"的句式来夸夸水上飞机?

(5)教师创设情境,学生以小组为单位进行说话训练。

①学生以水上飞机的口吻介绍自己的本领。

②学生以小海鸥的口吻介绍水上飞机的本领。

③你还知道水上飞机有哪些本领?请你来介绍一下。

(6)谁来当当吃惊的小海鸥?(教师指导学生分角色朗读对话)

请读出各自不同的语气。(小海鸥是吃惊的语气,水上飞机是自豪的语气)

3. 学习第 8 节。

(1)正当他们谈得高兴时,水上飞机响起了求救警报,究竟发生了什么事?齐读第 8 节。

(2)教师出示下面的句子,指导学生朗读。

对不起,东南海面有渔船遇险,我得马上出发,前去救援。(着急的语气)

(3)水上飞机是怎么做的?

教师出示句子:

水上飞机告别了小海鸥,便迅速地滑行起来,机身的两旁随即溅起了雪白的浪花。

① 教师指名让学生读。

② 除了"迅速"外,句中还有哪个词也写出了水上飞机飞行速度很快?

③ 学生齐读。

【设计意图】"书读百遍,其义自见""不动笔墨不读书"。中年级的语文教学以朗读积累为主,结合画句子和说话训练,既让学生理解课文内容,又使学生在多种形式的读中渐渐养成学习习惯。

四、课外拓展,总结课文

今天,我们学习了《水上飞机》一课,知道了水上飞机的许多功能,还了解了一些新型的交通工具。随着科学技术的发展,相信会有越来越多的新型交通工具诞生,使我们的生活越来越便利,越来越美好。如果让你造水上飞机,你还想让它拥有哪些新的功能?把自己想到的写成一段话。

第三节 《跟踪台风的卫星》教学设计

【教学目标】

1. 正确、流利、有感情地朗读课文,并能分角色朗读。

2. 了解第三代气象卫星的主要作用,激发从小学科学,长大用科学为人类、为社会造福的志趣。

3. 积累相关词语。

【教学重难点】

分角色朗读课文;通过朗读课文,体会台风的危害性和气象卫星的神奇作用。

【教学准备】

课件。

【教学过程】

一、导入新课

这节课我们继续学习科普童话。请看老师板书课题,并齐读课题。

从课题中可以知道什么?文中写了几个角色?主要是写哪个角色?带着你

的理解再读课题。

二、检查生词

1. 教师指名让学生读、领读下面的词语。

嚷道、狂怒、怒吼、暴跳如雷。

盯住、监视、跟踪、报告行踪。

仔细看看这些词语,你发现了什么秘密?（学生回答:第一行是描写台风的,第二行是描写卫星的。)

这些词语给你留下了什么印象?带着你的理解再读生词。

2. 教师指导学生书写:

第一个字,"监",最后一笔写得长一些,托住上面的部分。

第二个字,疯",说说"疯"字哪个部位容易写错,你想提醒大家什么。（学生回答:病字旁的两个点不要丢了。)谁能想个办法记住这个字? (学生回答:风生病了,发疯了。)

学生练习写"监""疯"两个字。教师评价指导,并范写。学生修改自己写的字。

三、精读感悟

到课文中去看一看他们是怎样对战的,或者说看看他们之间发生了什么以及卫星是怎样跟踪台风的。

1. 我们先看看他们初次见面的情景。请读一读第1、2自然段,标画出相关的词语或者句子。

学生交流,先读句子再说关键词和谈体会,感受台风的狂暴、不可一世,以及卫星的自信、坚定。

小结学法:关注关键词,关注人物的语言,包括语气词、标点符号。

2. 自由朗读第3～8自然段,用直线画出直接描写台风疯狂的句子,用波浪线画出描写卫星的句子。

请交流:一共有几个回合?哪几个回合?

（1）第一回合。

谁来说说自己找到了哪些描写台风的句子?

台风正在干什么?（学生回答:威胁卫星。)课文中哪个词语写出了台风的恼怒?什么是"狂怒"?

台风真的那么厉害吗?让我们一起来看这样一组图。

教师播放课件。

学生朗读句子：

鱼儿见我钻入深水,船儿见我避进港湾,树儿见我把腰弯。

你还能继续替他说说吗?

学生练习句子：

鸟儿见我（　　　　）,兔儿见我（　　　　）,（　　　　）见我（　　　　）,（　　　　）见我（　　　　）。

"嘿嘿",台风是想告诉卫星什么呢?

面对台风的威胁,卫星有没有害怕?（学生回答:没有。）

"可我偏偏爱跟着你走……"关键词语是"偏偏爱跟着"。从这个词语中,你能看出什么?

面对如此厉害的台风,他们之间的对话该怎么读呢?（教师指导学生朗读）台风会善罢甘休吗?他又是怎么做的呢?

师生齐读句子：

台风狂暴地跳起来,对准气象卫星猛扑过去。

学生练习诵读。

从这里你觉得台风怎么样啊?这一句可以抓住一个最关键的词来概括台风对气象卫星做了什么。（学生回答:猛扑。）

他有没有成功啊?为什么?（学生回答:因为气象卫星站设在离地面 300 千米的高空。）

台风和卫星较量的第一回合谁赢了?

（2）第二回合。

台风又想了什么招呢?谁来继续交流自己找到的句子?（学生读第 5 自然段）

台风想到了什么招啊?（学生回答:甩掉。）练习读台风的话。台风甩掉气象卫星了吗?从哪句话可以看出来?

如果你是气象卫星,看见台风逃跑了,你会怎样对他说?体会"无意中""仍然""紧紧""嘲笑"的意思。

学生分角色朗读对话。

台风想甩掉卫星,谁知卫星却紧紧地跟着他。第二回合谁赢了?

（3）第三回合。

"台风暴跳如雷,像头疯狂的巨兽,呼呼地向着城市扑去。"从这一句话中,你

知道了什么？是从哪儿感受到的？台风扑向城市,究竟想干什么？你想用哪个词语来说说台风的可恶？(学生朗读)

台风的阴谋得逞了吗？你是怎么知道的？面对这么可怕的台风,人类有没有感到惊慌？从哪里可以看出来？(学生回答:谈笑风生。)你能说说它的意思吗？这个词在课文中是什么意思？

学生继续读,教师播放课件。

学生分角色朗读。

一起自豪地读一读第7自然段。

第三回合谁赢了？这是谁的功劳？

面对这样一颗小卫星,看来台风只好……

教师引导学生读最后一句话。

"紧紧跟踪着,监视着……"从这个省略号中,你能体会到什么？读好最后一句话。

四、总结延伸

教师播放卫星的图片。

五、布置作业

选择其中一颗卫星做研究,课后互相交流。

【板书设计】

跟踪台风的卫星

台风——不可一世　　　　　关键词

卫星——坚定、自信　　　　　　　衬托

语言

第四节　《黄鹤楼送别》教学设计

【教学目标】

1. 学习本课生字词,代入角色,有感情地朗读课文,体会诗人与友人的依依惜别之情。

2. 通过文诗对照阅读,理解诗句的意思,借助创设情境、想象画面等方法,读好这首送别诗,感受古体诗的简约之美。

3. 背诵《黄鹤楼送孟浩然之广陵》,借助古诗的语调、节奏与韵律,体会古诗词情景交融的特点。

【教学重难点】

教学重点:走进故事,走进古诗,有感情地朗读古诗。

教学难点:理解李白和孟浩然之间深厚的友谊以及两人分别时依依惜别的深情。

【教学准备】

课件、自主预习卡、《烟花三月》微视频。

【教学过程】

一、谈话导入

教师课前播放《烟花三月》的微视频。

亲爱的同学,从刚才的微视频中,你了解到了什么?你知道作者化用了哪首诗吗?(教师用课件出示《黄鹤楼送孟浩然之广陵》)谁能读给大家听?关于这首诗,还有一段故事呢,这节课我们就来走进这个故事。

学生齐读课题:黄鹤楼送别。

读了课文,你了解到是谁给谁在哪儿送别?

说到李白与孟浩然,还有一段故事呢!李白年轻的时候风流潇洒,挎一把宝剑,带一个酒壶,云游天下,在路过湖北襄阳时,认识了当时已经誉满天下的大诗人孟浩然。虽然孟浩然比李白整整大了 12 岁,但是这丝毫没有影响二人的交往。两人一见如故,相见恨晚,一起游山玩水,饮酒作诗,成为无话不谈的好友。有一天,孟浩然要去扬州做事,一对朝夕相处的好朋友可谓是难舍难分。多愁善感的诗人便创作了这首诗。再读课题。

二、检查预习

课前你已经预习了课文,请拿出你的自主预习卡。谁来汇报一下自己的预习情况?

1. 教师用课件出示词语:烟雾迷蒙、依依惜别、誉满天下、永世不绝、按捺不住、脍炙人口。

教师指名让学生读。

2. 课文写了一个什么故事?

课文叙述了年轻的李白在黄鹤楼上为好友孟浩然饯行,并写下《黄鹤楼送孟

123

浩然之广陵》的事。

写得不完整的同学请在自己的自主预习卡上用红笔订正。

3. 你理解哪些词语的意思？

学生汇报：

饯行：用酒食送行。

伫立：长时间地站立。

凝视：聚精会神地看，专注地看。

4. 教师指名让学生接读课文，其他学生边读边思考。

读过课文，你的心中有了怎样的感受？能不能用文中的词语概括出来？（学生回答：难过、不舍、依依惜别。）

三、走进课文，感受诗意的送别

现在让我们带上离情别意，走进课文，来到长江边的黄鹤楼上，站在李白与孟浩然身边，感受他们诗意的送别。

1. 暮春三月，长江边……（教师引读第 1 自然段）

请你再读。

2. 黄鹤楼……（教师引读"俯临长江，飞檐凌空"）

教师用课件出示句子：

李白和孟浩然一会儿仰望蓝天白云，一会儿远眺江上景色，都有意不去触动藏在心底的依依惜别之情。

自己读一读。你感受到了什么？是从哪儿体会到的？

他们是在赏景吗？是在喝酒聊天吗？他们是在……（教师引读"有意不去触动藏在心底的依依惜别之情"）

此时无声胜有声，面对即将到来的分别，他们一会儿……请你阅读。

相见时难别亦难，离别的话语怎么说出口啊！请你再读。这份依依惜别之情藏得住吗？

3. 从哪里知道藏都没藏住？读读下面的课文。

教师指名让学生读。

生性豪放、性情直率的李白首先开口说话了（教师用课件出示第 3 自然段），请轻声读一读李白的话。你能体会到李白对孟浩然怎样的感情呢？用笔圈出令你感触最深的地方，好好体会一下。

你体会到了什么？是从哪里体会到的？（学生回答：李白对孟浩然的敬仰与

不舍。从"孟夫子""您""兄长和老师""令人敬仰""誉满天下"等词语体会出了敬仰,从"何日才能再见面""满饮此杯"体会到了不舍。)

带着你的敬仰与不舍再读一遍。

孟浩然接过酒杯……(教师引读)一饮而尽……永世不绝。

这里的"海内存知己,天涯若比邻"怎么理解?(学生回答:他是在安慰李白,虽然他们即将离别,但只要友情在,虽然远隔千里,却也好像近邻一样。)

作为兄长的孟浩然把惜别之情藏在心底,在宽慰年轻的李白。多好的一对朋友!多么感人的友情!请你自由读一读他们的对话,待会儿我们分角色朗读。

学生三人一组分角色读两遍。

4. 送君千里,终有一别。他们来到长江边,岸边杨柳依依,江上沙鸥点点。(教师引读"友人登上了船……浩浩荡荡地流向天边……")

友人登船时,李白……(学生接着说:伫立在江边。)

白帆随着江风渐渐远去,李白……(学生接着说:依然伫立在江边。)

白帆消失在蓝天的尽头,李白……(学生接着说:依然伫立在江边,凝视着远方。)只见一江春水流向天边,李白……(学生接着说:依然伫立在江边,凝视着远方。)

伫立在江边的李白在凝视什么?只有一江春水吗?此时的他在想什么呢?

李白可能会想,你我一起游历名山大川,那是多么美好的回忆!李白可能会想,我们一起饮酒作诗,是多么畅快淋漓!李白可能会想,以前我们曾经一起饮酒作诗,我们何时才能再一起饮酒作诗啊!李白可能会想,兄长啊,以前你我一起谈诗论道,我们何时才能再一起谈诗论道啊!李白可能会想,老朋友啊,你这一别,什么时候才能再回来看我啊?李白可能会想,到了扬州,你要记着给我写信啊,我会想你的!

种种情怀在心中生长,千言万语在心头凝聚,终于,李白再也按捺不住激动的心情,随即吟出了这首脍炙人口的名诗。(教师用课件出示古诗)一起读!

5. 亲爱的同学,课文中说李白吟出了这首诗,古人是怎样吟诗的呢?古人读诗是有讲究的,讲究平仄,讲究韵味,平声指的是阴平和阳平,也就是一声和二声,仄声指的是上声和去声,也就是三声和四声。在读诗的时候,平声读长,仄声读短,一三五不管,二四六分明。根据这一规律,这首诗该怎么读呢?自己先练一练。

教师指名让学生试读,师生评读。

教师范读。

教师再指名让学生读。

四、理解诗意

1. 我们知道,这篇课文是文包诗的课文,诗句的意思就蕴含在课文中,请你读读诗句,再回过头去读读课文,从课文中找出与诗句对应的句子并标出来。

2. 学生读诗读课文,标画文诗对应的句子。

3. 学生交流,教师用课件出示文诗对应的句子。

4. 读懂了诗句,你一定能将这首诗读得更有味!

教师指名让学生读。

千言万语,尽在诗中,请齐读。

每当李白思念孟浩然,一定会到江边走一走,还会深情地吟诵起……再读。

五、拓展

李白和孟浩然离我们而去,但他们的友谊之歌却长留在我们心中。

古往今来,文人墨客们描写送别的诗还有很多,自主预习卡中要求背诵的送别诗,你会背了吗?

教师指名让学生背诵,并用课件出示古诗。

六、布置作业

在你会背的送别诗中,你最喜欢哪一首?把你最喜欢的一首扩写成一篇文包诗,写在日记本上。

【板书设计】

黄鹤楼送别

李白——孟浩然

依依惜别

（借景抒情）

第五节 《清平乐·村居》教学设计

【教学目标】

1. 有感情地诵读《清平乐·村居》,联系语境理解“相媚好”“亡赖”等词语的意思。

2. 想象情境,理解词的意境,感受词人对和平、安宁生活的向往。

3. 根据想象写出自己心中的村居,为改写整首词做准备。

【教学重难点】

想象情境,理解词的意境,感受词人对和平、安宁生活的向往,根据想象写出自己心中的村居。

【教学准备】

课件(插入了音乐《渔舟唱晚》)。

【教学过程】

一、谈话导入

这节课让我们走进著名词人辛弃疾的《清平乐·村居》,去感受那份特有的宁静与温馨!

谁能读一读这首词?注意押韵,读出节奏。(教师配乐《渔舟唱晚》)

二、想象画面,读懂词意

1. 一首好词就像一壶好茶,越读越品就越觉得韵味深长。"诗中有画,画中有诗",读着读着,我们就走进了画里,走到了长满青草的小溪边。你看到了什么?

2. 村居的景是怎样的?(学生回答:茅檐低小,溪上青青草。)

用自己的话描绘一下看到的景物。(教师指名让学生说)

教师伺机引出诗句"接天莲叶无穷碧,映日荷花别样红"。

多美的画面啊,蓝蓝的天、白白的云、淙淙的水、青青的草!让我们一起想象一下,这画面中的景会是什么样子的。

你可以想象自己能看到哪些景物,这些景物是什么样子、什么颜色的,以及能听到什么声音。(教师配乐:流水声)这是什么样的溪流声?

带着理解再读这段话,你会有不一样的感受。

3. 亲爱的同学,村居的景是美的,村居中的人更美。村居中都有哪些人呀?

(1)醉里吴音相媚好,白发谁家翁媪。

教师在课件上加粗显示"相媚好"。

你知道什么是吴音吗?

作者当时谪居在江西上饶,当地的方言就叫吴音,吴音是一种温柔绵软、婉转动听的语言。

翁媪也就是满头白发的老年夫妻。他们正在"相媚好"。

想象一下:他们可能在说什么?

读着"醉里吴音相媚好",我听见(　　)夸(　　)说:(　　　　　　　)。

孩子们已经长大成人,能帮父母耕田持家,老两口喝点儿小酒,说说笑笑,享受着天伦之乐。

(2)大儿锄豆溪东,中儿正织鸡笼。

大儿是那么勤劳,让我们想到了"锄禾日当午,汗滴禾下土"。古诗词的语言和现代语言不一样。"豆"是庄稼,真正锄的应该是豆田里的杂草,这让我们想到了"种豆南山下,草盛豆苗稀"。

二儿子是那么懂事、心灵手巧,让我们想到了"昼出耘田夜绩麻,村庄儿女各当家"。

(3)最喜小儿亡赖,溪头卧剥莲蓬。

这是一个什么样的小儿?你怎样理解这里的"亡赖"?

这里的"卧"是趴着,脸朝下。这个顽皮的小儿剥莲蓬还会有哪些姿势呢?一会儿趴着,一会儿躺着,真是优哉游哉。他的小脚丫在干什么?他在嘀咕些什么呢?看着他晃动的小脚丫,看着他剥莲蓬的模样,请送他一个成语。小儿真是……(学生回答:无拘无束,自由自在,无忧无虑。)是啊,想怎么卧就怎么卧,想怎么剥就怎么剥。可见,此小儿真乃亡赖。是啊,多么活泼、可爱、顽皮的小儿。

几幅画面连起来,你读出了什么?多么温馨、幸福的画面呀!虽然生活清贫,但一家五口其乐融融,沉醉其中。让我们再次感受一下这醉人的生活画面吧!

三、提炼词眼,沉醉词意

1. 教师引读整首词。

文有文心,词有词眼。这首词的词眼是什么?想一想,说说你的理由。

这里的"醉"字,你是怎么理解的?仅仅是指老两口喝酒醉了吗?(学生回答:他们都陶醉了。)

你认为都有谁醉了?因何而醉?

2. 亲爱的同学,从"茅檐低小"这句话看,这家农户的生活比较清苦,但是为什么这对老夫妻却感到快乐和满足呢?(学生回答:虽然农村清苦,但是生活在山清水秀之中自有一番乐趣,老夫老妻恩爱和睦,相敬如宾;孩子们勤劳孝顺,使老夫妻的晚年生活幸福、快乐。)怪不得,老两口都陶醉了,陶醉的只有老爷爷、老奶奶一家人吗?陶醉的还有……(学生回答:作者。)是啊,词人辛弃疾也深深地陶醉了。来,让我们一起陶醉在诗词描绘的画面之中。

我觉得不仅仅是老夫妻醉了,还有词人辛弃疾醉了,于是一首脍炙人口的好词诞生了。

一起来读。一起读出意境。(教师配乐《渔舟唱晚》)

3. 在词人眼中,这是一个怎样的村居?

这是一个充满温馨、幸福美满、安静祥和、清贫但幸福、无忧无虑、清新秀丽、充满亲情的村居。

4. 选择一个或两个自己喜欢的画面,来写一写你心中温馨、幸福、安宁的村居生活吧!

5. 辛弃疾很喜欢用"醉"字,从《清平乐·村居》中的"醉"字,我们看到了一个村居老人辛弃疾。从《破阵子·为陈同甫赋壮词以寄之》中的"醉"字,我们又看到了一个怎样的辛弃疾呢?

教师用课件出示《破阵子·为陈同甫赋壮词以寄之》:

醉里挑灯看剑,梦回吹角连营。八百里分麾下炙,五十弦翻塞外声,沙场秋点兵。

马作的卢飞快,弓如霹雳弦惊。了却君王天下事,赢得生前身后名。可怜白发生。

回忆一下词人的经历,再读这首词,你会有更深刻的感悟。

辛弃疾是多么向往这种老人能享受天伦之乐,儿女勤劳尽孝,孩童调皮、无忧无虑的平静生活呀!多么希望国泰民安、人民安居乐业呀!"醉在村居",这不仅是辛弃疾也是所有人的理想生活。

带着新的理解再读这首词,读出辛弃疾的心声!(教师配乐《渔舟唱晚》)

四、布置作业

课下我们一起有声有色地背诵这首词,并写一写这个清新秀丽的村居、这对让人羡慕的老两口,写一写词人的感情,还可以再收集并积累几首描写田园生活的诗词。

教师用课件出示:

必做作业:有声有色地背诵这首词。

选做作业:

(1)结合词的内容,想象画面,编写故事。

(2)收集几首描写田园生活的诗词。

【板书设计】

清平乐·村居

溪长

家宁

国安

附:

《清平乐·村居》说课稿

中国是诗词的国度,诗歌给生活增添了丰富的想象力。写作能力是语文素养的综合体现,在学习古诗词时,要让学生发挥想象力,学习写作。今天就来说一说《清平乐·村居》的教学。查阅部编版小学语文教材的目录可知,这首词安排在四年级下册。辛弃疾的这首著名词作描绘了安静祥和的乡村生活,文字背后隐藏着作者的家国情怀。根据这个年级学生的特点和学习能力,我把这节课的教学过程主要分为以下几个环节:

一、谈话导入

亲爱的同学,你知道哪些描写乡村生活的诗词?今天,我们走进辛弃疾的一首词,去欣赏他词中的乡村美景。

二、初读感知

1. 谁能再来读一读这首词?诗和词有什么不同?关于词,你知道哪些常识?(学生回答:词牌名、长短句、上下阕等。)

2. 教师检查学生朗读情况,提醒学生注意押韵、读出节奏。

3. 教师指导学生认识生字,重点指导"翁媪""剥莲蓬"的读音和词义,指导学生写"翁"字。

4. 你听到了什么?词中有哪些景?又有哪些人?(教师引导学生了解词的大意,找到学习起点)

这一环节,教师要引导学生在读词时发现写哪个人物用的笔墨比较多,知道词也有详略。

三、想象画面,读懂词意

1. 一首好词就像一壶好茶,越读越品就越觉得韵味深长。俗话说"诗中有画,画中有诗",读着读着,我们就走进了画里,走到了长满青草的小溪边。

2. 读词,再说一说村居中的景是怎样的。是茅檐低小,溪上青青草。

用自己的话描绘一下看到的景物,想象景物是什么样子、什么颜色的,以及听到了什么声音。(教师配乐:流水声)用自己的语言描述一下这是什么样的溪流声。

这里的设计旨在让学生通过想象理解词意,初步感受词的意境,为后续的练习做准备。

3. 这村居中的景很美,人怎么样呢?自由读一读,选择自己喜欢的词句和大家交流。

让学生想象人物的动作、语言甚至心理活动,想象翁媪会怎样相媚好,感受乡村生活的静谧、美好。

从"大儿锄豆溪东,中儿正织鸡笼"感受大儿是那么勤劳,二儿子是那么懂事、心灵手巧。适时补充诗句"锄禾日当午,汗滴禾下土""昼出耘田夜绩麻,村庄儿女各当家"等诗句。根据最后一句"最喜小儿亡赖,溪头卧剥莲蓬",想象卧的不同姿态,学习根据人物动作、神态读懂诗词的方法,体会古汉语中"亡赖"的含义。

几幅画面连起来,学生很自然地体会到了词中的那份安宁与祥和、温馨与幸福。想象词的意境,通过朗读进一步感受这家人安宁的幸福生活。

四、尝试写作

可以尝试选择一个或两个自己喜欢的画面,来写一写自己心中温馨、幸福、安宁的村居生活。

五、抓住"溪"字,升华理解

反复读整首词,你会发现有一个字反复出现。是哪个字?(教师引出"溪"字)还有很多诗词中出现过这个字,请读一读这些句子。你有什么发现?

在反复的诵读中发现"溪"字传递出来的缓慢、安宁的感觉,体会"溪"字指的是世世代代长流不息的水。这也寓意着词中的一家人过的是其乐融融的安宁日子。辛弃疾用三个"溪"字展现出一幅幅安宁祥和的画面。(教师配乐《渔舟唱晚》)请你读出自己的理解,感受词的意境。在词人的眼中,这是一个怎样的村居?

预设:充满温馨、幸福美满、安静祥和、清贫但幸福、无忧无虑、清新秀丽、充满亲情的村居。

教师出示《破阵子·为陈同甫赋壮词以寄之》,让学生读一读并说一说这首词传递出的又是一种什么样的画面。

教师出示词人的经历。

请你说一说辛弃疾还会想些什么。

是啊,辛弃疾是多么向往这种老人能享受天伦之乐,儿女勤劳尽孝,孩童调皮、无忧无虑的平静生活呀!多么希望国泰民安、人民安居乐业呀!

带着新的理解再读这首词,读出辛弃疾的心声!(教师配乐《渔舟唱晚》)

是啊,小溪长流,小家才能安宁,国家才能安定,溪长、家宁、国安,这才是辛弃疾心中的国家!愿我们每个同学的心里也都装着国家!(本环节旨在通过这首词的学习,真正实现立德树人,培养学生的家国情怀。)

六、布置作业

必做作业:有声有色地背诵这首词。

选做作业:

(1)结合词的内容,想象画面,编写故事。

(2)搜集几首描写田园生活的诗词。

感谢各位,请批评指正!

第六节 《掌声》教学设计

【教材分析】

《掌声》一课在统编版小学语文三年级上册第八单元,单元的人文主题是"美好的品质",语文要素是"学习带着问题默读,理解课文的意思"和"学写一件简单的事"。教材在课后题中给出了明确的指向,教师在实际教学中要围绕三个课后题进行教学环节的设计,落实单元训练重点。

在整个小学阶段的语文教学中,叙事性课文占到了一定的比例,对于默读,在不同年级有不同的要求,从要求"不指读、不动唇"的具体要求,到三年级上册的"带着问题边读边思考",扎扎实实进行着梯度训练。对于讲故事的要求,从这一册的"转换人称讲故事"到三年级下册的"了解故事的主要内容,复述故事",再到四年级上册的"了解故事情节,感受人物形象;简要复述课文,注意顺序和详略",体现的也是梯度训练。

我从教材所处的位置和承担的训练任务出发,根据三年级学生的身心发展特点确定了这一课的教学目标。

【设计思路】

对于这一课,我分两个课时进行教学。第一课时主要是让学生学习生字词,理清课文的脉络,初步感知课文,了解课文大意,在默读课文的过程中,边读边思考:英子前后有怎样的变化?为什么会有这样的变化?掌声之前的英子是个怎样的女孩?掌声之后的英子又是一个怎样的女孩?紧扣"掌声"这一题目,在初读中感受掌声带给英子的变化。抓住"忧郁"一词,结合第 1 自然段的学习,想象英子自卑、忧郁的样子,初步感知人物的内心,为第二课时体会人物的心情变化做铺垫。第二课时以此为教学起点,设计了四个教学环节:复习导入、感悟掌声、体会心情、讲述故事。其中,前两个环节是对上一节课的回顾,后两个环节是本节课的教学重点。

在教学过程中,我以课后题为抓手,引导学生在默读思考、分享交流中走进文本,走进人物的内心,体会掌声带给英子的勇气和变化,并让学生在教师讲的故事和原文的对比中把握转换人称讲故事的要点:变换叙述的角度,即改变人称;适当添加人物的心理活动,从而落实单元的训练目标。

【教学目标】

1. 学会生字词,读准"落""犹豫""忧郁"的读音,结合课文内容理解重点词语的意思。

2. 带着问题默读课文,能从人物的动作、神态中体会英子的心情变化,并与同学交流。

3. 能从第 2~4 自然段中任选一段转换人称讲述英子的故事。

【教学重难点】

1. 带着问题默读课文,能从人物的动作、神态中体会英子的心情变化,学习转换人称讲述英子的故事。

2. 从人物的动作、神态中体会人物的心情变化。

【教学准备】

教师准备:课件,里面有《掌声响起来》的伴奏音乐和配乐讲故事时的轻音乐。

学生准备:完成自主预习,读熟课文,初步了解课文大意,在读书时质疑问难。

【教学过程】

一、谈话导入

亲爱的同学,课前我们预习了课文,还记得课文中写了一件什么事吗?(学生回答:一个叫英子的女孩,因为演讲课上的掌声发生了变化。)这节课,请你走进课文,去感受掌声的神奇力量!

学生齐读课题。

【设计意图】此环节在预习的基础上,简明扼要地扣住"掌声"来导入新课。书写课题时,以"掌"字的结构(上面为"高尚"的"尚",下面为"手"),点明"鼓掌其实也是一种高尚的行为",照应单元的人文主题"美好品质",自然进入第二课时的教学。

二、检查生字词

1. 教师指名让学生读生字词:落下残疾、姿势、忧郁、犹豫、一摇一晃、热烈持久、勇气。

2. 你还记得掌声前后的英子有什么不同吗?(学生回答:掌声前文静、忧郁、自卑,掌声后活泼、开朗、自信。)

为什么同一个英子会有这样大的变化呢?是的,是掌声的魅力!是掌声改变了英子!

【设计意图】这一环节通过选取几个易错词进行检查,强调多音字和相近读音词语的同时,让学生选出一两个词语说一说英子是一个怎样的女孩;复习生词的同时,再次整体回顾课文,通过英子前后的对比,感受掌声的力量,为这节课找到教学起点。

三、学习课文

1. 感知掌声。

让我们细细品读课文,走进那间教室,去感受演讲课上动人的场景。请你默读第2、3自然段,用直线标画出直接描写两次掌声的句子,边读边想:两次掌声分别是在什么情况下响起的?

教师指名让学生读句子:

就在英子刚刚站定的那一刻……故事讲完了,教室里又响起了热烈的掌声。

两次掌声分别是在什么情况下响起的?(学生回答:英子刚刚站定的那一刻,故事讲完的时候。)

【设计意图】这一课的教学中,有两处需要默读并给出了具体要求,这里是第一处,强调要边读边想,并且要求用直线标画出相应的句子,培养学生良好的默读习惯,为以后的读书做批注做准备。标画出两次出现在不同情况下的掌声的句子,其实也是引导学生循着文章的写作思路,紧扣课文题目走进课文。

2. 为什么会响起这两次掌声呢?请你默读课文第2、3自然段,用波浪线标画出描写英子的句子,关注她的动作、神态,想一想此时的她在想些什么,为什么会有这样的表现。

交流描写英子的动作、神态的词语或者句子,注意要分成两组词句来交流。

"低了下去""慢吞吞地站了起来""一摇一晃地走上了讲台",普普通通的动作,加上几个词语,让我们看到了英子的内心。

她为什么立刻把头低了下去?为什么慢吞吞地站?又为什么眼圈红红的?从英子的动作和神态中,你体会到了什么?

学生交流,体会英子的无奈、自卑、不情愿。

教师用课件出示"说一说":

我发现她走得那样艰难,她的头(   ),脸上(   ),眼里(   ),她感到(   )。

小结:抓住人物的动作、神态就能体会到人物在想什么,就能走进他们的内心。

想一想:此时的英子最需要的是什么?(学生回答:鼓励、勇气。)

就在英子刚刚站定的那一刻,骤然间响起了热烈而持久的掌声。亲爱的同学,假如英子就在我们身边,你想用掌声告诉她什么?(学生回答:鼓励。)

英子听懂你的掌声了吗?她为什么流泪了?(学生回答:听懂了,感动。)

谁愿意完整地把第一次掌声有感情地读一读?注意,要把自己的理解表现在朗读中。

【设计意图】在感受第一次掌声的过程中,再一次提出默读的要求,手把手地教给学生用不同的线做标记,引导学生抓住"慢吞吞地站""一摇一晃地走"想象英子此时的心情。在这里,我搭了一个小台阶,用填空的方式提示学生想象英子动作、神态的变化,让学生通过想象对课文没有写出来的细节有所感悟,进而体会人物的心情,为后面的转换人称讲故事时增加人物的心情变化做铺垫,降低了难度,这样学生对掌声含义的体会也水到渠成了。

3. 故事讲完了,教室里又响起了热烈的掌声。英子向大家深深地鞠了一躬,然后,在掌声里一摇一晃地走下了讲台。

从"深深地鞠了一躬",你感受到什么?(学生回答:英子在用鞠躬表达心底的感谢。)

英子"一摇一晃地走下了讲台",看着她的身影,你一定明白,她一摇一晃的姿势没有改变,但是这掌声一定会改变什么。

练习说话:我发现,她的头( ),脸上( ),眼里( ),她感到( )。

【设计意图】此环节依然是抓住人物的动作、神态展开想象,练习说话,设身处地地体会人物的心情,并抓住"一摇一晃地走"想象同样的动作背后人物不一样的心情,感受掌声的巨大力量。

4. 于是,我们看到了那个变化了的英子。

教师用课件出示第4自然段,学生读课文。

说一说:从哪些语句读出了英子的变化?

5. 后来,英子上了中学,有一天,她来信了。谁来读一读她的信?你从英子的信里读懂了什么?(学生回答:她在表达对同学们的感谢,掌声给了她鼓励和勇气。)

【设计意图】此环节旨在引导学生在音乐声中,自由读这一部分,感受英子因为掌声而发生的变化,体会人物的心理活动,为后面讲故事做铺垫。

四、讲述童年

后来,英子参加了全国奥林匹克物理竞赛,还获了奖,并考上了北京的一所大学。在一次活动中,英子向她的朋友们讲起了她童年的这段经历。

教师播放音乐,讲故事。

对比原文,你发现了什么?

小结:转换人称讲故事的要点有两个。一是改变人称,即将英子改为"我";二是适当添加人物的心理活动,即英子想了什么。

【设计意图】在这一处设计中,从教师配乐讲故事,到对比原文,发现不同,再到转换人称讲故事的两个要点,我用课件中字体颜色的变化来提示学生,降低了难度,为难点的突破搭建了台阶。这样的设计源于我在试教中发现,学生在听了故事后仍然不会自己讲。究其原因,是缺少具体的脚手架。事实证明,这样的修改,即便是讲故事有困难的学生也能达成学习目标。

教师强调人称的变化、加上自己的心情,让学生尝试讲故事。

英子会怎样讲两次掌声带给她的力量呢？……课下请学着老师的样子,从第3、4自然段中选一段试着讲一讲吧!

五、感悟道理

亲爱的同学,这样的一节演讲课带给了英子这么大的变化,你从这件事中明白了什么？

是啊,在别人需要鼓励时,要懂得给别人掌声,给别人鼓励,这是一种美好的品质! 让我们把这种美好的品质种在心里,需要的时候,别忘记把自己的掌声送给别人,把自己的爱心献给别人。相信世界会更加美好!

六、作业(二选一)

1. 把故事讲给家人听。

2. 生活中,你一定得到过掌声。这掌声,也许是陌生人送给你的,也许是熟悉的人送给你的;也许是在你成功时响起的,也许是在你身处困境时响起的……选择一次最难忘、最让自己感动的经历写下来,注意把具体的过程和当时的感受写清楚。

【设计意图】两项作业的设计都及时地指向了表达。第一项是依据课时的教学目标设计的,是课堂教学的延续,让学生潜移默化地内化语言,学习转换人称讲故事的方法。第二项是从课文内容出发,引发学生思考,调动生活经验写自己的生活经历,同时也是依据单元写作要素中的"学写一件简单的事"安排的写作练习。两项作业难度不同,学生可以根据自己的情况选择其中一项。这样做,关注到了学生的差异。

【板书设计】

掌声

鼓励

忧郁——开朗

赞赏

第七节 《威尼斯的小艇》教学设计

【教学目标】

1. 读文识字,学习生字词,理清课文结构,能说出课文围绕小艇写了哪几个方面的内容。

2. 理解课文内容,感受小艇的特点、船夫驾驶技术的高超,以及小艇和人们生活的密切关系。

3. 结合课文,通过比较阅读、图表、朗读等方式体会动态描写和静态描写的表达效果,感受威尼斯的动态美和静态美。

【教学重难点】

理解课文内容,体会动态描写和静态描写的表达效果,感受威尼斯的动态美和静态美。

【教学准备】

课件、自主预习卡、磁性田字格。

【教学过程】

一、激趣导入

寰宇世界,移步换景,你一定喜欢旅行吧?由于年龄关系,我们不能离开家门走得太远,不过,读书是最好的旅行。因为,眼睛看不到的地方,读书可以;脚步无法丈量的地方,读书可以。今天,老师就带你走出国门,去游览一个地方。看,这就是世界水城威尼斯。结合预习情况,谈一谈威尼斯给你留下了怎样的印象。

这节课我们就跟随美国作家马克·吐温去游览一番,跟随他的文字看看他都看到了什么,感受到了什么。

教师提前板书课题"威尼斯的小艇"。

"艇"字左边的舟字旁横变提,不露头,注意笔顺,最后写建之旁,请你练习写一个"艇"字。

学生齐读课题。

文中还有一个字跟"艇"部首相同。

教师用磁性田字格出示"艄"字。

注意刚才提示的舟字旁的写法,自己练习写一个"艄"字。船艄是船的哪个部位?（学生回答:船尾。）你是用什么方法知道的?

二、初读感知,检查预习

1. 课文预习了吗? 请认读下面的生词。

教师出示生词:船艄、翘起、垫子、窗帘、操纵自如、手忙脚乱、保姆、祷告、簇拥、哗笑。

2. 你能借助自主预习卡说一说课文围绕小艇写了哪些内容吗?

教师用思维导图呈现小艇的特点、船夫驾驶技术的高超、小艇和人们生活的密切关系。

三、感受小艇的特点

1. 我们先去看看小艇的样子吧,看看它有什么特点。

教师出示第 2 自然段,指名让学生读。

威尼斯的小艇有什么特点?（学生回答:有二三十英尺长,又窄又深;船头和船艄向上翘起;行动轻快灵活。）

2. 对比阅读,你发现了什么?（学生回答:作者在写小艇的特点的时候,一连用了三个比喻句。）

自己读一读。这几个比喻句用得怎么样? 选择其中一个谈谈你的看法。

作者用不同的比喻句写出了小艇的几个特点:又窄又深,静止的时候样子像新月,行动起来轻快灵活的样子像田沟里的水蛇。

3. 作者运用熟悉的事物来形容小艇,还用了比喻,让我们对小艇的样子有了清楚的认识和了解,静止时的小艇像新月,行动时的小艇像田沟里的水蛇。

在描写一种事物时,抓住事物静止时和行动时的样子就能更好地写出它的特点。作者正是用这样的方法概括了小艇的特点。来,朗读一遍,感受一下表达效果吧!

四、品读课文重点段落,感受威尼斯的动态之美和静态之美

1. 围绕小艇,作者运用静态描写和动态描写的手法,展现出了小艇带给威尼斯的别样风景。这一单元的语文要素是"感受静态描写和动态描写的表达效果",我们接下来就来感受一下吧!

教师用课件出示学习任务:默读第 3~6 自然段,感受威尼斯的动态之美和静态之美。用"＿＿＿"标画出感受到动态之美的语句,用"～～～"标画出感受到静态之美的语句,用"▲"标出关键词,把自己的读书体会写在旁边。

2. 学生自主学习之后,在小组内交流。

教师出示小组交流的要求:

(1)说清标画了哪些语句,分享读书感悟。

(2)把交流后产生的新感悟记录在书上。

3. 全班交流。

(1)动态美。

① 第3自然段。

请你结合动态描写的关键动词,谈一谈坐在小艇里有什么感受。(学生回答:舒服、有趣。)

学生带着感受重新朗读。

② 第4自然段。

你从标画的语句中体会到了什么?(学生回答:船夫的驾驶技术很高。)

文中介绍了几种情况下船夫的驾驶状态?谁想结合其中的关键词来分享自己的读书感受?(学生回答:感受到船夫的驾驶技术高超。)

我们通过朗读来感受这高超的驾驶技术吧!

教师板书:关键词。

在这来往穿梭的河道中,除了船夫的驾驶技术高超,小艇又是怎样的状态呢?

学生通过"左拐右拐""挤"等,感受小艇的轻快灵活。

教师朗读,学生想象小艇穿梭的样子。

你仿佛看到了什么?有什么新的体会?(学生回答:小艇很像水蛇,真是轻快灵活。)

通过对这一自然段的朗读,你看到了一座怎样的威尼斯?(学生回答:热闹的、充满活力的威尼斯。)

小结:想象画面也能帮我们体会到动态描写的表达效果。

教师板书:想象画面。

回头再看这一自然段,作者是怎样写出威尼斯的动态之美的?

不仅直接写了几种不同情况下的驾驶场景,还间接写了景物的变化,运用了侧面描写的方法,恰当地运用了动词,用了总分的构段方式等,为我们呈现了小艇灵活行动的画面,展现出了威尼斯的动态之美。

课文第3~6自然段还有哪些动态描写的语段?你能不能用这样的方法去品读一番?

③ 第 5 自然段。

走进威尼斯人的生活,你有哪些发现?作者在游览威尼斯时看到了哪些生活画面?文中写了哪些人?你感受到威尼斯是一座怎样的城市?(学生回答:井然有序,安静祥和。)

④ 第 6 自然段。

文中戏院散场的画面叙述很详细,你发现小艇带给威尼斯的动态之美了吗?结合重点词语来谈一谈你的发现。

人的状态:拥、走。

小艇的状态:簇拥、散开、消失。

教师指名让学生朗读,让学生感受威尼斯的动态美。(教师配乐)

夜幕下的威尼斯,又是一座怎样的城市?我们继续学习。

(2)静态美。

① 你从哪些语句中感受到了威尼斯的静态之美?

学习"小艇停泊"部分,看看文中写了威尼斯夜晚的哪几种景物来表现威尼斯夜晚的静寂。(学生回答:水面、月亮的影子、石头建筑、桥梁、大大小小的船。)它们分别处于什么状态?圈出重点词。(学生回答:摇晃、耸立、横、停泊。)

作者用了哪些不同的词语来表现威尼斯的宁静之美吗?(学生回答:静寂、沉寂、入睡等词语。)

我们一起来感受夜晚威尼斯的静态美。

这几句话中有一处似乎与静寂矛盾,你发现了吗?

教师出示句子:

水面上渐渐沉寂,只见月亮的影子在水中摇晃。

你怎么理解这里的月影摇晃?(学生回答:以动衬静,更能反衬出水面的沉寂,突出威尼斯夜景的静态美。)

正如我国古诗词中的意境:"明月松间照,清泉石上流。"这摇晃的月影更衬托出威尼斯夜的沉寂与宁静。

② 比较阅读,感受静态之美和动态之美。

我们今天读的是马克·吐温笔下的威尼斯,你可以对比阅读一下朱自清和乔治·桑的文章,来感受他们笔下威尼斯的静寂和灵动之美。在不同的作家那里,威尼斯给人留下的印象有哪些异同呢?

五、作业

1. 威尼斯就是这样一座别具魅力的古老城市,请你课后自读阅读链接,与课文对比,想想这几篇文章在表达方法上有什么相似之处,又有什么不同,填写对比阅读记录表(表2-1-1)。

表2-1-1

文章	作者	写了什么	相似之处	不同之处
威尼斯的小艇	[美]马克·吐温			
威尼斯	[中]朱自清			
威尼斯之夜	[法]乔治·桑			

2. 从"畅言晓学"的七彩任务中任选其一。

(1)尝试做个小导游,借助小艇来介绍一下威尼斯,上传讲解小视频。

(2)以"放学后的校园""群鸟飞过湖面"为内容进行小练笔,拍图上传。

第八节　《大象的耳朵》教学设计

【教学目标】

1. 随文识字,借助不同的识字方法认识"似""耷""兔""痛"等生字,掌握"似""扇"两个多音字的正确读音,抓住关键笔画学写"扇""兔""痛"等字。

2. 正确、流利、有感情地朗读课文,注意读好课文中的问句,体会小动物们奇怪的心情。

3. 借助大象的话,了解它的想法发生的变化。

【教学重难点】

1. 借助不同的识字方法学习生字,读好课文中的问句,体会小动物们奇怪的心情。

2. 读懂大象的话,了解它的想法发生的变化。

【教学准备】

课件、磁性田字格。

【教学过程】

一、创设情境,谈话导入

1. 今天,我们要学习一个关于动物的童话故事,故事的主人公是谁呢?

2. 说说你对大象有哪些了解。今天,我们要学的课文是《大象的耳朵》。(教师板书课题)

3. 观察图片,大象的耳朵有什么特点?

学生交流。(预设:大大的,耷拉着的,像扇子……)

教师伺机出示句子:

大象有一对大耳朵,像扇子似(shì)的,耷(dā)拉着。

(1)教师引导学生初读并检查多音字"扇""似"的读音,重点关注多音字"似"。

你背过《咏柳》这首诗吗?"二月春风似剪刀"这句诗中的"似"读"sì"。"扇子似的"中的"似"读"shì"。

(2)学生学习"耷拉"一词(教师用磁性田字格出示"耷拉"一词),读好轻声。

"耷拉"一词是什么意思?

学生交流识字方法。

你有什么好方法记住"耷"字?(学生回答:耷,大耳也。)

你有一双善于观察的眼睛,还有一张会表达的嘴巴,奖励你再读一读这句话。

二、初读感知

1. 课文给我们讲了一个什么样的故事呢?我们去读一读课文吧!要求:①注意读准字音,读通句子,标画好自然段。②边读边想大象的耳朵有什么作用,把找到的句子标出来。

2. 教师检查学生生字认读情况。

先来看看这些生字是否认识。你真厉害!这么快就帮助大象过河了!这些生字宝宝找到了好朋友,你还认识它们吗?

学生读词。

3. 大象的耳朵有什么作用呢?

学生交流。

教师在课件上标红"一扇"一词,再出示句子:

大象有一对大耳朵,像扇子似的,耷拉着。

这两个"扇"字的读音有什么不同？什么时候读"shàn"？什么时候读"shān"呢？

请你看一看"扇"这个字。你觉得扇和什么有关？（学生回答：羽毛。）"扇"外面是个"户字头"，表示门户，古代的"扇"字就表示门扇，像翅膀一样一开一合，后来引申为摇动生风的扇子。后来，"扇"字又有了摇动、扇动的意思，为了区别，表示动作的时候读"shān"。

奖励你再来读这句话。要是你是大象，有这样能挡住飞虫的耳朵，你心里觉得怎么样？（学生回答：很自豪，很开心。）可是大象的耳朵这么厉害，小动物们却不知道。文中的大象经历了一个改变的过程，这是一个多么有趣的故事啊，我们快来读一读吧！

三、随文识字，感受改变

1. 检查朗读，感受改变。

我来请同学给大家读一读这个故事，多少自然段就找多少个同学来读，请其余同学边听边标画出大象说的话，想一想大象的想法发生了哪些改变。

教师用课件出示大象的话，梳理大象的改变：耷拉—竖着—耷拉。

2. 读好问句，感受为什么改变。

（1）大象为什么会发生这些改变呢？我们先去找找它都遇到了哪些小动物，以及它们都说了些什么。

（2）学生读文章并交流大象遇到了哪些小动物。

（3）你能不能按它们出现的顺序来说一说？可以用上表示顺序的词再说一说。谁能用上"先……然后……最后……"这些表示顺序的词完整地说一说？

（4）大象遇到的第一个动物是小兔子。

教师用磁性田字格出示"兔"字，指导"兔"字的写法。

（5）小动物们是怎么说的？

教师出示句子，指导学生抓住语气词读好问句。

小兔子和小羊问大象的时候，都用到了语气词。谁可以用上语气词，扮演其他小动物来问问大象？

大象心里很不安。

教师出示"安"字，指导学生书写并理解字义。

大象怀疑自己的耳朵啦，不那么自信了。谁来读一读？

（6）学生分角色朗读课文。

（7）听了小动物们的话，大象是怎么做的呢？读一读，标画出来。

教师指名让学生回答。

耳朵是竖起来了，可是新的麻烦来了，大象的耳朵里有小虫子在跳舞，它是又头痛又心烦。

教师出示"跳舞""头痛""心烦"等词，让学生随文识字，理解词义。

大象的想法又发生了改变，请你读一读。

（8）结合生活实际说一说你怎么理解下面这句话：

每个人都有和别人不一样的地方，要有自己的判断，不要因为别人的话而盲目地改变自己。

四、拓展延伸

第二天，大象去散步的时候，又遇到了小动物们。小动物们问它："大象啊，你的耳朵不是竖起来了吗？怎么又耷拉下来了？"大象会怎么说呢？

五、作业

接下来的故事一定很精彩，回家练习写这节课学过的生字，把课文中的故事和续编的故事讲给爸爸妈妈听。

【课后反思】

我在整堂课中努力体现在阅读中扎扎实实识字写字、落实语文要素的要求，发展学生的思维。

一、扎扎实实地随文识字

识字写字是低年级的教学重点，在这堂课中，我采用的是集中识字和随文识字相结合的方法。

1. 多种识字方法。

在生字教学中，我采用了多种识字方法。对于"扇"字，我先从字理角度，让学生猜一猜这个字和什么有关，再让学生观察字形，引出字的本义是"门扇"，让学生结合课文中的句子理解"扇"的引申义，根据字义并结合具体的语言环境读准多音字的读音。对于"兔"字，我通过出示甲骨文的"兔"字，让学生依据象形字的特点识记字形，我还强调了"兔"字的易错点。对于"痛"字，我是根据形声字的规律，采用字族文识字法，通过换偏旁的方式让学生认识形近字的。这样教学，学生学得有趣，学得扎实，也为学生提供了自主识字的方法。

2. 在语言环境中识字。

在开课伊始，我顺势引导，让学生认读"耷拉""似的"。在学习小动物们和大象的对话时,我指导学生写了"兔"字。在后面大象用竹竿把耳朵撑起来时,我带领学生认识了"舞""烦""痛"。这种随文识字的方法能够更好地帮助学生在识记生字的基础上理解词义,做到字不离词、词不离句,体现了低年级的教学重点,实现了课堂中高效识字的目标。

二、在阅读中落实单元语文要素

在教学中,我紧扣课文中的对话部分,落实单元语文要素"读好问句"。

这一板块的教学分这样几步:标画出小动物们说了什么,读一读;关注语气词,练习有感情地朗读,在读中加深对课文的理解,边读边想象,感受童话的童真童趣;想象其他小动物怎样问大象,用上语气词,在模仿中练习变式表达,不仅读好问句,还要在读中学会用上语气词表达疑问、奇怪的心情。

这样的教学设计既落实了单元语文要素,又发展了学生的语言能力,达到了在阅读中品语言、学表达的目的。

三、注重在学习表达中发展思维

在学生初读课文之后,我借助大象的耳朵有什么作用引出本单元的人文主题"改变",接下来紧紧围绕这一主题来引导学生思考有什么改变,为什么改变,从改变中收获了什么。这样的设计让这堂课有了明晰的主线。学生在一次次的阅读中带着问题思考,在表达自己的观点中发展思维。

在学生找出大象遇到哪些小动物之后,让学生借助表示顺序的词语说清楚小动物的出场顺序。学生借助教师给出的学习支架学习表达,是在学习有序表达,训练了思维的逻辑性。

在学习大象又让耳朵耷拉下来的时候,我先让学生说一说怎样理解大象说的"人家是人家,我是我"。在学生表达观点时,要让学生懂得自己要有主见,进而结合生活实际谈想法,引导学生将这种思维方式内化,完成学习。

课文学完之后,我又创设了情境"第二天,大象去散步的时候,又遇到了小动物们。小动物们问它:'大象啊,你的耳朵不是竖起来了吗?怎么又耷拉下来了?'大象会怎么说呢?"这样可以引导学生结合课文内容,特别是大象把耳朵竖起来之后的体验说清楚大象的想法,这也是在发展学生的逻辑思维。在教学过程中,我会引导学生借助我提供的学习支架梳理故事内容,把课文的故事和自己续编的故事讲清楚,在口语表达中训练思维,为后续的书面表达做准备。

四、教学设计和课堂教学体现童话的特点

上课伊始,我就说明了本节课学习的是一篇童话,在后面的教学过程中也努力体现童话这一文学体裁的特点。从引导学生绘声绘色地读小动物们和大象的对话,到想象后续的故事,都借助童话形象生动的特点激发学生的学习兴趣,让学生在读一读、演一演、讲一讲中学习阅读、发展思维。

总之,这节课呈现了我对统编版小学语文教材的解读、对语文教学的理解、对学生主体的把握。当然还有很多不足之处,我将在以后的教学中继续研究,让学生在课堂上绽放属于他们的精彩!

第九节　《盘古开天地》教学设计

第一课时

【教学目标】

1. 正确认读含"劈""浊""丈"等 7 个生字的词语,正确书写"缓""劈"二字。

2. 通过对课题提问,理清故事的起因、经过、结果,学习把握文章主要内容的方法。

3. 正确、流利地朗读课文。学习第 1、2 自然段,边读边想象画面,感受故事中神奇的想象和盘古力大无比、英勇无畏、无私奉献的品质,激发阅读《中国神话故事》的兴趣。

【教学重难点】

1. 通过对课题提问,理清故事的起因、经过、结果,学习把握文章主要内容的方法。

2. 正确、流利地朗读课文。学习第 1、2 自然段,边读边想象画面,感受故事中神奇的想象和盘古力大无比、英勇无畏、无私奉献的品质。

【教学准备】

课件、磁性田字格。

【教学过程】

一、谈话导入

1. 教师用课件出示词语:腾云驾雾、上天入地、神机妙算、各显神通、三头六臂、神通广大、未卜先知、刀枪不入。

读到这些词语,你分别想到了哪个人物或者故事?

2. 这些故事里的人物和现实生活中的人物有什么不一样的地方?

3. 远古时代,因为科技不发达,人们用幻想来解释大自然中的各种现象,于是我们的祖先们创造了神话故事。

教师用课件出示:神话,永久的魅力,人类童年时代腾飞的幻想。

这一单元我们要学习的是一组神话,该怎样把这些故事讲给低年级的小朋友呢?先从介绍盘古开天地的故事开始吧!

让我们先走进这篇创世神话,为自己积累语言做好准备吧!

4. 教师板书课题。

读了课题,你能提出什么问题?

教师板书:为什么开天地?怎么开?结果如何?

这就是故事的起因、经过、结果。

教师板书:起因、经过、结果。

二、初读课文,学习生字词,把握文章的主要内容

1. 学生带着问题自由朗读课文,注意读准字音,读通句子。

2. 学生认读字词:劈开、浑浊、一丈、隆隆、四肢、躯干、血液。

3. 教师用磁性田字格指导"劈""缓"的书写。

4. 学生结合问题的提示,根据故事的起因、经过、结果讲述故事的主要内容。

5. 教师进行小结。

三、学习第 1 自然段,初步感受神话故事的神奇

1. 默读第 1 自然段,边读边想象画面,勾画出自己认为神奇的地方。

2. 同桌交流。

3. 全班交流。

很久很久以前,天和地还没有分开,宇宙混沌一片,像个大鸡蛋。有个叫盘古的巨人,在混沌之中睡了一万八千年。

通过抓住关键词"混沌""一万八千年"展开现象,感受神话故事的神奇。

教师指导学生朗读,板书:神奇。

四、课堂小结,阅读延伸

这节课我们抓住故事的起因、经过、结果把握了文章的主要内容。同时,抓住关键词句,边读边想象画面,感受到了神话故事的神奇!

课后请你继续用这样的读书方法阅读后几个自然段,感受故事的神奇和盘古的伟大形象。

【板书设计】

盘古开天地

为什么开天地？起因　神奇

怎么开？经过

结果如何？结果

第二课时

【教学目标】

1. 通过品读重点句段,借助学习支架,体会神话故事的神奇想象和鲜明的人物形象,感受盘古的伟大精神。

2. 初步掌握讲述神话故事的方法。

【教学重难点】

体会神话故事的神奇想象和鲜明的人物形象,感受盘古的伟大精神。

【教学准备】

课件。

【教学过程】

一、复习导入,创设情境

这节课我们继续走进我国的创世神话《盘古开天地》,还记得这四幅插图讲了什么内容吗？（用课件出示插图）你能不能连起来说说课文的主要内容？

我们可以这样概括课文的主要内容,像这一课,课题就是"人物＋事件"的形式,通过针对课题提问,就可以找到事情的起因、经过、结果,再连起来说一说,就能把握课文的主要内容了。

二、走进想象丰富的神话,感受人物形象

亲爱的同学,神话故事我们都喜欢读,它之所以吸引我们,是因为神话故事中充满了神奇的想象。下面请你默读课文第2～5自然段,边读边标画出你认为故事中神奇的地方,想象从中感受到了什么,用关键词的形式记下自己的读书感受。

1. 教师根据巡视发现的情况,有针对性地指导学生交流。

2. 全班交流,感受神话故事中神奇的想象和鲜明的人物形象。

（1）第2自然段。

学生交流。教师引导学生联系生活实际感受神话故事的神奇之处。

预设1:他一使劲翻身坐了起来,只听咔嚓一声,"大鸡蛋"裂开了一条缝,一丝微光透了进来。巨人见身边有一把斧头,就拿起斧头,对着眼前的黑暗劈过去,只听见一声巨响,"大鸡蛋"碎了。

请你读一读,圈画出盘古的动作,说说你感受到了什么。

哪个动作特别有力量?(学生回答:劈。)

来看看这盘古的开天斧(用课件出示图片),再读这句话,感受这神奇的一幕。此时此刻,你感受到了盘古的什么形象?(学生回答:力大无穷。)

预设 2:轻而清的东西,缓缓上升,变成了天;重而浊的东西,慢慢下降,变成了地。

读一读这神奇的景象,边读边想象,你仿佛看到了一幅什么样的画面?

这个句子描述的景象给我们带来了神奇的感受,其实这个句子本身也有它的奇妙之处,我们一起来看看。你有什么发现?(学生回答:存在反义词。)

是啊,四组反义词写出了天地分开的神奇景象。像这样字数相同、结构相似、表达意思相关或者相反的句子,就叫对偶句,这种修辞手法就叫对偶。这样的句子读起来朗朗上口,在写作时,如果能运用上这样的句子,会使你的文章增色不少。

请你再来读一读,让我们再次感受这神奇的景象。

(2)学习课文第 3、4 自然段。

天地分开之后,又出现了哪些神奇的景象呢?

预设 1:天每天升高一丈,地每天加厚一丈,盘古的身体也跟着长高。

一丈是多少米?(学生回答:3.33 米。)天每天升高 3.33 米,真是太神奇了。

就这样过了多久?一万八千年!盘古长了多高?计算一下。

$3.33 \times 365 \times 18000 = 21878100$(米)。两千一百八十七万八千一百米。

珠穆朗玛峰的高度是 8848 米,估算一下相当于多少座珠穆朗玛峰摞起来。将近 2500 座!多么神奇的数字!

预设 2:盘古这个巍峨的巨人就像一根柱子,撑在天和地之间,不让它们重新合拢。

"撑"能不能换成"立"?

用力才叫撑,头顶着,手撑着,我们来试一下,使点儿劲,不然天就要塌下来了!什么感觉?(学生回答:很累。)

盘古就这样,一年过去了……(生接读)盘古这个巍峨的巨人就像一根柱子,撑在天和地之间,不让它们重新合拢。两年过去了……(生接读)盘古这个巍峨的巨人就像一根柱子,撑在天和地之间,不让它们重新合拢。

十年过去了……(生接读)盘古这个巍峨的巨人就像一根柱子,撑在天和地之间,不让它们重新合拢。一百年过去了,一万年过去了……(生接读)盘古这个巍峨的巨人就像一根柱子,撑在天和地之间,不让它们重新合拢。一万八千年过去了……(师生一起读)盘古这个巍峨的巨人就像一根柱子,撑在天和地之间,不让它们重新合拢。

盘古这个巍峨的巨人就像一根柱子,撑在天和地之间。看"巍峨"这个词语,注意偏旁,你仿佛看到了盘古什么样的形象?(学生回答:高大、伟岸。)

多么神奇的想象!多么了不起的盘古!让我们再次用朗读向他致敬!

(3)终于有一天,天地终于不再合拢,而盘古也累得倒在了地上。

读一读第5自然段,看看又出现了怎样的神奇景象,边读边标画盘古的身体变化出的事物有哪些,并借助表2-1-2梳理一下。

表2-1-2

盘古的身体	发生的变化	我发现
气息	变成了风和云	
声音		
眼睛		
四肢和躯干		
血液		
汗毛		
汗水		

教师引导学生发现神奇之中的合理之处。

改变句子排列,你有什么发现?(学生回答:这是排比句式。)

多么整齐的句式,来,让我们合作读出排比句的气势!

这种整齐的句式不仅让我们感受到了神话的神奇,还让我们感受到了盘古的什么品质?(学生回答:无私奉献、彻底牺牲的精神。)盘古的身体还会发生哪些神奇的变化?

我们中华民族的创世之神盘古,多么了不起!难怪课文的结尾这样写道:伟大的巨人盘古,用他的整个身体创造了美丽的世界。

你想用哪些词汇来描述这位创世之神?(学生回答:力大无穷、勇于开创、无私奉献、彻底牺牲……)

三、学习方法,讲述神话故事

1. 现在你如果报名参加神话故事小讲师的话,该怎样向低年级的小朋友讲述盘古开天地的故事呢?

首先要明确要求:

(1)讲清事情的起因、经过、结果。

(2)讲清神话故事中神奇的想象。

(3)将人物形象说清楚,如盘古力大无穷、勇于开创、无私奉献。

(4)传递精神,如人定胜天、自强不息。

2. 教师用表 2-1-3 出示讲故事的要求和给出的小妙招,学生练习讲故事。

表 2-1-3

要求	小妙招
1. 讲清事情的起因、经过、结果。 2. 讲清神话故事中神奇的想象。 3. 将人物形象说清楚。 4. 传递精神	1. 借助书中精彩的句子和关键词。 2. 适当地加入自己的想象。 3. 抓住时间词。 4. 借助插图

3. 教师指名让学生讲故事,师生评价,教师小结。

四、拓展阅读

中国神话故事还有很多,你看,(出示图片)请说出故事的名字。

亲爱的同学,让我们走进《中国神话故事》,开启新的阅读之旅。

五、布置作业

1. 把《盘古开天地》的故事讲给同学听。

2. 用学习本课的方法预习《女娲补天》。

3. 读《中国神话故事》,列出每日读书计划表,用本课学到的读书方法阅读,感受故事中的神奇想象和鲜明的人物形象。

【板书设计】

盘古开天地

开天辟地　勇于开创

顶天立地　力大无穷　神奇:数字、景象、变化

创造世界　无私奉献

第二章
习作教学课例

第一节 《编写童话故事》教学设计

【教学目标】

1. 总结课文中学到的写作方法,用到自己的作文中。

2. 学习例文,激发编写童话的兴趣,初步学习编写童话的方法。

3. 能根据图画展开想象,把事情的经过以及养成良好习惯的好处叙述清楚。

【教学理念】

对学生来说,这次"会写",下次还"想写";对教师来说,"不要太像作文课,要像大家都能上的常态课"。在操作层面,让学生写什么内容不是问题,因为教材已经提供了四幅图画,但在四幅图画的指导上要有所侧重,否则眉毛胡子一把抓,学生就不知道写什么了,教学效率也不会高。本次习作,要让学生明白,编写童话故事的目的是劝诫他人改正不良的习惯,学生明白了为何去写作,写作的时候就有了着力点。在教学的各个环节中,教师要适时设个"坎",让学生保持强烈的求知欲。

【教学重难点】

学习怎样写好拟人类童话故事,是本节课的教学重点。故事里的角色要有"动物",并围绕"不良习惯的改正"这个主题,有起因,有经过,有结果。要使故事能够展开,须有次要人物出现,并能让这个次要人物说话,这是教学需要解决的难点部分。

【教学准备】

课件。

【教学过程】

一、交流

小时候我们读过很多童话故事(用课件出示图片),这一周,我们又学了三篇童话。想一想:童话有哪些特点?

童话一般拟人化,具有生动的情节,并通过故事来说明道理。

请结合课文谈一谈。

教师用课件出示课文片段及例文。

今天,我们也来写一篇童话故事。

二、看图,说清画内画外意

1. 教师出示小兔的不良习惯图。

请你给小兔起个名字。(学生回答:挑食兔、见饭愁。)

一看这个名字,你会想到什么?说一说。

谁来告诉它,不吃饭、挑食会有什么后果?

你从营养学的角度告诉了它挑食的后果,很令人信服。它的家人会任由它这样下去吗?

谁能劝说"见饭愁"把饭吃下去呢?想一想:平时你的爸爸、妈妈、爷爷、奶奶是怎么劝你吃饭的?

师生表演劝说。

在家长的劝说下,"见饭愁"终于吃饭了。后来,它不叫"见饭愁"了,有了一个新的名字,你想知道吗? (学生回答:见饭吃、见饭饿、见饭乐。)

教师板书:见饭乐。

这个名字就不能叫"外号"了,应该叫"雅号"。(板书:雅号)

【设计意图】什么是创意教学?运用创造性思考的策略启发、激发学生的求知欲,让学生产生探究与表达的欲望。在小兔由外号"见饭愁"变为雅号"见饭乐"的过程中,学生的想象力与言说的欲望得到了有效激发,使小兔从静止的画面走进了学生鲜活的世界之中。

2. 教师出示小猪的不良习惯图。

在动物王国里,不仅小兔有不好的习惯,还有一个小动物也有一个不好的习惯。你想知道它是谁吗?(出示小猪吃糖的图片)

送它什么外号呢？（学生回答：见糖乐。）

说说看：小猪是怎么乐的？

它知道不知道贪吃糖的可怕后果？

谁会告诉它？（学生回答：牙医、妈妈、爸爸……）

教师板书：告诉。

后来它也改正了不好的习惯，于是别人也给它取了一个雅号——见糖愁。因为它听劝了，听了家人的劝了。（板书：见糖愁）

【设计意图】为迁移而教。有了第一幅图的教学铺垫，小猪的外号与雅号称谓，已是学生自己心语的流淌。

3. 教师出示小狗与小猴的不良习惯图。

小兔、小猪有不好的习惯，我们都讲了。有一个小动物急急忙忙赶过来也要凑热闹。它是谁呀？（出示小狗吃饭的图片）

小狗不想吃饭。它吃饭的时候，老想出去玩。它太调皮了，想出去玩。因为吃太多零食了，所以不想吃饭了。

你知道小狗的外号吗？（学生回答：见饭跑。）

后来它在别人的劝说下也改了，它的雅号是……（学生回答：见饭吃、见饭来、见饭乐。）

小兔、小猪、小狗在吃饭上有这样那样不好的习惯。还有一个小动物有一个与它们不一样的坏习惯。

教师出示小猴的图片。

小猴做作业时，眼睛离书本太近了。

【设计意图】四幅主题相似的图画，如果平均用力教学，不仅时间不够用，还突出不了教学重难点，如果说第一幅以"导"为主，第二幅以"扶"为重，那么第三、四幅图就要完全"放"开了。

三、探讨如何编写童话故事

1. 看到别人有这样或那样不好的习惯，如果当面告诉他，他乐不乐意接受？

我们可以编写一个童话故事，让人读了童话故事后能受到启发，进而改掉不好的习惯。围绕不好的习惯展开，后来经别人劝说改掉了不好的习惯，养成了良好的习惯，这就是故事情节。我们把这样一个完整的故事叫"童话故事"。

2. 怎样编写童话故事呢？回顾前面学过的课文，小组讨论、交流。

小组代表交流。

小结:通过回顾学过的童话故事,我们不难发现,要想写好童话故事,有几个小秘诀。首先要展开合理的想象,其次要有生动的情节,最后别忘了把要说明的道理藏进故事。(板书:合理的想象、生动的情节、说明一个道理)

3.怎样把情节写生动呢?来看课文中的这几个片段(用课件出示课文片段),你有什么发现?

学生交流,教师伺机引导:要写好童话中人物的动作、语言、神态,还要注意用好语气词和标点符号。

教师板书:动作、语言、神态,语气词,标点符号。

【设计意图】本环节通过对学过的童话故事进行回顾,进一步梳理编写童话故事的方法,授之以渔,让学生培养通过课文学写作的意识,促进学生言语生命的成长。

四、写作

学生写作,教师讲评。

【板书设计】

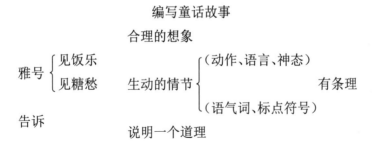

第二节 《我最崇拜的人》教学设计

【教学目标】

1.从自己接触的人、各种媒体上的人中,选择自己喜欢或者崇拜的一个人,通过"我来介绍他"的形式,去感知和积累他的事迹,从而学习他的美好品质。

2.分析例文《我最崇拜的人》,标出描写人物特点的句子,学会抓住人物的外貌、动作、语言、神态、心理等描写来表现人物特点的方法。

3.能通过典型的、有说服力的具体事例来表现最喜欢或者最崇拜的人物的品质,做到说真话、写真事,能表达出自己的真情实感,学会详略得当、过渡自然的写作方法。

4. 重点围绕是否"抓住具体事例"和"细节描写"这两个习作要点,评价并学会用修改符号修改自己的习作。进行"我最崇拜(喜欢)的人"讲故事活动,激发写作兴趣和热情。

【教学重难点】

选取典型事例,运用细节描写突出人物特点。

【教学准备】

课件、林俊德院士的视频资料。

【教学过程】

一、启发谈话,导入新课

我们每个人心里都有自己喜欢或崇拜的人。这个人可能是革命前辈、英雄模范,可能是我们的父母、同学、老师,也可能是我们从书籍、报刊、电视中了解到的人……

亲爱的同学,你自己接触的人、各种媒体上的人中,有没有令你特别崇拜的?他们或有着优秀的品质,或有着惊人的事迹,或者做出了突出的贡献。

学生交流,说一说自己最崇拜的人是谁,为什么崇拜他。

今天,我们就来选择自己喜欢或者崇拜的人,通过"我来介绍他"的形式,抓住具体事例去讲他的事迹,从而激励自己学习他的美好品质。

教师板书:我最崇拜的人。

二、学习写法

阅读例文《我最崇拜的人》,标出描写人物特点的句子,看看作者是如何抓住语言、神态、动作等描写来体现人物品质的。

三、激发情感,放飞想象

1. 在我们的祖国,的确有这样一些人,一想到他们,我们就心生敬意。今天,老师为大家带来了一段视频,我们来了解一位中国科学院院士临终前的事迹,感受当代科学家的精神。

2. 教师播放林俊德院士临终前的影像资料。

3. 看了林院士的资料,你想说些什么?有哪些镜头让你历历在目?

教师引导学生关注人物的动作、语言和神态,留意他身边的人对他的评价。

4. 说一说林俊德院士最令你感动、最令你崇拜的是什么,说一说你印象最深的画面。(学生回答:他把自己的一生都献给了祖国。印象最深的是,他插着管子,戴着氧气罩,坐在电脑前工作的镜头,明明是戴着眼镜,却因为累得视线模糊而让女儿给他找眼镜,他说"坐着好,躺下,躺下就起不来了"。)

5. 小结:像林院士这样的科学家还有很多,他们把自己的毕生精力都献给了科学,献给了祖国,甚至把生命献给了祖国的科学事业。他们中有人得到了国家给的巨额奖金,却又交给了祖国。他们才是中华民族的脊梁,才是我们应该最崇拜的人!

四、指导写法,练习写作

1. 用你的笔介绍一下林俊德院士吧!要通过人物的外貌、动作、语言、神态、心理表现人物的特点,要通过具体事例表现人物的品质。

教师板书:外貌、动作、语言、神态、心理、具体事例。

2. 进行正面描写时,别忘了进行侧面描写,也就是通过写他身边的人对他的评价来表现林俊德院士的精神。

五、写后交流、修改

1. 学生写完后自己读一读,修改不通顺的句子。

2. 同桌互相批改,指出优缺点。

3. 在教师修改的基础上,学生感受到抓住具体事例和细节描写是本篇习作的重点。教师要渗透修改方法,教会学生一些修改作文的常用符号,让学生明白修改自己的习作应从哪些方面入手,把修改习作落到实处。

【板书设计】

我最崇拜的人

外貌

动作

具体事例　语言

神态

心理

附：

寻找心中最亮的星——《我最崇拜的人》教学反思

习作是语文教学的重头戏，怎样指导学生写好教材习作，是很多教师都在思考的问题。习作内容的选择，就像是寻找心中最亮的那颗星。前些年，给五年级学生上的一节习作课给了我一些启发。

《我最崇拜的人》是苏教版小学语文教材中的一次习作，这节课让我至今难忘。它让我明白，写好教材习作，需要教师先有一双善于发现的眼睛。

对于五年级的学生而言，他们最崇拜的人可能是他们感兴趣的明星或动画片里的人物。所以，习作课之前，我反复思考，一直没有找到好的素材。走进教室，我想和学生聊一聊，听听他们在想什么，捕捉到合适的内容后再进行指导。

上课前几分钟，站在教室门口，看着这群玩得热火朝天的学生，我脑海中忽然闪现出前几天在"学习强国"中看到的中国科学院院士林俊德，还有四川大火中的消防战士、排爆英雄杜富国等，不应该引导学生了解这些正能量的人物吗？有了！我欣喜地走进教室。

在与学生交流时，我把自己看到的这些人的事迹简略但声情并茂地讲了出来，没想到学生的反应很是强烈，可谓"一石激起千层浪"。看得出他们很激动，也很感兴趣，特别是对林俊德院士很钦佩。就此，我们达成一致，这次习作就来写一写林俊德院士。

我打开教室里的教学一体机，通过百度迅速搜索到了林俊德院士的一段视频资料，我和学生一起观看了这段视频。教室里很安静，学生很投入。看到林俊德院士在病房里戴着呼吸机工作的场景，我悄悄地观察了他们的表情。在他们的脸上，我看到了少有的凝重，有的学生眼里闪着泪花。我相信"情动而辞发"，在短短的7分钟视频播放结束后，我请学生谈自己的所见、所思、所感。他们畅所欲言，思维的火花不断碰撞，林俊德院士的形象在他们的交流中渐渐立体、鲜活起来。时机到了，我再次强调了写人物的常用方法，将视频无声循环播放，提醒学生关注林俊德院士的动作、神态和语言，带着自己的感受，下笔作文。

在当堂的反馈中，我看到了学生笔尖流淌出的对林俊德院士的钦佩、崇拜之情，特别是一个学习成绩中等的男生，他在作文中这样写道："林俊德院士在生命即将走向终结的时间里，想的依然是工作，是祖国，他是我最崇拜的人！像林院士这样的科学家，是中国的脊梁，是中国人心中最亮的星！"那一刻，我被学生心中炽热的情感感动了。在学生心中埋下了热爱祖国、勇于担当的种子,他们怎会不努力成长为参天大树?

对于习作,教师除了教导学生写作方法之外,还要对学生写作的内容和立意做到心中有数,随时调整教学思路,选择更适合的内容,寻找心中最亮的那颗星,触动学生的内心。教师要关注学生写作能力的提高,但是也不能忽视写作的人文性,要做好价值观的教育!

第三节 "看图写话小妙招"微课程设计

亲爱的同学,你好!在语文学习中,你是不是经常会遇到看图写话?

看图写话,就是根据提供的一幅图或一组图,通过认真细致地观察,并在这个基础上进行合理的想象,然后围绕一个观点,精心构思,用自己的话有条理、有重点地把图画内容及要表达的思想准确地写下来。

从一年级开始,在各种考试和练习中,最后一道题经常能找到看图写话的身影。这可是让很多学生头疼的一道题呢!有的同学问我:"老师,我不会看图写话,怎么办呢?"

你可能会遇到没东西可写、写的内容不吸引人或者写的句子没有条理等问题。

今天,我教你几个小妙招,可一定要听好哟!

一、妙招一:题目要求要看清

看图写话,通常都会配有这样一段文字:"图上画的是什么时候?在什么地方?有哪些人在干什么?想一想他们会说什么。请用几句话把图上的意思连起来写一写。"这段文字很重要,你千万不可一看而过,要细细推敲。这段文字就是对写话的要求,也提示了我们如何写话。

写话要求通常提示我们观察图画要关注时间、地点、人物、事情,还要想象他们会说些什么。因此,在写话的时候,就要写上这幅图告诉我们的时间、地点、人物、事情,即要写出时间、地点、人物在干什么、干得怎么样,还要想象他们会说些什么。只有这些要素都具备了,才是合格的写话。

二、妙招二:观察图画有方法

接下来就是仔细观察图片了,判断出什么时间,在什么地点,什么人在做什么事情。

1. 有顺序。

看到图画后,要集中注意力观察。观察图画时,要按一定的顺序。有顺序观察的目的是使写话更有条理性。观察顺序有由远及近(或由近及远)、从里到外(或从外到里)、从上到下(或从下到上)、从前到后(或从后到前)、从左到右(或从右到左)、由整体到部分(或由部分到整体)、从中间到四周、从人到景(或从景到人)。对画面表达的主要内容要先有一个整体性的了解。不但要看清人物、动物,而且要看清他们的表情、动作。不但要看清他们的表情、动作,还要看清周围的景物。对比观察一组图中前后图的不同之处。

按顺序观察常常出现在场景描写中。例如,一幅图中是小朋友们三五成群地在雪地里玩耍,有的在打雪仗,有的在堆雪人,有的在滚雪球。在观察的时候,你可以按照从前到后、从后到前、从左到右或者从右到左的顺序观察,并按照这样的顺序进行描写,这样你的表达就显得清晰、有条理。

2. 抓重点。

懂得按一定的顺序观察,还要学会抓住重点仔细观察。抓重点为的是使写话更具准确性。要在图中所描写的事物中找出主要事物,要从图中的许多人物中找出主要人物,并要求说出为什么。这一点很重要,不能省略,因为这样才能在写话时有重点。

要根据画面中人物的形体、相貌、服饰等,确定人物的性别、年龄、身份;要根据人物的表情、动作推测人物的思想。还要观察周围的环境,弄清事情发生在什么时候、什么地方等。

3. 会想象。

按观察顺序,抓住主要人物,展开合理的想象,把主要部分说具体,要求意思清楚、语言连贯。看图写话的要求中常常会问图上是什么时间,在观察图画时就要从图中现有的一些场景来推测。例如,一幅图画的是人们在公园里锻炼身体,有的人在跑步,有的人在打太极拳,还有的人在打羽毛球。从哪里能看出时间呢?就要仔细观察人们身上穿了什么。如果人们都穿了短袖,还有女士穿裙子,就可以推测是夏天。如果人们穿着厚厚的衣服,还有人戴手套、戴帽子,就可以推测是冬天。再看场地是公园,人们都在锻炼身体,显然人们是在公园里晨练,从而知道图上画的是早晨。因此,理清图意、仔细观察、认真思考、合理推测、展开想象实在是太重要了。

总结下来,观察图画分为四步:

(1)看图要有顺序。顺序有从上到下(或从下到上)、从远到近(或从近到远)、从中间到四周、从人到景(或从景到人)。

(2)想一想图上画的是一件什么事,对画面表达的主要内容先有一个大概了解。

(3)仔细看画面,了解事情发生的环境、地点,从景物和人物的衣着分析事情发生的时间;仔细看人物的穿戴和身材,想一想人物的身份、年龄和职业;仔细看人物的动作,想一想人物在做什么,是怎么做的;仔细看人物的表情,想一想人物的思想感情。

(4)想一想作者通过这幅画想告诉我们什么。

叙事的单幅图只展示了一件事的一部分内容,除了前面所说的那些方法外,我们还要学会从一幅图的内容想象出以前会怎么样,以后会发生什么变化。

几幅图片组合在一起时,就要注意顺序(按照图上的序号来看),弄清事情的起因、经过和结果,思考图与图之间的联系和变化,并尝试用自己的语言将多幅图画变成一个情节完整、内容连贯的故事,使人物形象更加丰满逼真,故事情节更加曲折动人。

三、妙招三:下笔写话有顺序

开始写话时,心里要想明白先写什么再写什么,抓住时间、地点、人物,事情的起因、经过、结果,力求把话写完整。这样才能更有条理,让别人一看就明白是怎么回事。

一般是先写时间(比如哪个季节、一天中的哪个时间段),有景物的要想好写什么景物,怎么写。再写图中有几个人,他们在做什么事,做得怎么样。有几个人的分别写,给每个人起一个名字,每句话写一个人,句式可以是"谁在哪儿做什么,做得怎么样"。最后一句写出感受,比如:"小树都植好了,他们真开心!"

四、妙招四:语言写生动

可以将阅读时遇到的新鲜词语或者句子运用起来,比如常见的句式:有的……有的……还有的……,一边……一边……,因为……所以……,如果……就……

还要抓住人物的动作、语言、神态、心理活动等,即根据图中的小细节判断人物可能说什么,心里会怎么想。

可以试一试能不能把自己的想象用"……像……"的句子描述出来,或者把物当成人来写。

写嘴巴可以这样写:爸爸的嘴巴比河马的嘴巴还大,打个喷嚏,就能把我吹到月亮上。比如,学生说妈妈的长头发比绳子的用处大,玩跳绳时,只需妈妈甩甩头即可。

写话干巴巴几句怎么办? 我的建议是,让人物说话。一说话,文字就有趣了;一说话,人物就活了。但是要注意,写话不要直接说,比如小熊说、小狗说、小红说、妈妈说、爸爸说,而要加上一个动作,如小熊笑着说、小狗哭着说、小红跳起来说、妈妈摸着我的头说、爸爸伸出手说。还可以加上一个表情,如:小熊脸红了,笑着说;小狗皱着眉,哭着说;小红惊讶地跳起来说;妈妈露出微笑的表情,摸着我的头说;爸爸愣了一下,伸出手说;等等。

看图写话的画面上是一个个静止的人或物,而且比较单调,可以开动脑筋,想象一下,让静止的画面尽量动起来、活起来,使单调的画面丰富起来。还可以多用表示动作的词。比如,小猴吃香蕉的图,脑子里要像看动画:小猴三下两下爬到树上,一把扯下一个大香蕉,鼻子凑上去闻了闻香味,一手拿一手剥,剥完使劲往嘴里塞,嘴巴撑得鼓鼓的,它大口大口地咽,吃完后擦擦嘴、拍拍肚皮。你看,用上动作,写的话就精彩了。

不知道人物应该说什么怎么办? 老师再告诉你一个小秘密:可以让其中一个人物去问。问了,就要答。一问一答,内容增多了,人物就不孤零零了。比如,小刚给妈妈洗脚的一幅图:看到妈妈躺在床上,样子很疲惫。小刚想给妈妈洗脚,帮妈妈缓解疲劳。不要直接端出盆来就洗,要问:"妈妈,我看您脸色不好,今天很忙吧? "这一问,妈妈就得答:"谢谢宝贝关心,今天站着开了一天会,确实有点儿累。"再问:"妈妈,我想端盆水给您洗洗脚,可以吗? "妈妈再答:"我的宝贝,你真好。"

有头就要有尾,不要前言不搭后语。比如,小朋友踢球的一幅图,开头写星期天下午天气很好,接着写球场上几个小朋友在踢球,然后写天上飞来一群燕子,最后写晚上吃了小笼包。开头是对的,走着走着"迷路"了。有开头就要有结尾,开头和结尾就像一条绳子的两头。拎起绳子的两头,整件事就串起来了。上面的内容应该去掉"天上飞来一群燕子",应该去掉"晚上吃了小笼包",要写他们是怎么踢的,最后谁赢谁输,以及看完后的感受。

第一句话最要紧。写出第一句,后面的句子就跟着"溜达"出来了。第一句话很简单,可以按照时间、地点、人物、事情四个要素拼起来。为什么先写第一句话？因为任何一件事缩减到最后，就是时间、地点、人物、事情这四个要素。第一句是中心句，后面的句子都是第一句的"小尾巴"。

一年级学生写话可以分三步：第一步是生一个句宝宝，即写一个包含四要素的句子。第二步是句宝宝长高，即加上动作、表情。第三步是句宝宝变美，即加上语言、心理和比喻。

"早晨，小猴在果园里吃桃子"这个句宝宝最后会变成："早晨，小猴在果园里吃桃子。你看，小猴多么可爱：一对大大的耳朵，一双乌溜溜的眼睛。桃子红红的，可新鲜了，就像胖娃娃的小脸蛋。小猴想：现在的桃子又大又红，我可有口福了。它蹲在地上，捧着桃子，吃得津津有味。小猴自言自语地说：'这桃子又大又红，脆脆的、甜甜的，真好吃啊！'"

五、妙招五：要写规范

1. 格式正确。

如果写到三句话以上，就要写成段落的形式，即开头要空格。内容写多了，可以分段来写，每段开头都要空两格。题目不做要求，可暂时不加题目（如果加题目的话，写在第一行的正中央）。

2. 标点符号正确。

写话像说话，说话不可能不停顿，一直讲下去。那么，停顿或喘气之处就要加逗号和句号。一句话没说完点逗号，一句话说完了点句号，表达疑问用问号，发出感叹用感叹号。要注意的是，标点符号也算字，要占一个字的空间，即占一格。

每一段话开头必须空两格。除双引号外的其他标点符号不能写在每行的第一格，上一行最后一个字后面没格写标点符号的话，标点符号只能写在最后一个字的旁边，不占格写，而不能写在下一行的第一格。

3. 不写错别字。

在写的过程中，尽量避免写错字、别字，没学过的字可以用拼音代替。要做到一个字不错，对一年级的学生来说是非常难的，但写拼音一定要写正确。这就要求我们平时就要注意，认认真真、一笔一画地写字。你一定要从小养成好的写话习惯，写完自己念一遍看看是不是做到了语句通顺，是不是说清楚了自己想表达的意思。

六、妙招六：读绘本时学写话

读《我爸爸》也来写一写自己的爸爸。这是一种特殊的看图写话，看的是绘本的图，联想的是自己的生活。

再比如《我的幸运一天》,读完绘本故事,翻到最后一页,自己展开想象写一写或讲一讲接下来会发生什么故事,喜欢的话,可以自己配图,将其变成自己的小绘本。

看图写话口诀:看图写话并不难,仔细观察放眼前。一看环境和人物,二看动作和表情。一丝一毫看得准,融入生活来想象。原因经过加结果,事情过程才完整。口头说通莫忘记,时间地点要说清。心理想法和语言,二者一样不能丢。记住看图写话歌,下笔流畅有神功。

第四节 《怎样立意与选材》教学设计

【教学目标】

1. 能通过回顾课文内容,学习立意与选材的方法。

2. 能根据立意,借助框架图对习作材料进行选择,提高立意、选材的能力。

【教学重难点】

通过回顾课文,学习立意和选材的方法。

【教学准备】

课件(内附框架图)。

【教学过程】

一、导入

亲爱的同学,你好,这里是"青青益课"微课堂小学六年级语文第5单元的第5课。我是来自青岛西海岸新区峨眉山路小学的陈霞老师,接下来我们来学习怎样立意与选材。

春花秋月,寒霜雨雪,一年四季,你对哪个季节最有感触呢?作家梁容若对夏天情有独钟,写下了《夏天里的成长》一文。你还记得作者写了哪些内容,是怎样立意与选材的吗?

二、回顾学习方法

我们来回顾一下课文吧!

作者开篇以"夏天是万物迅速生长的季节"这一中心句开始,用"迅速生长"点明夏天事物生长这一特征,从动植物的生长,山河大地、铁轨柏油路等非生物的

"长",以及孩子们成长的几个方面来进行具体的描写,表现了积极进取、努力向上的主题。

好的文章讲究新奇的立意和恰当的选材。你看,作者的立意很新,传递出了积极进取、努力向上的精神。选材也独具匠心,从人们熟悉的动植物生长谈起,接着选择山、地、河、铁轨、柏油路 5 个事物,把这些事物在夏天的变化描写成它们的成长,这样的描写是多么巧妙!再写到人的成长,引人思考,给人启迪。这就是选材的恰当之处。

三、迁移运用

从春天想开去,单是一年四季也可以给我们很多启发。从春天的耕耘、草木的生机勃勃、春花的努力绽放到夏天的努力生长,再到秋天的累累硕果……秋天的累累硕果,是夏天努力生长的结果,冬的蛰伏是为了来年春天更好地萌发……

一位小朋友根据自己对秋天的感受,写下了《秋天的热闹》这篇小文章,来看看她是怎样立意和选材的吧!

秋天的热闹

秋天是一年之中最热闹的季节。

一年四季,每个季节都有着不同的热闹,不过秋天的热闹更快乐,更有气氛。你去葡萄架旁看一看,一串串紫红紫红的葡萄连在一起,大小不一,错落有致,大的像玛瑙,小的似珍珠。你去田野里听一听,风在田野中玩耍、歌唱,稻谷在它沙沙的伴奏下,舞动着自己金黄的腰身;高粱放声歌唱,脸蛋都红了。你再去果园里闻一闻,你可以闻出稻麦瓜果成熟的香味,摘下几个尝一尝,瓜果甜甜的滋味浸透了你的五脏六腑。瞧,梧桐枝头昨天还在金风中舞动的黄叶,今天已经随风翩翩起舞;柿子树上的叶子落了,红彤彤的小灯笼高挑在枝头,引得鸟雀来啄,为这热闹的秋天又增添了几分情趣。

枫树开心地歌唱,桂花树开心地歌唱,山是一天比一天热闹;苹果愉快地舞蹈,橘子愉快地舞蹈,果园也是一天比一天热闹;小狗放肆地玩乐,小猫放肆地玩乐,动物们一天比一天热闹……

一到秋天,小学生有的成了中学生,中学生有的成了大学生,校园里也热热闹闹的。有一句谚语是:"立秋拿住手,还收三五斗。"我们要赶时候,赶秋天,努力地抓住这个最热闹的季节去收获,获取我们丰收的果实,不可错过,更不可荒废。

可以用图 2-2-1 的框架来梳理《秋天的热闹》这篇小文章,这样一目了然、层次清晰。

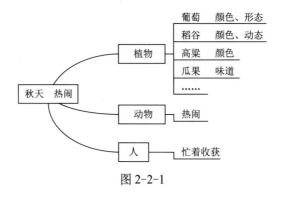

图 2-2-1

由四季,你能想到什么?

先想好立意,立意要充满正能量,要让人读了觉得有所启发。

选材时需要注意什么呢?

(1)选最能表现中心的材料。

中心是选材、剪裁的依据,要力求选取最能表现中心的材料,这样才能有力地突出中心。比如,上文就选择了能体现秋天热闹的材料来写。

(2)选最有代表性的材料。比如,上文中选取的庄稼、树木等就最能突出秋天热闹的特点。

(3)选新颖生动、有特点的材料。选取生活中的事物或者从独特的角度去写,这样的材料和描写角度不落俗套,能增强文章的表现力和感染力。

(4)选具体的材料。比如,上文中选择的瓜果和庄稼等事物具体可感,这样写起来才能有话可说,才能写生动。

怎么样,你学会了吗?你喜欢蓬蓬勃勃、草长莺飞的春天,枫叶飘落的秋天,还是雪花飘舞的冬天呢?

确定立意和选材后,你能不能把自己想到的用图 2-2-2 的框架表示出来?完成后,看看选择的材料是不是能够表达中心意思,确定重点、详略、写作顺序。

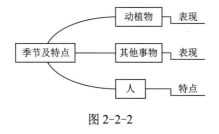

图 2-2-2

四、课后练习

1. 选择喜欢的季节,围绕一个中心,选择不同的方面突出季节的特点,形成框架图。

2. 根据自己梳理的写作框架图写一篇作文,写完后再对照写作框架图评价一下是否做到了立意独特,选材恰当。

本次微课到此结束,再见!

第三章
课外阅读教学课例

第一节　《绘本读写——〈石头汤〉》教学设计

【教学目标】

1. 学习阅读绘本,训练语言表达能力和丰富的想象力。

2. 品读故事,在村民无形的变化中,感受他们的淳朴、慷慨。

3. 理解作者寄托在故事里的深意,即分享和付出也是一种快乐。

4. 展开想象,把自己的所感所悟写下来。

【教学重难点】

根据绘本展开想象,写下所思所感。

【教学准备】

课件(内有绘本及配乐)。

【教学过程】

一、导入课题

你喜欢什么汤?(学生介绍自己喜欢的汤)世界上有各种各样的汤,酸的、甜的等,但有一种汤大家一定没喝过。

教师板书:石头汤。

你一定很奇怪,鸡蛋能做汤,丝瓜能做汤,石头怎么能做汤呢?石头汤什么味道?你想不想知道石头汤到底是什么?

好,今天老师给你介绍一本非常有趣的绘本。

教师用课件出示绘本《石头汤》。

二、讲述绘本

1. 阅读封面,你了解了有关这本书的什么知识? 这么有趣的书是谁写的?

这本书是美国的琼·穆特写的,图也是他画的。这本书是阿甲翻译的。

教师用课件出示作者信息。

琼·穆特,生于美国,他以优美恬静的画风在绘本创作和插画领域享有盛誉。他的绘本作品有《禅的故事》《尼古拉的三个问题》等。他的作品曾多次获得美国图书馆学会最佳童书推荐。

《石头汤》这本书是公认的世界经典图画书,是美国纽约图书馆推荐的每个人都应该知道的 100 本图画书之一。

2. 观察封面画面,你看到了什么?

3. 现在你有什么问题吗? (引导学生质疑)带着这些问题,我们一起去故事里寻找答案吧!

4. 教师讲述故事开头:

在一座山脚下有一个小村庄,村民们长时间过着艰苦的生活,所以他们的心肠变得很坚硬,不相信任何人,不接纳任何朋友。一天,村庄里来了几位外乡人,故事就这样开始了。

5. 请你自读第一页,指一指谁是阿福,说一说你是怎么知道的,他们要去找什么。

教师板书:幸福。

6. 认识村庄里的一些人。

教师用课件出示绘本第 3 页。

(1)你知道他们都是干什么的吗? (引导学生了解村民的职业)

农夫——种庄稼的;茶商——卖茶叶的;秀才——古代的读书人;女裁缝——做衣服的;郎中——医生,大夫;木匠——做木工活的。还有其他很多人……

(2)观察他们的表情与眼神。他们是一群什么样的人? (引导学生观察书上的人物)

他们在东张西望,看起来十分冷酷。茶商总害怕上好的茶叶被偷了,于是用厚厚的布盖着;木匠做了很多木箱藏粮食,生怕被人看见;女裁缝老歪着眼睛看人,一副瞧不起人的样子;秀才自以为了不起。

他们看起来幸福吗? (引导学生挖掘人物的内心,找到他们各自的特点——

自私、傲慢、冷漠)

正是因为他们有这样的思想,所以很少来往。

7. 教师讲述和尚进村。

村民们为什么要关上门和窗户?(学生回答:他们不相信陌生人,他们不想招待他们。村民们知道和尚是来化斋的,他们不想给和尚食物。)

如果你是三个和尚之一,这个时候,你会怎么想?你会怎么做呢?阿福他们呢?

教师继续讲述故事。

8. 感受村民行为的变化。

观察画面中小女孩与妈妈的对话被谁偷听到了。他们用什么样的表情看着母女?(学生回答:怀疑、冷静。)

他们相信小女孩的话吗?(学生回答:不相信。)

村里人一个接着一个走出家门,想看看石头汤到底怎么煮。

教师继续讲述故事,重点抓住下面两个环节。

(1)秀才回来时,除了拿着盐和胡椒粉,还有一点别的东西。

(2)妇人说"我家可能有!不过只有几根"。但她回来时捧着许多胡萝卜,多得都快抱不住了。

感悟秀才的行为和妇人的语言变化。妇人为什么说"可能有""只有几根"?(引导学生感受妇人语气的变化及心理变化)

是的,开始她有些不情愿,后来却慷慨大方了。

和尚搅啊搅啊,汤咕噜咕噜冒着泡。闻起来可真香!喝起来一定更香!村民们一个个都变得慷慨好施!

9. 现在的村民们和以前有什么不一样?

教师板书:付出、分享。

10. 晚宴结束了,人们又会做些什么呢?一起去看看吧!

观察画面,人们在干什么?

他们敞开大门,争着把和尚请到自己家,给他们住非常舒适的房间。

他们对和尚的态度有什么变化?

11. 时间过得真快,不知不觉中天亮了,和尚要回去了。观察画面风景,交流一下这时的村民与和尚会说些什么。

请你根据配乐讲述故事。

在一个晴朗的早晨,和风送暖,杨柳依依,村民们聚到河边给和尚送行。和尚会说些什么?村民会说些什么?

小结:其实幸福就在付出当中,愉快地为他人付出,你就会得到快乐。当你感到快乐的时候,要记得和朋友们一起分享。

三、迁移写作

亲爱的同学,故事虽然结束了,但是给我们的启示和思考远远没有结束。这个村子里还会发生什么故事?分享带给大家幸福还可以用哪些故事来说明?请你展开想象,先想一想,再写下来。可以是续写,也可以是改写。

四、习作点评

学生完成写作,生生互评,师生点评。

第二节　《我的心情日记》教学设计

【教学目标】

1. 在阅读中感受角色的心情,品读语言,学习环境描写和语言描写。

2. 留心观察生活,学习围绕一件事来写心情日记。

【教学重难点】

品读《夏洛的网》中环境描写的语段,感受角色的心情变化,学习环境描写的作用,并在写作中尝试运用环境描写。

【教学准备】

课外阅读美国作家 E. B. 怀特的作品《夏洛的网》。

【教学过程】

一、导入

有人说,心情是感情的语言,每一种心情都能找到它的色彩,你想用哪些色彩来形容你的各种心情?

学生交流,如蓝色的忧伤、红色的喜悦、黑色的压抑……

二、阅读《夏洛的网》片段,感受小猪的心情,学习写作手法

1. 就在我们最近读的《夏洛的网》中,那只有点儿敏感的小猪威尔伯的心情是在不断变化的。例如,威尔伯在一个下雨天感到很孤独。

教师用课件出示小猪感到孤独的片段。

边读边想：你感受到了小猪威尔伯什么样的心情？你是从哪些语言感受到的？

学生阅读后交流。

是的，我们看到了小猪孤零零的样子，小猪对母鹅的邀请被毫不犹豫地拒绝了，他可怜巴巴地和小羊争辩；小猪不仅没能找到老鼠这个玩伴，还被老鼠抢了早饭……没有朋友，没有爱，在这个灰色的下雨天，就只有他自己！干什么事情都不高兴，开始趴着一动不动。这一切怎么能不叫小猪越来越扫兴和难过呢！

2. 作者是通过怎样的描写来让我们感受到威尔伯孤独的心情的？

（1）环境描写。

第二天是个阴沉的雨天。雨珠儿落到谷仓上面，又一滴滴地从屋檐上滑了下来。雨珠儿落到谷仓旁边的地上，一路溅跳到长满刺儿菜和灰菜的小路里面。雨珠儿轻轻拍打着祖克曼太太厨房的窗子，顺着玻璃汩汩地往下淌。雨珠儿也落到正在草地吃草的绵羊们的背上。当绵羊们在雨中吃腻了，便慢吞吞地沿着小路回到了羊圈里。

这段环境描写衬托了小猪威尔伯的孤独。

（2）动作描写。

他忧郁地在屋里站了一会儿。然后他走到门口往外看。

威尔伯悲伤地躺下来，去听雨的声音。

威尔伯又难过地哭起来，这两天里，他已经哭了两次了。

（3）语言描写。

"你愿意来和我一起玩儿吗？"他问。

"今天就像昨天一样没劲，"他叹息，"我很年轻，我在谷仓里没有真正的朋友，雨会下一早晨，甚至整个下午，这样的坏天气，芬可能也不会出来。唉，她准不会来！"

三、读写迁移

1. 文中的小猪被雨水打乱了计划，其实雨水打乱的是他的思绪，是他的心情。你注意到了吗？人的心情会变，不仅是天气，一个路人的微笑，一朵路边的小花，都会影响我们的心情，反过来，我们的心情不好了，看到的东西也和平时不一样，清脆的鸟鸣可能会变成噪声，灿烂的阳光也许会变得刺眼。

你有过这样的经历吗？你觉得此刻的心情怎样呢？

教师用课件出示:

当我快乐时,心情好像……

当我难过时,心情好像……

当我困惑时,心情好像……

当我害羞时,心情好像……

……

你可以这样联想:晴天、多云、打雷、龙卷风、乌云密布、雨过天晴、狂风暴雨……

2. 写一写在某一种心情下,你眼中所见的、耳中所闻的、心中所想的,相信你笔下的文字一定能随着你的思绪流淌出动人的旋律。

3. 学生练习写片段,交流,相互点评。

4. 学生围绕生活中的一件事,完成《我的心情日记》。

第三节 《从古诗中学写作》教学设计

【教学目标】

1. 理解古诗的内容,感受古诗中的童趣。

2. 能用流畅、生动的语言记叙自己的童年趣事。

【教学重难点】

根据古诗展开想象,感受童趣,结合生活记叙自己的童年生活。

【教学准备】

教师准备:课件。

学生准备:积累描写儿童生活的古诗。

【教学过程】

一、谈话导入

亲爱的同学,我们都有着幸福的童年,那你知道古人的童年生活是怎样的吗? 今天,陈老师就带你走进古诗,去感受诗人笔下那快乐的童年。

二、古诗里的童年

1. 专心的钓鱼郎。

教师用课件出示《小儿垂钓》，指名让学生读。

想一想：这是一个什么样的孩子？

学生交流。

你能根据古诗展开想象，描述一下这个可爱的孩子吗？（引导学生抓住"蓬头""侧坐"想象小儿垂钓时的外貌、神态）

当有人走近时，他又会是一副怎样的神态，又有哪些动作呢？（引导学生抓住"遥招手""不应人"想象垂钓小儿的专心致志）

朗读，边读边品味，想象垂钓小儿幼稚顽皮、天真可爱的形象。

2. 老师再给你介绍一位偷采白莲的小娃。

教师用课件出示《池上》。

理解重点字词"解"的意思。解：知道，懂得。

自由读，想一想：这首诗中的孩子是一个什么样的孩子？（引导学生抓住"偷"感受小娃活泼、淘气的形象，抓住"不解藏踪迹"感受小娃的天真可爱）

3. 请你用同样的方法学习《所见》《村居》。

学生交流。

《所见》用"骑黄牛"表现牧童悠闲自在的神态，用"歌声"表达了他愉快的心情，用"忽然闭口立"写他机灵敏捷的动作、神态变化，给我们呈现了一个悠闲、淘气的放牛娃形象。

《村居》描绘了一幅生机盎然的春日景象，一个"忙"字描画出了儿童趁着东风放风筝的急切心情。

三、迁移写作

古时候儿童的童年被诗人们记录在自己的诗行里流传至今，那些或淘气、或可爱、或悠闲的形象也让我们阅读的脚步停留下来，去细细品味、欣赏。

亲爱的同学，你想不想也学学诗人，把属于自己的精彩童年记录下来？

请你以《童年趣事》为题，写一篇记叙文，注意把最有趣的部分写生动、写具体。

四、评改作文

学生写完后互相评改，教师点评。

第四节 《〈俗世奇人〉阅读推荐》教学设计

【教学目标】

1. 激发阅读兴趣,初步感知《俗世奇人》的语言特色、生动的人物形象、曲折的故事情节。

2. 以《酒婆》《泥人张》为例进行阅读学习,通过思维导图、仿写、写读后感等方式记录读书所得的阅读方法。

【教学重难点】

根据《俗世奇人》中的两篇选文,感知作者的语言风格,激发阅读兴趣,学习阅读方法。

【教学准备】

冯骥才著的《俗世奇人》、课件。

【教学过程】

一、激趣导入

亲爱的同学,欢迎你来到陈老师的课堂。要么读书,要么旅行,身体和心灵总有一个在路上。书能带我们穿越时空,领略到别样的风景。今天,我们要上的是一节阅读推荐课,我们先来看两段文字。你知道它们出自哪位作家的哪篇或者哪部作品吗?

教师用课件出示两段文字,让学生写出这两段文字分别出自哪位作家的哪篇或者哪部作品。

有一天,我伏案写作时,它居然落到我的肩上。我手中的笔不觉停了,生怕惊跑它。待一会儿,扭头看,这小家伙竟趴在我的肩头睡着了,银灰色的眼睑盖住眸子,小红爪子刚好被胸脯上长长的绒毛盖住。我轻轻抬一抬肩,它没醒,睡得好熟!还咂咂嘴,难道在做梦?

——( )《 》

只见师傅的手臂悠然摆来,悠然摆去,如同伴着鼓点,和着琴音,每一摆刷,那长长的带浆的毛刷便在墙面啪地清脆一响,极是好听。啪啪声里,一道道浆,衔接得天衣无缝,刷过去的墙面,真好比平平整整打开一面雪白的屏障。

　　　　　　　　　　　　　　　　　——(　　　　)《　　　　　》

　　二、初识《俗世奇人》

　　1. 学生一起读图书的封面、封底。

　　2. 了解作者和作品。

　　3. 你读过作者的哪些作品？是否读过《俗世奇人》？书中你最喜欢的人物是谁？

　　学生讨论。

　　4. 你理解的"俗世"是什么样的世界？"奇人"是什么样的人？

　　学生交流。

　　我们来读一读《俗世奇人》的序言。你有什么发现？

　　教师用课件出示自己对"俗世""奇人"的理解。

　　5. 我们要读的是一个短篇小说集,你还记得读小说时要关注些什么吗？（学生回答:情节、环境、人物形象。）

　　那就一试身手,先来读其中一篇吧!

　　教师用课件出示图书目录。

　　你想读的是哪一篇？今天老师先带你来读《刷子李》和《泥人张》这两篇吧!

　　三、对比

　　教师用课件出示《刷子李》和《泥人张》。学生阅读《刷子李》和《泥人张》,完成阅读记录表(见表 2-3-1)。

表 2-3-1

篇目	《刷子李》	《泥人张》
人物		
特点		
描写手法		
情节图		
其他		

在对比中找出环境描写的语段,标画出精彩段落,品一品人物有什么特点,文中用了哪些精彩的描写手法,绘制情节图。

读了《刷子李》这篇小说,你关注到书中关于环境描写的部分了吗?你又看到了一个怎样的人物形象?

学生交流。

教师用课件出示环境描写、人物特点。

你最喜欢哪一自然段?这一自然段运用了怎样的描写手法?(学生回答:这一自然段运用了动作、语言、细节等描写,还运用了拟人修辞手法。)

教师用课件播放朗读音频。

细细品读这些语言,我们会发现冯骥才先生在写作时运用了富有天津味道的方言。鲜明的语言特点让人物形象更加生动。你在读整本书的时候,再细细品味一番吧!

教师用课件出示《刷子李》的情节图,学生自己画出《泥人张》的情节图。

小结:这本书中有生动的环境描写、性格鲜明的人物、曲折的故事情节、风趣的语言,有的版本还配有冯骥才先生亲笔画的插图。

教师用课件出示插图,让学生略作观察,通过展示插图、出示文字,激发学生阅读的兴趣。

亲爱的同学,你是否期待着读一读呢?

四、读书方法指导

1. 在读这样的短篇小说集时,我们可以进行这样的比较阅读,还可以对自己的读书感悟进行重新梳理。比如,有的同学根据奇人奇在何处进行汇总,或者汇总不同人物的不同特点,形成读书记录。

2. 我们来听一听他们的读书方法吧!

教师让学生谈一谈自己的读书方法。

3. 读书成果呈现。

学生朗读、仿写作品。

五、布置作业

课下认真阅读《俗世奇人》,期待你精彩的读书记录。

第五节　《跟老舍先生学写作》教学设计

【教学目标】

1. 能通过回顾教材中老舍先生的不同作品来感受人民艺术家的语言魅力。

2. 在具体的作品片段中学习老舍先生的人物写作手法、寓情于景的写作手法。

【教学重难点】

根据统编版小学语文教材中出现的老舍的文章，感知作者的语言风格，学习作者进行人物描写、景物描写的方法。

【教学准备】

教师准备：课件。

学生准备：熟悉小学语文教材中老舍的几篇文章。

【教学过程】

一、谈话导入

亲爱的同学，今天是"青青益课"名师公益课堂小学六年级语文第 4 讲，我是来自青岛西海岸新区峨眉山路小学的陈老师，接下来我们来学习《跟老舍先生学写作》。

亲爱的同学，你还记得老舍先生吗？

教师用课件出示老舍简介：

老舍（1899—1966），原名舒庆春，字舍予。老舍出生于北京，出生时正值小年，父母给他取名"庆春"，大概有庆贺新春的寓意吧！上学后，他自己更名为舒舍予，含有"舍弃自我"，亦即"忘我"的意思。他从出生起，就与北京结下了不解之缘。他曾在齐鲁大学和国立山东大学任教，在济南和青岛工作了几年，留下了《济南的冬天》《五月的青岛》等经典文章。他是中国现代小说家、作家、语言大师、北京人民艺术剧院编剧，中华人民共和国第一位获得"人民艺术家"称号的作家。代表作有小说《骆驼祥子》《四世同堂》，剧本《茶馆》《龙须沟》。

我们学习的统编版小学语文教材中，就选了他的几篇经典文章，你看，有《猫》《母鸡》《骆驼祥子》《草原》，还有六年级下册的第一课《北京的春节》。就让我们跟着这些课文走近老舍,跟老舍先生学习写作吧!

二、人民艺术家的语言魅力

老舍先生是人民艺术家,他的作品语言朴实无华,充满生活气息。

1.《猫》和《母鸡》。

教师用课件出示课文《猫》《母鸡》。

《猫》这篇文章,作者一直都在描述猫的古怪。他将猫的一言一行观察得细致入微,并能贴切地揣摩出猫的意图,为读者呈现了一只活灵活现的猫。

农村常见的母鸡在老舍的笔下也成了母爱的化身。作者从对母鸡的讨厌,到对母鸡精神的大加赞赏,表达了对母鸡的喜爱。

2.《北京的春节》。

教师用课件出示课文《北京的春节》。

六年级语文下册第一单元的第一篇课文就是老舍先生写的《北京的春节》。这是一篇创作于1951年的散文。老舍用他朴素、充满浓郁“京味儿”的语言,将老北京的春节习俗娓娓道来,为我们展开了一幅老北京的民俗画卷,展示了节日的温馨和美好。

三、学习写法

1. 口语化表达。

品读课文《猫》,我们仿佛置身于作者家中,听他津津有味地向我们介绍猫的脾气秉性,品评种种惹人喜爱的举止情态,而那“古怪”“淘气”的猫似乎如在眼前,时嗔时喜,活灵活现,于是我们不知不觉中受到了作者情绪的感染,为之动心,与之共鸣。与这样的语境氛围相一致,文章语言呈现出通俗明快的口语化特点。老舍先生选用生动活泼的口语言事述感、描摹物态,使语言上口入耳,亲切有味,富有表现力。比如,说“暖和”不说“温暖”,说“成天”不说“整天”,说“睡大觉”而不是简单的“睡觉”,说“钟头”不说“小时”。如果我们仔细辨味,就会发现这些词语不仅有浓烈的口语色彩,还用得极为贴切,读起来言之有物、言之有情,别有一番韵味。

2. 人物描写手法。

(1)外貌描写特征化。

他没有什么模样,使他可爱的是脸上的精神。头不很大,圆眼,肉鼻子,两条眉很短很粗,头上永远剃得发亮,腮上没有多余的肉……这样立着,他觉得,他就很像一棵树,上下没有一个地方不挺脱的。

简洁而又传神的白描式肖像描写,干净、简练又富有情趣,紧扣祥子个性特征,彰显了年轻的祥子既憨厚、壮实、乐观,又富有朝气与活力。

(2)动作描写形象化。

脚好了之后,他敢跑了。这使他非常痛快,因为别的没有什么可怕的了。

两三个星期的工夫,他把腿溜出来了。他晓得自己的跑法很好看。跑法是车夫的能力与资格的证明。他的腿很长,所以跨出去的每一步都很大,但腰里非常的稳,跑起来没有多少响声,步步都有些伸缩,车把不动,使座儿觉得安全、舒服。说站住,不论在跑得多么快的时候,大脚在地上轻蹭两蹭,立马就能站住。

精细又简洁地描写了祥子的跑法:步子大,腰里稳,响声少,说站住立马就能站住。这些都说明祥子经过两三个星期的练习之后,已经成为一个专业的车夫了,从中我们可以看出祥子既聪明又刻苦的品格。

(3)语言描写个性化。

祥子拿着两包火柴,进了人和厂。天还没黑,刘家父女正在吃晚饭。看见他进来,虎妞把筷子放下了:

"祥子!你让狼叼了去,还是上非洲挖金矿去了?"

"哼!"祥子没说出什么来。

……

老头子看着祥子,好像是看着个什么奇怪的字似的,觉得可恶,而又没法儿生气。待了会儿,他把钱拿起来:"三十?别打马虎眼!"

"没错!"祥子立起来,"睡觉去。送给你老人家一包洋火!"他放在桌子上一包火柴,又愣了愣:"不用对别人说,骆驼的事!"

因为骆驼是偷来的,羞于告人,认真嘱咐,体现了祥子良好的内在品性。

(4)心理描写情境化。

拿着两包火柴,顺着大道他往西直门走。没走出多远,他就觉出软弱疲乏来了。可是他咬上了牙,他不能坐车,从哪方面看也不能坐车:一个乡下人拿十里八里还能当作道儿吗?况且自己是拉车的。这且不提,以自己的身量力气而被这小小的一点儿病拿住,笑话;除非一个跟头栽倒,再也爬不起来。他满地滚也得滚进城去,绝不服软!今天要是走不进城去,他想,祥子便算完了;他只相信自己的身体,不管有什么病!

这是一个勤劳、节俭、坚强、朴实的体力劳动者无奈的心理独白,真实、合理,让人心生怜悯和敬意。

3. 寓情于景。

《草原》是老舍于 1947 年在国立山东大学一次休息时写下的,记叙了自己第一次访问内蒙古大草原时的所见所闻所感,表现了大草原的美丽景色和蒙古族人民对汉族人民的深厚情谊,表达了作者对祖国边疆的热爱以及对民族友谊的歌颂。

教师用课件出示老舍青岛故居的图片。

这是青岛市市南区黄县路 12 号,楼下为老舍全家的居所。老舍自 1934 年来青岛受聘于山东大学直至 1937 年离开青岛,大部分时间居住于此。这是他在青岛的三处借寓住所之一,他在此写下了许多小说、散文和杂文,其中有著名长篇小说《骆驼祥子》。现在这里为青岛市著名景点及重点文物保护单位。

你可以去转一转,感受一下老舍当年在青岛的生活、工作情况,也打开一扇阅读的门,走近老舍,跟着老舍先生学习写作。

"青青益课,成长快乐",本节课到此结束。下课!

第六节　《"五指"观察法》教学设计

【教学目标】

1. 在具体的语言片段中感知"五指"观察法的运用效果。

2. 学会用"五指"观察法描写身边的事物,并尝试运用在事物的长期观察中。

【教学重难点】

在具体的语言片段中感受"五指"观察法的表达效果,并尝试运用"五指"观察法。

【教学准备】

课件(内附观察记录表)。

【教学过程】

一、激趣导入

亲爱的同学,今天我们这节课就来学习"五指"观察法,让习作中的画面活起来。

二、初识"五指"观察法

1. 什么是"'五指'观察法"呢？我们先来看这样一段文字：

教师用课件出示描写菱角的文字：

菱角的颜色是浅棕色，外表凹凸不平，两边有一对尖尖的角，特别像牛头，又像元宝。菱角有两层皮，第一层又软又薄，摸起来有些粗糙，而第二层就不一样了，又硬又厚，摸起来反而很光滑，还散发出一股淡淡的香味。

我想：菱角这么硬，摔一下没事吧！于是我摔了一下，"啪"，菱角和地面接触，发出了巨大的声音，我以为菱角被摔坏了，把它拿起来，看了一眼，可它却没被摔坏，只是掉了一点儿皮。我非常惊讶。

煮熟的菱角要比生的菱角更容易剥开，如果你的牙够尖够硬，也可以用牙来咬开。煮熟的菱角颜色有些变深，果肉嚼起来酥酥的、沙沙的、甜丝丝的，味道好极了。

你知道上述文字的作者是怎样把菱角写详细的吗？

对，有看到的、听到的、闻到的、触摸到的、想到的五个方面的内容。在每个人的成长过程中，五感——味觉、触觉、嗅觉、视觉和听觉，是我们认识事物、探索世界的重要途径。当我们还是一个处在探索世界、建立认知阶段的小朋友时，就已经开始学习用感官来探索未知的事物了。

2. 为了便于记忆，我们可以伸出手用五指来梳理一下。

大拇指用得最多，可以用它来代表我们观察时经常会用到的视觉，也就是看到了什么、什么样，即事物的颜色、形状、大小，把要观察的事物最基本的样子写出来。

食指可以用来代表听到的，注意观察事物的声音。

中指可以用来代表触摸到的。

无名指可以用来代表闻到的气味。

小指也很重要，可以用它来表示尝到的味道。

所有这些在观察时都离不开我们的大脑，要想一想它像什么，和类似的事物有什么相同或不同的地方，把自己的联想写出来，这一点可是很重要哟！这五指的联系是不是密切，是不是符合逻辑或者观察的顺序，就靠大脑来思考了。

三、尝试运用

1. 请你来试一下自己能不能把事物写具体。

教师用课件出示图片和简单的文字，让学生试一试。

假如是描写西瓜,要求使用修辞手法,一般情况下小学生写的内容是这样的:

圆圆的西瓜像个大皮球。

不能说这样写不好,但确实不出彩。但要怎么做才能将西瓜写得生动呢?我们运用"五指"观察法来试试。

看:你瞧,它穿着一身绿油油的条纹衣裳,挺着个大肚子,头顶上的小帽子像一根猪尾巴。

听:用手拍一拍,西瓜发出了"咚咚"的声音,像一面小鼓。用刀一划,只听见啪的一声,西瓜从中间裂成了两半,露出了红红的果肉。

触:我用手摸一摸,凉丝丝的感觉从指尖传来,舒服极了。

闻:低头闻一闻,甜甜的瓜香扑面而来,让人直流口水。

尝:我张开嘴咬下一大口,又甜又冰,这就是夏天的味道!

这样写是不是一下子就生动起来了呢?

按照我们刚才的写作思路,把你看到的、听到的、摸到的、闻到的或者尝到的写下来,边写边思考怎样写得更详细。

假如是描写夏天,要求使用修辞手法,小学生写的内容一般是这样的:

夏天热得像个大火炉。

我们运用上"五指"观察法再来写写看:

看:热辣辣的阳光照在地面上,大地被晒得直冒热气,花坛里的树叶无精打采地打着卷儿,好像被蒸熟了。

听:蝉在树枝上不停地鸣叫着,好似在抗议这炎热的夏天。

触:一走出门,热浪就扑面而来,身上火辣辣的,很快就沁出了汗珠。

闻:路边的花坛里,花草树木被晒得发出晒焦的味道,路边的冰激凌店传来诱人的甜香。

尝:我赶紧买了一块巧克力雪糕,撕开包装,咬下一口,冰凉香甜,瞬间为我带来了清凉。

怎么样?内容是不是一下子就丰富起来了?

我们还可以用这种方法观察动物。来看我们三年级时学过的课文《小虾》中的一个片段:

小虾脾气不好。要是你用小竹枝去动那些正在休息的小虾,它立即向别的安静的角落蹦去,一路上像生了气似的,不停地舞动着前面那双细长的脚,脚末端那副钳子一张一张的,胡须也一翘一翘的,连眼珠子也一突一突的。这时,如果碰到正在闲游的同伴,它们就会打起来。小虾的搏斗很猛烈,蹦出水面是常有的事。

你发现了什么?"摸一摸"的触觉体验也可以是"用小竹枝去动那些正在休息的小虾",从而观察小虾的动态。

2. 如果是长时间或一段时间之内观察一种或几种事物,该怎么运用这种"五指"观察法呢?

连续观察时,也可以用"五指"观察法去观察,然后选择变化最大的、最有特点的一个方面或者几个方面有重点地去写,也可以借助观察记录表做好记录。

教师用课件出示下面的文字及表 2-3-2。

爬山虎刚长出来的叶子是嫩红的,不几天叶子长大,就变成嫩绿的。爬山虎的嫩叶,不大引人注意,引人注意的是长大了的叶子。那些叶子绿得那么新鲜,看着非常舒服。叶尖一顺儿朝下,在墙上铺得那么均匀,没有重叠起来的,也不留一点儿空隙。一阵风拂过,一墙的叶子就漾起波纹,好看得很。

爬山虎的脚触着墙的时候,六七根细丝的头上就变成小圆片,巴住墙。细丝原先是直的,现在弯曲了,把爬山虎的嫩茎拉一把,使它紧贴在墙上。爬山虎就是这样一脚一脚地往上爬。如果你仔细观察那些细小的脚,你会想起图画上蛟龙的爪子。

爬山虎的脚要是没触着墙,不几天就萎了,后来连痕迹也没有了。触着墙的,细丝和小圆片逐渐变成灰色。

表 2-3-2

观察对象(部位)	时间	颜色	样子	气味	声音	其他	特点	照片(或图片)

四、小试牛刀

用"五指"观察法观察一种事物,从不同的角度写出事物的特点和自己的感受,可以写一个片段,也可以写一篇习作。

第四章
教育随笔

第一节　地排子的故事

周三下午,我们班第一节是数学课,由于数学老师生病了,因此他的课由我临时代上。我走进教室,正准备上课,发现我们班最调皮的两个学生捉了一只地排子,并把它带到了教室,学生乱得快把房顶掀起来了。我正想发火,突然想到:这不正是锻炼学生观察实物进行写作的好机会吗?于是,我们在教室的一角用凳子围了一个约一米见方的地方,把地排子从盒子里倒了出来。

我也是第一次近距离地观察这种小动物。嗬,好家伙,它一出来就满地乱钻。只见它深灰色的毛,摸上去毛茸茸的,挺柔软。尖尖的脑袋,短短的尾巴,身子大约十几厘米长。最有趣的是,它的鼻子是粉红色的,很像猪鼻子。听抓它的同学说,它的嘴看起来不大,但是能张成钝角。它用四只粉红色的手状小爪子迅速地爬着,看样子是想找个角落钻进去。我和学生给它把土堆在墙角,一眨眼的工夫,它的身子就全部钻进土里去了。

学生兴奋极了,他们激动地大声嚷嚷着,争先恐后地挤着看地排子。我指导他们认真观察它的外形和活动特点。回到座位上,学生很快就进入了写作状态,有的还不时地再跑过来看几眼。小吴同学写道:"它还会打哈欠呢!"有人把盒子拿过去看,他心疼地说:"刚睡着哩,别吵醒它了!"

看着学生埋头写作的样子,回想他们涨红小脸抢着观察,以及凝神而思的场面,我沉浸在成功的快乐中。等到检查他们的作文时,我的心却沉下来了。他们的作文有的没有重点,写成了流水账;有的词不达意,口语化、方言化严重;只有少数同学能抓住地排子的特点来写,但写得又不具体……

静下心来回想这次难忘的作文经历,我想了很多。

农村小学生写作文无话可说是众多语文教师头疼的事,但是我们忘了,正因为在农村,学生零距离地接触大自然、接触小动物的机会就比较多。大自然的花鸟虫鱼、青草绿树,浓郁的民风民俗,和睦的邻里关系、淳朴的亲情,紧张有趣的劳动场景,不都是取之不尽的习作素材吗?作文教学应立足于每个学生丰富的真实生活情境,还原学生生活和成长的过程,让作文成为学生成长和生活的一种需要。罗丹说过:"生活中不缺少美,只是缺少发现美的眼睛。"同样地,农村孩子并不缺乏丰富的阅历,而是缺乏对生活的观察和发现。作为语文教师,我们要做的是引领学生去观察、去发现、去感受,这样学生才能写出具有乡土味的作文。例如,引领学生去享受宁静的大自然,去欣赏家乡的美景,学生作文中的精彩语句就能让人兴奋。"榆钱里裹着一颗小小的种子,好像妈妈用被子把小宝宝裹了起来,怕它着凉似的。摘一片榆钱放进嘴里嚼一嚼,甜丝丝的。"多么鲜活的语言!

学生作文语言存在的问题又引起了我的思考:为什么有了素材仍写不好作文呢?我这才意识到,不仅是素材的积累,学生的语言积累、情感积累和表达能力也直接影响到学生的习作水平。词不达意和语言枯燥,是学生作文时与言语范例对话失败的结果。感受模糊、情感冷淡,是学生情感积累不足的结果。农村学生因为条件的限制,阅读面窄,阅读量小,被真正内化了的积累更少,而建立在内化的基础上的语言积累才是有生命的积累。因此,无论是在平时的阅读教学中,还是在课外的阅读中,教师都应该有意识地让学生多读多背,加强学生的语言积累,并潜心琢磨文章的表达方法,这样学生才能有细腻善感的心灵,有真正的自己写作时可以用得上的语言,并能用合适的方式表达出来。"读书破万卷""熟读唐诗三百首",才能"下笔如有神",才能"不会写诗也会吟",才能生成属于他们自己的鲜活的文章。

只要留心生活,仔细观察,丰富的农村生活就能走进作文,成为学生笔下鲜活的内容。再加上丰厚的语言积累、丰富的情感积累、扎实的表达能力,农村学生的作文何愁写不好?

第二节　笋里装什么

——《水乡歌》教学一得

《水乡歌》是苏教版小学语文二年级上册的一篇课文,课文内容简单,以相似的句式描述了一幅江南水乡的生活画面。但当我读到课文时,不禁有些担心:我带的这个班,学生的基础不是很好,理解能力比平行班稍差,对于这种体裁的课文,能理解和感悟到它的内涵吗?

在学生初读课文时,我忽然想起这一册的《识字1》不就是描述江南水乡的一组词串吗?于是,我让学生打开《识字1》,一边看插图,一边读词串。"亲爱的同学,江南水乡有什么呢?"学生纷纷发言:"有菱藕!""有荷塘!""有归舟!""有渔歌!"……"我们今天要学习的课文呀,就是描写江南水乡的。"学生津津有味地读起来,还真像那么回事。

接下来的教学很顺利。在学到第三小节(水乡什么多?歌多。千首曲,万首歌,装满一笋又一笋,唱咱水乡新生活)时,我问学生:"笋是什么?"学生通过字的部首竹字头联想到笋是用竹子编成的一种器具。"笋里装什么?"学生一愣,我赶紧启发他们:"水乡的人们什么时候用笋呢?渔民们用它干什么?联系他们的生活想一想。"学生恍然大悟:"装鱼!""装虾!""装菱藕!""夕阳西下,渔民们满载着鱼虾、菱藕回家了,他们丰收了,会一边干活一边干什么?""唱歌!""是啊,渔民们不仅在笋里装满了鱼虾、菱藕,还装进了渔歌!他们在歌唱什么呢?""歌唱丰收。""歌唱水乡新生活!"我在心中暗自叫好,七岁的孩子能理解到这里已经很不错了。

"你知道吗?你也可以做一个小诗人来写诗,比如,你和爸爸妈妈去地里收庄稼,不仅把粮食装满了车,还把你的欢笑和歌声装上了车。你能学着课文的样子写一写咱们的家乡吗?题目可以是《家乡歌》。"于是教室里响起一片:"家乡什么多?楼多……""家乡什么多?车多……"我一边巡视一边想:这群学生能写出像样的诗句吗?不一会儿,学生陆续写完了。让他们读一读,嗬,还真像那么回事。虽说有的句子不很像诗句,但并不影响他们表达感情。

例如:家乡什么多? 地多。千亩地,万亩地,家家户户都有地,建设美好新天地。

又如:家乡什么多? 车多。千辆车,万辆车,一辆一辆连一辆,奔向小康新生活。

欣喜之余,我陷入了沉思,看来,也不能小看了低年级的学生,不是学生学不好,是教师引导不够或者引导不得法。在这一课的教学中,"箩里装什么?"这一问题一石激起千层浪,打开了学生思维的闸门,让他们感悟到了诗人要表达的内容和情感。跳进我脑海里的一个词是"语文味",这样上这节课,是不是语文味就浓些了呢? 我相信,长期这样教,学生会喜欢上语文,理解能力和表达能力应该都能达到理想的水平。

·第三篇·

成长篇

第一章
成长经历

第一节　奋进的姿势
——2014 年聊城市东昌府区新教师培训讲座文稿

我来到这个会场,看着这么多年轻的脸庞,心中很是激动,同时也想起了自己曾经逝去的青春。今天想和大家交流一下我的成长经历,主题是"生命的姿势"。我想这是很多人都会思考的一个问题。鸟翔于高空,兽奔于荒野,鱼游于水底,绽放的花,挺立的树,随流水漂移的浮萍,千姿百态的生命,生生灭灭,繁衍在这颗蓝色的星球上。每一个生命都有自己特有的姿势,不管用什么样的姿势生存,都是一种过程和选择。作为万物之灵的我们,又该以怎样的姿态行走在人生之路上呢?

请大家看这样一种姿势:这是一群登山者,他们身体前倾,奋力攀登,这是一种奋勇前进、竭尽全力的姿势。我喜欢这种姿势,我总是这样想:登山的人一边欣赏路边的景色,一边向往山顶的风光,所以会揣着心里的梦想而不断攀登。其实,只要心中有梦想,生命的姿势很自然就会是这种奋进的姿势。或者说,这是一种追梦的姿势!

我深知自己只是一只丑小鸭,因为向往天空的美丽,所以才仰望蓝天,用目光追随着飞翔的雄鹰、展翅的天鹅,笨拙地扇动着翅膀,练习飞翔,一路蹒跚,走到现在。

作为一位普通的小学语文教师,我愿意和大家分享我的成长经历以及我的一点建议。

走到今天,我认为,决定我成长的因素有很多,有领导和同事的关心与支持,有自己对教育工作的热爱。就个人专业成长来说,则得益于读书学习、反思实践和课题研究。

一、关键事件

首先简单谈一下我的工作经历。我 1996 年毕业于聊城师范学校普通师范专业,我参加工作的最初 10 年是在家乡的一个教学点上。这是改变我人生轨迹的 10 年。这 10 年,我经历了结婚生子,也经历了教师专业成长的过程。这 10 年,我由一个 19 岁的师范毕业生成长为聊城市东昌名师。我非常庆幸,也非常感激曾经帮助过我的那些朴实的同事。2006 年秋天,我调到了镇中心小学;2010 年 2 月,调到了董庄小学;2011 年 8 月,调到了光明小学;2012 年 7 月,转到了阳光小学。这 16 年里,有一些关键事件改变了我。

(1)获奖。

在刚参加工作的一年多时间里,我是在茫然中度过的,看到有位年轻的同事拿着一摞获奖证书,我羡慕地说:"什么时候我也能有这么多获奖证书呢?"第一年我任教三年级,教案经常是中午休息或者晚上熬夜写的,那时晚上 11 点睡觉是经常的事。1997 年,我的第一篇论文获区级论文二等奖;1998 年 11 月,我执教的《曼谷的小象》获区级优质课一等奖。第一次优质课评选成功,使我尝到了当老师的快乐,找到了自己热爱的事业。1999 年 6 月,我的第二篇论文《充分发挥电化教育的作用》获市级电教论文二等奖。1999 年 11 月,我以小组第一名的成绩被评为区级十佳班主任。三年时间,我收获了教育路上的第一波喜悦,明白了自己的追求所在。在我的记忆中,2005 年以前的日子里,我做了很多摘抄,外出学习回来就自己琢磨课。那应该是一段"读书学习+反思实践"的时间,有了这样的积累才有了后来的转折。

(2)名师评选。

2004 年,聊城市东昌府区教育局启动了名师工程,在领导和同事的鼓励下,我怀着忐忑的心情报了名,那时我想都不敢想自己能评上名师。心想,既然有机会就尽最大努力吧!最让我难忘的是最后的说课评选阶段,记得是在刚下过一场雪的凌晨,我和丈夫把 8 个月的孩子锁在单身宿舍里出了门,他骑着摩托车,冒着呼呼的寒风,轧着冰碴,把我送到集合地点。赶到时刚刚清晨 6 点。当天下午说完课回到宿舍，我看到丈夫正抱着哭个不停的孩子在屋里转圈呢。2005年5月，评选结果出来了，全区共评选23人，农村2人，我是其中一个。当第一次和评选出来的名师坐在一起时，我觉得我和他们差得很远，我必须付出更多的努力。申报名师课题时，我把自己关在屋里，一关就是三四天，除了吃饭、睡觉，就是在琢磨课题。最后，在教科所邱主任的帮助下，我确定了我的第一个课题——"农村小学生的作文内容及指导"。这加速了我的成长，使我开始走上课题研究的道路。

（3）被评为山东省特级教师。

2010年10月，我有幸被评为山东省特级教师。我很幸运，这是山东省第一次要求参加评选的教师中必须有一定比例的农村教师，我又赶上了。报名后，我顺利地通过了区级评选、市级评选。最后环节是省级评选。省级评选要求说课，我难忘那几日在家里全身心投入，用了约4天的时间备完了二年级上册的所有识字课和阅读课。这样的经历像在烈火中经受淬炼，痛，但获得了新生。这时我才意识到，作为教师，应该有自己的风格、自己的追求、自己对教育的认识。我刚刚懂得怎样才能做个好老师。

（4）来到阳光小学。

回想成为阳光人的日子里，我沐浴着领导的关爱，感动着同事的相携，强烈地感受到在这个团队中有一种力量，叫团结！这个团队的行走姿势叫奋进！这个团队的精神是精益求精！

就是这样的关键事件，给了我源源不断的力量。

现在撷取几个片段，回顾一下我的成长经历。

二、我当老师了

每个人都有童年的梦想，我童年的梦想就是当老师。我经常在放学后带着几个同伴在我家闲置的院子里，煞有其事地过一回当老师的瘾。有的人说，一生能遇到一位好老师，是一件很幸运的事情。那我就太幸运了，从小学到初中，就遇到了几位优秀教师，在我的印象中，当老师的感觉很好。

初中毕业时，我面临着上高中和上中专就业的选择，由于家里条件有限，我在中考志愿书上填上了聊城师范学校。看着往日的同学走进高中，我想到自己以后再也不能上大学了，心里很难受，就参加了高等教育自学考试，终于在师范毕业的第二年取得了汉语言文学专业的专科毕业证。后来经过5年时间的自学、考试，又取得了本科毕业证。记得毕业前夕,我参加了学校推荐的攻读山东师范大学的考试,我考了第三名,那一年的推荐名额只有一个,我当然没有考上。那时候,特别喜欢汪国真的诗,读着他的那首《热爱生命》,我走出了聊城师范学校的大门。

热爱生命

我不去想,
是否能够成功,
既然选择了远方,
便只顾风雨兼程。

我不去想,
能否赢得爱情,
既然钟情于玫瑰,
就勇敢地吐露真诚。

我不去想,
身后会不会袭来寒风冷雨,
既然目标是地平线,
留给世界的只能是背影。

我不去想,
未来是平坦还是泥泞,
只要热爱生命,一切,
都在意料之中。

我告诉自己:既然自己的梦想是当老师,既然命运让我选择了当小学老师,我就要当个好老师!我写给自己的座右铭是:做最努力、最优秀的自己!我知道,人要有自己喜欢做的事,要有自己的事业和追求。所以,从走上讲台的那一刻起,我就决定把教育作为自己的事业,在追逐梦想的过程中实现自己的人生价值。

就这样,19岁的我回到了家乡的村小,当了老师。这是我童年时读了五年书的小学,也是我后来工作了10年的小学。学校教学质量很高,在我们当地有着很高的声誉,但是教学条件非常艰苦。当时学校只有5位教师,4个教学班,教室里没有讲台,门窗也破旧不堪,一到下雨天,外面下大雨,屋里下小雨;屋外雨过天晴，屋里还在滴答，真正是"旧屋子、土台子、泥孩子"。有人甚至说它就是偏僻小镇的"撒哈拉"，简陋的校舍、不便的交通、传统的教学思想，让我分明地感受到了环境的闭塞，感到了窒息和压抑。当时，学校还没有通公路，到最近的车站要走七八里的土路。有同学劝我离开，我也曾动摇过。后来想起读师范时胥慧峰老师说过的话："真想做点儿事，在偏远的农村小学也不是坏事。"我的同事，也就是我的启蒙老师马广路老师经常挂在嘴边的一句话是："城里也有牦牛墩（一种不招人喜欢的野草），农村也有灵芝草。"他言语间流露出一种自豪。那我是什么？是灵芝草还是牦牛墩？是什么用实践证明不就行了？我不是从这里读的小学吗？为什么我不能让我的学生从这里走出去？只要好好干，在哪儿都一样，别人说农村的学校条件差，老师干不好，学生学不好，我偏偏不信这个邪！我自己这样想，也经常告诉我的学生，要从小自尊、自立、自强，尊重自己，也尊重别人，要长志气，要为自己的父母和家乡争气，以后不论走到哪里，都不要忘了自己是农民的孩子，要比别人更加努力，不要忘本，也不要忘了我们的家乡。

当时，我写了一首小诗《我让青春燃成一团火》：

我让青春燃成一团火，
去托起明天辉煌的太阳，
纵使化为一片灰烬，
那将是我无悔的选择。

我让青春燃成一团火，
去照亮前方坎坷的道路，
纵使袭来阵阵风雨，
那将是对我是否执着的考验。

我深知，只有让青春燃成一团火，才会给生命留下绚丽多彩的篇章。

就这样，我开始了我的从教生涯，从此和我的启蒙老师一起耕耘在了家乡村小的教坛上。

三、行走在路上

这些年，回想在追梦的路上，不仅有鲜花和掌声，还有很多难忘的经历。

为了厌学的学生，我顶着寒风去做家访；为了让学生能有间干净的教室，我和同事一起和泥、泥墙；为了能让全校女生有个干净、安全的厕所，我曾经和我们班的女生一起用半头砖加高厕所的土墙，顶着炎炎的烈日清扫厕所；我生病动手术，刚下手术台几个小时就开始解决把电话打到医院的学生的问题。

令我终生难忘的是儿子的降生。因为学校教师的教学任务都很重，我没有提前请假，最后两周，我每天步行到学校上课。直到儿子出生前 10 个小时，我还在给学生上课。晚上，儿子出生在老家，脐带绕颈三圈，多亏老家一位有接生经验的乡村医生及时赶到，儿子才不至于窒息。直到 3 小时后救护车赶到，医生才给儿子剪断脐带。后来，丈夫心有余悸地说："你幸亏是把儿子生在了家里，要是在学校上着课该怎么办？"

回首来时路，我无怨无悔，既然选择了当老师，就要做个好老师，为了心中的梦，付出再多也值得。

在那所远离尘嚣的小学里，朴实的领导和同事给了我很多帮助，学校领导更是努力为年轻教师争取尽可能多的外出学习的机会。我非常感激我的那些朴实又热诚的领导，虽然农村条件有限，他们却尽其所能给我最大的帮助，为我争取到一次次亲耳聆听专家教诲、面对面与优秀同行切磋探讨的机会。因此，我更懂得学习机会的来之不易，不管刮风下雨还是漫天飞雪，我不知多少次步行六七里土路，甚至来不及吃饭就踏上进城的班车。当我带着满身的疲惫踏进听课的礼堂时，心中却满是甜蜜。我细心地记笔记，在课间休息时及时写下反思。我还用心琢磨执教老师的教学设计思路，设想：这节课如果换作我来上，该怎样设计呢？老师们的服装、手势、语调都是我思考的内容。因为，我读过的《教师体态语言艺术》告诉我，许多细节在课堂上悄悄地影响着学生的听讲，影响着教学效果。

2003 年和 2004 年暑假，我参加了聊城市首届中小学骨干教师培训班，系统地学习了新课程改革的理论知识。最难忘的是，2004 年暑假，儿子还不到 4 个月，我还在休产假，学校领导通知我参加第二年的培训。丈夫和公婆坚决反对，如果把儿子留在家里，我不可能天天往返一百公里；如果带着他，儿子太小，受不了颠簸和三伏天的酷热。我不愿错过宝贵的学习机会，坚持要去，最后他们拗不过我，允许儿子的姑姑跟着我来到聊城，住在丈夫单位的一间单人宿舍里，白天由她照顾儿子，给儿子喂奶粉，我骑自行车或坐公交车去听课，晚上赶回去照顾儿子。十几天后，儿子瘦了，我也瘦了、黑了。现在想想，儿子真可怜，出生 100 多天就离开妈妈。也许只有当了妈妈的人才能理解那种牵肠挂肚的感觉。但是我一坐到教室，听到专家精彩的报告，对儿子的思念便悄然消失。有时候我会想：我认真工作，不也是在用实际行动告诉儿子人生要有所追求吗？

2008年教师节，我参加了聊城市名师工程培养培训活动，再次聆听了于永正老师执教的课和他的弟子们的成长汇报，也更加明确了自己成长的必由之路，那就是"多读书，读名师的书，读名师读过的书"。"振兴阅读"工程启动仪式上，孙双金老师的《走进论语》课外阅读指导课让我再次被孔子思想穿越时光的力量震撼，也让我意识到国文诵读和阅读经典的重要性。2009年2月，我参加了聊城市教育局和聊城大学组织的聊城市骨干班主任培训班，系统地学习了班主任工作的先进理论，聆听了专家的精彩报告。在结业典礼上，我作为学员代表做了《追寻优秀班主任的成长足迹》的发言，并被评为优秀学员。

有一些活动，只要我有时间，就主动参加，也鼓励我的同事和我一起参加。2009年下半年，于永正老师到建设路小学讲课三次，虽然学校没有安排老师参加，我知道后还是参加了两次。学习是自己的事，更何况农村教师本来学习的机会就少，自己如果不努力争取或者不珍惜机会，怎么能多学东西呢？

2005年春被评为东昌名师后，我越发感到压力和自己知识结构的不完整，和丈夫商量后就买了一台电脑，连上了互联网。从此，我又多了一条接触外面世界的渠道。我充分利用网络资源，观看名师教学视频和教学实录，一有时间就到网上搜寻宝贵的资料，并及时写下自己的感受。我在网上开通了"陈霞名师工作室"博客，发表了自己的论文，制订了相关计划，上传了一些资料，以便和更多的优秀教师交流。这使我不断地获得新的信息，也给我的教育教学不断地补充着能量。

我的建议：学习是自己的事，知识的增长、能力的提升都需要一个过程，所以一定要珍惜每个学习和提高的机会。每个人的精力都是有限的，就看自己把心思用在哪里，短时间不明显，时间一长就会显现出来。像我们教育学生一样，只有发自内心地喜欢学习、喜欢琢磨教学的人才能有更多的收获。

既然选择了当老师，就把当老师作为自己的事业来追求，而不要仅仅作为一种职业、一种生存的手段。把自己的身心投入工作中，用奋进的姿势去追求自己的梦想，就会欣赏到不一样的风景。

四、书香伴我成长

说到于永正老师，还要谈到读书的话题。引领我成长的，还有从书中知道的名师。每所学校都有一套《山东教育》，对于缺少资料的我来说，每次拿到书，都如获至宝。我会认真地读完，并做读书笔记。后来，默默支持我的父亲还托战友从千里之外的黑龙江寄来了一整年的《黑龙江教育》。1998年,我开始订阅《江苏教育》和《福建教育》,也就是在《江苏教育》的系列文章中,我第一次知道了于永正老师,拜读了他的《老师是一本教科书》《熏锅屋》。在他第一次到聊城师范学校来做讲座时,我和同学买了他的《教海漫记》等几本著作,还跑到前台让于永正老师给我签了名。不知不觉中,书中的思想、理念融进了我的身体。至今我还记得《教海漫记》中于永正老师写的一段往事,当徐善俊老师问他是否想做真正意义上的特级教师时,于永正老师用行动回答了这个问题。当自己幸运地被评为特级教师时,我也问自己:想做真正意义上的特级教师吗?这需要用不断的努力去实现。

后来,我觉得读的书有些单调,就自己去书店买书,最多的一次一下买了十几本书,有李吉林老师的情境教育、张伟老师的球形教学理论、袁浩老师的作文教学理论等。

一直很喜欢读《中国小学语文教学论坛》和《人民教育》,这是两种很有权威的刊物。《中国小学语文教学论坛》是全国小学语文教学研究会的会刊。《人民教育》是教育部主办的全国性、综合性的教育刊物,是教育部从思想上、政策上、业务上指导全国教育工作的重要舆论工具,是在教育界具有广泛影响的期刊,也是一本充满智慧和人性的启迪之作。

在《人民教育》这本期刊上,我读到了很多经典的理论,领略了很多名师的高见,也感悟到很多名校的先进办学理念,还被这些先行者们开拓进取的精神打动。

《中国小学语文教学论坛》对我的语文教学水平起到了非常重要的作用。7年来,我从未间断过,70多本《中国小学语文教学论坛》厚厚的、沉甸甸的,承载着全国各地数以千计的专家教授、特级教师、教学新秀对语文——这一源远流长的母语教学的智慧和思索,传承着母语教育亘古长青的教学规律和理念,传递着在新的历史时期母语教育跟域外教育的融合与创新,既有继承与发展的灵光,又有批判与借鉴的理性思索。每拿到一期《中国小学语文教学论坛》,我总有如获至宝之感,恨不得一口气将它读完。每每与《中国小学语文教学论坛》为伴,徜徉其间,聆听智者的教导,与同行对话,我总会心潮澎湃,思接千里。在捧读《中国小学语文教学论坛》的日子里,我总会被经典的课堂、前瞻的理念、精彩的设计、新颖的观点感染,而此时又总会把自己已经休眠了的经验唤醒、激活。有时彻夜彻夜地精神亢奋,反思着自己成功或失败的过去,构想着明天即将实施的已被无数专家学者实践证明行之有效又经自己加工、创新、符合本地实际的新课题、新思路,这些时候,我总会感到无比快乐、无比幸福!

与《中国小学语文教学论坛》为伴,我结识了周一贯、杨再隋、崔峦、李吉林、于永正、支玉恒、靳家彦、贾志敏等无数全国知名的专家和学者,也认识了窦桂梅、孙双金、王崧舟、刘云生等一大批新生代的特级教师。聆听他们的精彩讲座,品读他们的经典课堂,研习他们的教学风格,揣摩他们的教学思想,我知道了"语文姓语,小语姓小"、主题教学、诗意语文、情智语文、心根语文……记住了"语文课要有语文味"、语文课要"尚简、务实、求真、有度"、语文要返璞归真、"简简单单教语文,本本分分为学生,实实在在求发展"……感悟了本色语文、享受语文、生命课堂、绿色课堂等新鲜术语蕴含的思想精髓,对教育教学理念、母语教育的真谛、教学艺术风格、课堂教学设计等有了深刻的认识。

"读一本好书,就是和许多高尚的人对话。""读万卷书,行万里路。"诚然如此。借着这份如灯的期刊的引领,我边学习,边实践,边反思,迅速地成长起来。我执教的课深受学生欢迎,受到听课老师的好评。特别是我上的《小露珠》一课,听课老师说课上得自然、流畅、朴实,自始至终带着学生徜徉于美的境界。可以毫不夸张地讲,是读书发展了我、丰富了我、提升了我,也成就了我。

读书,让我穿越时空,与专家对话,汲取他们教育教学的思想和智慧。我通过名师的著作走近名师,研究他们的教学理论,搜寻他们的教学案例,揣摩他们的教学艺术,领略他们的教学魅力……他们新颖独特的教学特色和教学风格对我产生了深刻的影响。书,成了我成长的沃土。徜徉在书海中,我往往对崭新的教育理念惊叹不已,有一种"仰之弥高,钻之弥坚"的敬仰感。

歌德提醒我:"读一本好书,就是和许多高尚的人谈话。"大诗人杜甫在1000多年前就这样说:"读万卷书,行万里路。"诚然如此。借着这些如灯的书刊,循着名师走过的足迹,渐渐地,我上课有了底气,有了课感,论文也能获奖了。

教育科研先进个人、第一届和第二届东昌名师,省优秀教师……一个个荣誉称号接踵而至。我的家常课,学生喜欢听;公开课,听课老师给予了好评。读李吉林老师的情境教学论,我沉醉于她创设的情境,也学着在教学中创设情境,带学生在情境中走进文本,与作者进行心灵的对话。现在回想起来,正是当时读的那些书,让我渐渐地找到了上好语文课的感觉,对工作充满了期待与热情。我常常为了一节课的教案推敲半天甚至夜不能寐,也时常把家人当成"第一位学生"。在1998年秋天的优质课评选中,我选了《曼谷的小象》一课,这篇课文描写了中国记者在泰国时遇到雾天,汽车陷进路上的坑里,恰好驯象人阿玲和她的小象经过这里，阿玲指挥小象帮助中国记者推车和洗车的事。在教学中，我抓住小象的乖巧、能干，引领学生体会驯象人阿玲的聪明、能干。这是迁移了张伟老师的球形教学理论中的抓住球心，也就是抓住文章的中心。为了让学生更好地进入课文描写的情境，我又选了轻音乐，让学生适时地配乐读课文，从而使学生感受到那种美好的境界。经过评委们的评选，我的第一节优质课获得了区级优质课一等奖。这给了我很大的鼓励，使我更加努力地提高自己的课堂教学水平。我读张伟老师的球形教学理论，也在教学中找到了张伟老师说的球心，例如，《可爱的草塘》中的"可爱"就是这一课的球心，抓住了这一点，就能做到"提领而顿，百毛皆顺"了。1999年，我执教的《黄继光》一课获得市级电教优质课二等奖，评委老师说："学生上你的语文课真幸福！"

全国著名特级教师窦桂梅老师有一篇文章是《读书，我们必须的生活》，我非常赞同她文章中的观点。她说：

让读书成为我们必需的生活。因为——

读书，是最高级的精神美容。

曾国藩说，有的人天生气质高贵，有的人需要后天的读书来改善。甚至可以说，书，是最高档的美容品，是最有效的营养剂。就像女人护理自己的容颜一样，读书修缮了我们的灵魂，使心灵日益变得健康阳光。的确，人外在的形貌基于遗传是难以改变的，但人的精神却可因读书而蓬勃葱茏、气象万千。那些历经时间沉淀依然流光溢彩的文字，在我们的心灵中留下缤纷的映像，让我们内心的气象漫卷云舒。

读到一本好书，就如同邂逅一位伟大的老师。你可以和书中的各种人物一起欢笑与流泪，你可以在不同的书的世界里体验不同的生活和精神世界。一旦和一本本书在一起"活上了一回回"，你就会成为"心灵的巨富"。你那收获，如果用物质的现金比喻的话，就好像拥有了几家银行存款，需要多少都能随时支取。此刻，你的脸上不洋溢着从容、淡定的自我满足才怪呢！

我的经历让我深深地体会到，越是在信息闭塞的农村，越需要书的滋养。因为在这里，书是通向外面精彩世界的一个窗口，有了它，你才不会在闭塞中窒息。书是一双明亮的眼睛，有了它，你才不会忘记外面的世界很精彩，天很大，地很广。书也是一盏指路明灯，因为有了它，你才不会在黑暗中迷失前进的方向。

有人说，你是县级名师了，有经费，不买书不订书不行。其实，他哪里知道，他颠倒了二者的因果关系,我从来都喜欢买书、看书,从 1998 年到现在,我每年都要自费订阅一两种教学刊物,来到阳光小学后,教师订教育教学刊物的话,学校会给补贴相当数额的费用,欣喜之余更让我珍惜这以书为友的日子。

我的建议:一定要不断学习,向书本学,向周围的同事学,向专家学。贫者,因书而富;富者,因书而贵!教师不读书,就没有教育理想,就没有教育信念,就没有教育思考,就没有教育智慧,就没有教育活力,就没有教育创新。一句话:教师不读书,就没有教育生命。教师是天生的职业学习者,职业读书人。

五、写的力量

正如叶澜教授所言:"一个教师写一辈子教案不一定能成为名师,如果一个教师写三年反思则有可能成为名师。"

经验+反思=成长。

"学而不思则罔,思而不学则殆。"

在平时的教学中,我要求自己把每节课都当成公开课来琢磨,并把所思所想记下来。特别是针对农村学生家长重视教育不够或方法不当的问题,我会在平时的教学中采取适合学生实际的方法。我把学到的先进教学理念付诸教学实践,然后进行反思,以课后记、教学随笔、教学日记等形式记录下来。我不仅反思自己的教学,还会在每次外出听课时都在听课笔记上写下自己的感想,然后反观自己的教学。这种教后记是改进教学策略、积累教学经验、提升教学水平的好方法,而且为论文撰写提供了成功或者失败的案例。

例如,我的第一篇市级获奖论文《语文课堂教学要着眼学生发展》,是我在 2000 年暑假花了近 20 天的时间写成的。这篇论文从教学中的师生关系谈起,着眼于学生可持续发展能力的培养,在当时观点还是非常新颖的,这篇论文中的观点也使我较早地从学生发展的角度来审视教学,为我后来的教学研究确立了努力方向,那就是,学校教育是为学生发展服务的,教师要放眼未来,关注学生现在的情感态度和价值观对他们将来成长的影响,而绝不仅仅关注成绩。

从最初的不知什么样的教学设计好,到习惯写教学反思,我对教学的认识是不断深入的。

说到这里,我想起了窦桂梅老师还有一篇文章,是《写,改变你生命的职场》,这篇文章堪称是《读书,我们必须的生活》的姊妹篇。她在文章中写道:

写,首先丰富了教师的灵魂。因为写,教师从"艰难苦恨繁霜鬓"的叹息中获得凤凰涅槃似的重生,挑战心智,不断长进,对自我有了一种静静的梳理与关照。让笔静静记下自己,在课堂本身中找寻"我是谁"。每一次记录,都会挖掘自己的心灵,并把它彰显出来。写出的文字,就成了我们的另一张面孔。而且,我们语文教师又是教儿童写作的,"以写促写"不亦快哉。

....

写,还可以去掉人身上的匠气,会让忙碌的你与宁静的你进行一番调整,会让感性的你与理性的你对照。现在,我围绕给课堂"捉虫",写下了近百篇课堂反思,并出版两本随笔《梳理课堂——窦桂梅课堂捉虫手记》《玫瑰与教育》,还出版了几本教育专著。有些贴在网站和自己的博客上,引起了较大的反响。这些书汇集起来,就是一本属于自己的独特的课堂指导参考书。

....

看来,小小的笔改变不了世界,却能改变我们的课堂。更重要的是,写,让自己活得明白,更让自己活出了精彩。花的开放,赢得的是尊重,积累的更是尊严。一句话,写,改变了你生命的属性。

我们身边就有这样的人,区教科所邱所长撰写了《仰望教育星空》,茌平实验小学的周黎明老师著有《杏坛小语》《学做明师》两本著作。他们令我深深敬佩。我也深感惭愧,并一次次告诉自己要努力。我也写了几篇随笔,如《箩里装什么?——〈水乡歌〉教学一得》《一张奖状的故事》《让孩子扬起自信的风帆》等。

我的建议:在低头拉车和抬头看路的同时,不要忘记再回头看看自己走过的路,让笔尖记录我们的行程,用文字温暖我们的记忆,用思考修正我们的方向!

六、课题—隐形的翅膀

对于教师的专业成长而言,做课题研究就如同拥有了一双隐形的翅膀,让自己在沉静与思考中悄然起飞。

2003 年至 2004 年,我参加了聊城市骨干教师培训,开始了解到,只有当研究型教师才能不断进步。2005 年,校长拿来一本区教育局编的《在研究状态下工作》,我开始意识到,研究是教师必须有的工作方式,只有不断地研究,才能不断地获得专业成长。于是,我渴望能有自己的课题。

2005 年 7 月,区里要求第一届全体东昌名师都要申报自己的课题,我在苦苦琢磨了三四天后,最后的选题确定为农村小学作文。在前几年每学期的作文阅卷中,我发现,学生的作文要么假话、套话连篇,要么语句不通、词不达意地写几行,要么一连几篇甚至十几篇均是同一内容……农村学生的作文怎么了?因此,我申报了"农村小学作文的内容及指导"课题。本课题旨在研究农村小学作文的写作素材和教师的指导方法,让农村学生写出有童趣的带有农村特色的作文。在随后的教学中,我注意收集作文教学的第一手资料,和课题组老师一起探索农村小学作文的路子。经过三年多的探索,我们发现农村有着很多有乡土味的写作素材,也找到了行之有效的作文指导方法。

这是我的第一个课题,我根据课题研究写的论文荣获了省级一、二等奖,《浅谈农村小学生的作文指导》荣获了省级优秀教育科研成果二等奖。

我收获的不仅仅是这些,通过课题研究,我还掌握了课题研究的一般思路和基本方法,学会了在日常工作中用研究的方式去行走。我认为,用研究的方式行走,等于给专业成长装上了加速器。因为做课题研究,我先后两次被评为区级教育科研先进个人。

2011 年 9 月,我站在了光明小学的讲台上,觉得以前做的农村小学生作文的研究意犹未尽,想到学校正在开展经典阅读,就申报了山东省"十二五"规划课题"基于写作本位的小学语文读写互动教学的研究"。2014 年 12 月,课题已经结题,并参加了聊城市教学成果评选,荣获了二等奖。

我的建议:对于在座的新教师,如果有条件,可以参加一些课题研究,最起码要做好自己的小课题,以研究的方式工作,做教育生活的有心人。我相信,凭借这双隐形的翅膀,你能飞得更高!

七、结束语

机会总是垂青那些有准备的人。"宝剑锋从磨砺出,梅花香自苦寒来。"无论你现在的处境多么不尽如人意,只要找到自己的一亩三分地,脚踏实地地埋首耕耘,收获和机遇就会不期而至。

每个人所处的环境是不一样的,无论环境怎样,都要坚守自己的追求和梦想,不满足现状,不甘于平庸,不轻言放弃,不断进取,用行动、用努力、用事实证明自己。

"不想当将军的士兵不是好士兵",有梦想才会有追求,让我们以奋进的姿势追逐自己的教育梦想,用心享受我们的教育人生!

最后,和大家分享一首我自己写的小诗,文笔拙劣,还请指正:

渴望

我渴望，
渴望蓝天白云之间的自由翱翔。

也许，
我永远不会有雄鹰的勇猛、矫健，
也不会有白天鹅的优雅、高贵。

也许，
也许我只是一只丑小鸭，
一只真正的
变不成白天鹅的丑小鸭，
那又怎么样？

我也会一样向往蓝天，
一样努力练习飞翔，
哪怕只是飞过矮墙！

因为我相信，
有梦想，
有奋进的姿势，
生活就会不一样！

谢谢大家！

第二节　遇见更好的自己

时光荏苒，岁月如歌。自 2020 年 8 月来到青岛西海岸新区工作，一路走来，我把拥有专业话语权，成为有教学主张的教育者作为灯塔，怀揣教育初心，努力超越自我，适应并融入新环境，适应新节奏，以担当和热血为青岛西海岸新区教育发展贡献力量。在这座海滨城市,与智者同行,不断遇见美好,也遇见更好的自己。

2022年10月,我被山东省教育厅认定为齐鲁名师。

一、爱生如子,无私奉献

作为党员教师,我严谨做事,坦荡做人,不忘教育初心,始终牢记立德树人根本任务,把学生放在课堂的中央。"学高为师,身正为范",只有持续不断地学习才能有爱学生、爱事业的能力。我紧跟党的领导,认真学习习近平总书记系列讲话,认真参加党员活动。

做班主任多年的我,真正做到了爱生如子,对学生的呵护从未改变。被引进到青岛西海岸新区工作后,我与正在读高中的儿子远隔千里,周末或节假日我宁可顶着满天星光奔波于火车站或高速公路上,也不肯耽搁学生一节课。我以高度的责任感、强烈的事业心和饱满的热情积极地投入到青岛西海岸新区的教育工作中,迅速融入学校集体,严于自律,认真完成各项工作,努力发挥名师的引领示范作用。

二、深钻细研,不断成长

我认真躬耕课堂,且行且思,与众多智者同行,不断成长。

2020年11月,我有幸与区教研员和骨干教师到南京参加青岛西海岸新区提升教研力专题研修班,在六朝古都受到了文化熏陶,也感受到了来自前沿的新理念和新思路,开启了我在青岛西海岸新区的新里程。2021年1月,我到济南参加第四期齐鲁名师建设工程小学语文组的培训活动,和小学语文名师团队一起领略了陈银萍校长的学校改革新样貌,聆听了毕诗文主任、李家栋老师、李文军院长等专家的学术报告。2022年2月,我参加了山东省教育学会的活动。2022年4月,我进入青岛西海岸新区教育学会,作为理事候选人参加了成立大会。

在齐鲁名师研修课题"小学语文读写互动课程化研究"的探索中,我梳理出海量与定量阅读相结合、课内与课外相融合的小学语文读写互动的基本思路。通过研读统编版小学语文教材,我梳理并确定了各类读写互动设计170余项。根据学校课程表、时间表,我整合了读写互动的教学内容,确定了两大类四种课型,并编制了相应的评价量表。2021年9月,我的课题研究成果《聚焦单元语文要素,做好精准教学设计——以统编小学语文三年级教材为例》发表在《语文建设》上。2021年12月,我的文章《"助学课堂",生命绽放的地方》发表在《小学语文

《教学》上。2022年7月,我参与的整本书阅读教学的课题研究成果荣获山东省基础教育教学成果奖二等奖。

三、引领阅读,润泽生命

阅读润泽生命,我带领学校语文团队在氤氲的书香中一路向前。

我带领语文教研组教师开展了好书荐读、名师领读、师生共读活动,建设了儒雅温润的教研组文化,培养了师者的儒雅之风,潜移默化中激发了教师成长的自觉。教师制订了个人读书计划,根据自己的兴趣爱好和专业特长,每天保证有一定的读书时间,并养成了做批注的习惯,通过读书打卡、交流展示、读书沙龙、写读后感等形式开展了读书活动。寒暑假更是教师阅读的好时光,他们离校前到学校图书馆借阅喜欢的图书,撰写读后感,在开学后第一次学科教研会议上进行读书分享,用读书润泽生命。仅寒假期间,彩虹名师工作室成员阅读《学习共同体:走向深度学习》,就留下了6万多字的读书感悟。

在市教育局组织的"首届中小学教师读书节"活动中,学校组织教师推荐了教育教学、家校共育等好书,语文教研组教师推荐的书目深受教师们喜欢。我们开展了教师图书漂流活动,认真聆听了陶继新老师的专家报告。

教师在阅读中涵养了大语文的情怀,勤读不辍,使个人更有语文涵养,使课堂更具文化底蕴。我带领着教师将学生的阅读与教师的读书活动深度融合,让他们在一系列的活动中展示读书所得、所思。

学生阅读素养显著提升,在诗词歌赋中积淀文化底蕴。2021年,在青岛西海岸新区学科素养比赛中,我校六年级语文参赛团队获得一等奖第一名的好成绩。班级戏剧表演《为中华之崛起而读书》、班级朗诵表演《诗韵华章谱新篇》分别在青岛西海岸新区中小学艺术节中荣获一、二等奖。张帆同学指出了六年级《课外阅读》中梁实秋先生《北平年景》中的印刷错误,出版社负责人专门打电话来感谢他,并对他格物致知的精神和勇于探究的勇气进行了大力表扬。在近三年的全区小学生学科素养比赛中,我校学生多次荣获语文组一等奖。

2022年,我负责的学校语文学科校本教研经验在全区交流,并作为典型经验推送到市里。教师读书节活动中,我校语文教研组作为书香教研组被推荐参加市级评选。

我带领的学校语文团队开展了大阅读项目,取得了丰硕的成果。学校申报的青岛市教育科研"十四五"规划课题"基于核心素养提升的小学321阅读课程建设的研究"成功立项并开题,我主持的青岛市教育学会的名家研究项目"支架理论下'143'双主体习作教学研究"成功立项。我和语文团队的教师一起开展了基于实践和课堂的小专题研究,深入开展了语文读写深度融合的教学研究。学校已初步形成基于学生核心素养发展、指向学校育人目标、教师学生双主体建设的包含隐性课程、显性课程、活动类课程的"灵秀峨眉"阅读课程体系。

四、示范引领,向阳而生

"予人玫瑰,手留余香。"我努力发挥引领作用,在区、市、省级平台上带动更多的教师成长。

2021年2月,作为青岛西海岸新区公益课堂网络名师,我执教了《〈俗世奇人〉阅读推荐》《跟老舍先生学写作》。2021年5月和8月,2023年4月,我分别执教了青岛市名师开放课《大象的耳朵》《"五指"观察法》《开天辟地》。2021年5月,在山东省"互联网+教师专业发展"工程小学语文省级工作坊同步在线直播培训活动中,我执教了公开课《威尼斯的小艇》,得到了时任山东省语文教研员、特级教师李家栋老师的肯定。同年,这一课例入选山东省远程研修课程资源,供全省语文教师研究学习。2021年7月,我在青岛市做了《阅读中扎实识写,表达中发展思维》的经验交流。2022年4月,我在青岛西海岸新区小学业务干部会议上做了《聚焦核心素养,让语文学习真实发生》的经验交流。2022年9月,在青岛西海岸新区教科院语文教研员的引领下,我作为组长开发了五年级读写互动教学读本,供全区小学使用。

我领衔主持了学校的彩虹名师工作室。在省、区、市公开课,市、区教学能手和优质课评选中,我带领的磨课团队结伴而研,在课堂观察中分工合作,在真诚的点评中分块剖析、反思改进,在理论引领中二次反思。教师反思与创新意识逐渐增强,磨课团队终于取得丰硕的成果。

学校依托彩虹名师工作室,成立了"相约周二·青年教师成长训练营",我作为负责人,每隔一个周二就带领青年教师进行模拟讲课、说课、小专题研究分享、班级育人小故事分享、读书分享。当充满朝气的青年教师站在讲台上侃侃而谈时,当他们在青年教师基本功比赛中斩获一等奖时,当他们成功入选青岛西海岸新区骨干教师研修班成员时,当他们侃侃而谈当班主任的成功经验时,我由衷地为他们感到开心。

学校申报了区级课题"小学语文衔接中课程资源整合的研究",我带领课题组教师进行了持续的研究并顺利结题,实现了学校课题零的突破。2023 年初,学校顺利申报了青岛市规划课题、青岛市教育学会名家项目课题,助力教师走上专业成长的快车道。

征途漫漫,唯有奋斗。我将继续发挥好示范引领作用,引领青年教师在专业发展的道路上持续成长;继续以一颗沸腾的心,耕耘在语文教学的热土上;以一颗严谨踏实的心,叩问教育之道!

第二章
他山之石

第一节　名师成长经历给我们的启示
——学校教师培训文稿

"不想当将军的士兵不是好士兵",同理,不想当名师的教师不是好教师。因为有梦想才会有追求,名师是教师中的骄子。那么,他们是怎样成长为名师的呢?让我们从他们的成长经历中找一些启示,以便思考我们自己的路怎样才能走得更好。我查阅了一些名师的资料,下面就把自己整理的和受到的一些启示和大家交流一下。

一、走近名师

1.大凡名师,都涌动着成长的激情

教师成长需要什么样的激情?需要一股"咬定青山不放松"的韧劲,用充满激情的作为不断地感动自己,感动学生,感动他人。窦桂梅老师说得很明白:"做一个富有激情的老师,是我的教学追求;富有思想,则是我一生的追求。"孙双金老师写道:

小马丁·路德金的《我有一个梦想》曾像一阵春雷响彻在世界的上空。

"我有一个梦想"成了每个人心中挥之不去的情结。

我的梦想是做一名优秀的教师,让学生沉醉在我的课堂上!

我的梦想是做一名优秀的校长,让校园充盈人文的光芒,让每一位师生在我们的校园幸福地成长!

为了这一梦想,我曾呕心沥血,我曾披星戴月,我曾上下求索……

语文特级教师周益民认为,他成长的最为关键的方式是对未知领域的新鲜感与热情。他觉得还有比教学技艺更重要的东西,除了读教育书籍,他还填补了自己在文化、历史、哲学上的空白,与大学教师接触,向他们请教,同海内外的 20 多位儿童文学作家、多位文学理论工作者保持联系。这样,他成为我国儿童阅读推广第一人。

2.大凡名师,都是勤奋读书的典范

《中国教育报》曾经做过一项"全国城市中小学教师阅读状况调查",调查结果显示,教师的学历、职称、获奖情况都与读书正相关。窦桂梅老师在参加工作不到四年的时间里,阅读量有 300 多万字,记下了 20 多万字的读书笔记,积累了500 多万字的文摘卡片,写下了 10 余万字的教后记。"管中窥豹,可见一斑。"

无独有偶,孙双金老师在一次公开课失败后,在办公桌上、枕头边上摆放了古今中外的文学名著、教育名著。有了教学名著的陪伴,他逐渐登上教育的山峦,在山顶结识了苏霍姆林斯基,拜访了巴班斯基,和人民教育家陶行知对话,与教育家叶圣陶交流。他体会到教育的最大技巧是"爱",教育的最终目的是促进学生的最优化发展,"教是为了不需要教","千教万教教人求真,千学万学学做真人"。教育的最高境界是,"捧着一颗心来,不带半根草去"。

中秋佳节,校园内人去园空,他独坐桌前,徜徉在教育的海洋里。

新春佳节,拜见长辈和亲友后,他闭门读书,沉浸在《红楼梦》的虚幻中。

读书是教师的一种生活方式。苏霍姆林斯基曾说过:"一个语文老师每年不读五六部书,几年之后,他就不好当教师了。"教师如果没有相当的阅读量,没有较高的鉴赏能力和分析归纳能力,怎么教学生"得法于课内,得益于课外"?教师只有把书读得扎实,从学习中汲取营养,才能活得真实,教得厚实。

阅读,积累,再阅读,再积累,反复循环,以至于厚积薄发。窦桂梅老师的成功,与勤读书有着很大的关系。那我们在羡慕的同时,为什么不回过头来想想:是什么让名师拥有了这样的语言和才情?以至于这样挥洒自如,妙手天成?一个有志于教育的教师如果远离阅读,只是片面地强调某些技艺的模仿,是不是有些舍本逐末、南辕北辙的意味?一个工匠和一个巨匠的差别或者就在于如何吸收和如何思考创新的分歧上。那么,我们从哪里去充实自己,提升自己呢?那就是博览群书!阅读会让我们产生改变,这种改变不易察觉,但它一定在发生。因而,我们要

养成博览群书的习惯,当你的课堂上的语言开始变得优美而简洁的时候,当你的学生为你的机智和引领心悦诚服、自豪钦佩的时候,你获得的不仅仅是那些短暂的喜悦,你面前打开的将是一个无比广阔的世界。让我们牢记窦桂梅老师说过的那句话:就算工资再低也要买书,也要读书,因为这是在为你自己的生命奠基。

3.大凡名师,都非常注重反思和实践

实践是检验真理的唯一标准,但是实践如果不能很好地上升到理论,则不会反过来更好地指导实践。名师都取得了显著的教改成果,如窦桂梅老师的真情教学,张思明老师的数学建模等,他们在培养学生学习兴趣和能力、促进学生发展方面都有独到的见解。仔细观察,他们的成果都来自他们对教学实践问题长期的思考与探索。"为什么教师在课堂上总是正确的化身?有意识地出点儿错作为学生的'靶子',是不是一个更实际、更仿真的学习过程?""教师的教学常常是一种展示,是一个'扬长'的过程,对不少学生来说,学习是一个不情愿地'改短'的过程。我们为什么不做一点儿相反的事情,让教育更多地变成学生'扬长'的过程呢?"

叶澜教授这样告诉我们:"一个教师写一辈子教案不一定成为名师,如果一个教师写三年反思,则有可能成为名师。"

这句话我们并不陌生,前些日子我在《小学语文教师》2009年第1期的智慧语录中再次看到了叶澜教授的这句话。可见反思对教师成长的重要性。名师注重反思,他们通过反思,把自身的经历、经验、实践转变成自身成长和发展的新起点,形成更为丰富的教育智慧。他们还用笔记录教育事件、教学实践的成功与失败,让记录成为反思的延伸,提升自己,启迪他人。学名师就要善于学习和借鉴他们的反思理念,以学生的视角、同伴的视角、超越自我的视角反思自己的教学,在反思中不断提升自己的教育教学能力。我们大多数教师把反思当成一种负担,把身边的教育故事当成课后的谈资,却无心记录那灵光一现的精彩瞬间。孰知,没有反思哪来课堂的灵性、大气与开放?我们应该通过撰写反思,及时发现自己教育教学中的得与失,以调整自己的行为,改变策略,将自己点点滴滴的感悟总结成经验,将经验上升为理论。

二、思考启示

作为普通教师的我们,在工作中要做到:

1. 在逆境中不气馁，不轻言放弃，用行动、用努力、用事实证明自己

不少教师在最初踏上讲台时，都不同程度地经历了家长、领导、同事甚至学生的不信任，经历了学生从自己班一个个转走的致命打击。面对这种打击，他们没有被击垮，而是默默地用自己的努力改变现状、扭转局面。他们用自己努力的成果让所有人折服，用默默的努力与坚强的意志证明了自己的实力。

2. 不满于现状，不甘于平庸，不断进取，追寻自己的梦想

铁皮鼓老师，从最初教小学到后来教重点高中，从最初的中师到后来的大专、本科，一步步在提升自己，完善自己。贺杰老师，从最初看不到前途与优势的代课老师，一步步走到后来理想的学校，并在教学中形成了一套自己的游戏教学法。

3. 做一个善于思考的人

善于思考是优秀教师共同的特点，有了思考，思想就有了高度；有了思考，教学就日新月异；有了思考，就有了进步。

4. 做一个自信、勇敢、善于抓住机遇的人

陈晓华老师在大学时，就善于抓住一次次锻炼自己的机会。徐慧林老师在没有人愿意接一年级时，勇敢地接过这个人人都避之不及的年级。机会转瞬即逝，在机会面前，要自信、勇敢地把自己推到前方，逼迫自己突破自己，挑战自己，从而提高自己。

5. 做一个善于阅读、善于学习的人

善于阅读、善于学习也是大部分名师的共性。阅读是一种积累，学习也是一种积累，这种积累会使自己一天天丰富起来。有了这种积累，机会来了，才能好好地展现自己；有了这种积累，某一天就会显露出与众不同的素质。

第二节　从名师课堂看教师的朗读指导

朗读是阅读教学中必不可少的手段之一，同时也是我们备课时必不可少的手段之一，而现在的课堂教学中，老师读得越来越少。再看看名师大家的课，他们自身的语言修养已经非常高，但备课时还是下苦功朗读，并把朗读作为解读文本的重要途径。因为他们知道：教学的艺术不在于告诉学生什么，而在于引导学

生感知什么、体悟什么。用心朗读文本就是为了更好地引导学生感悟文本。研究名师的课堂,我发现,他们声情并茂、有滋有味的朗读在他们的课堂中发挥着重要作用。

一、带学生走入文中之境

例如,在执教《望月》一课时,王崧舟老师就充分利用范读、引读来带学生走入文中之境。在学生读懂了文章的意思,悟出文中的情感后,王崧舟老师不失时机地让学生去品读、赏读。在清新淡雅、如月下清泉的乐曲声中,学生已不再是单纯地读书,而是如临其境、如沐春风,心灵在诗意语文中徜徉。"月亮出来了,安详地吐洒着它的清辉……"在乐曲声中,王崧舟老师声情并茂地引读,学生入情入境地品读。

师:夜深人静,你独自一人来到江边,抬头仰望……

生:月亮出来了,安详地吐洒着它的清辉。

师:你低头凝望……

生:月光洒落在江水中……

师:你举头眺望,只见……

生:江两岸……

在乐曲声中,师生分句品读:"小时不识月,呼作白玉盘""明月几时有,把酒问青天"……相挽相依地融进水中有月、月隐清波的诗境中。

王崧舟老师和学生连同与会的教师都沉浸在柔美、幽雅的月色中,身披薄如蝉翼的银纱,沉浸在柔美的境界中。

赏读江中月部分,在学生悟出了江水相融之美,感受到清幽旷远的意境之后,王崧舟老师先引读:"月亮、月光、月色已经融入了……"学生再读:"长江里,融入了江水中……"然后,王老师总结提升:"这就是'千江有水千江月'的诗意之景。"最后,学生在乐曲声中品读,陶冶情操。

二、培养学生的语感,提高学生的朗读能力

著名语文特级教师于永正老师在他的《语文教学的真正亮点在哪里》一文中谈到,所谓语文教学的亮点,首先应该在朗读上。老师读得正确、流利、有感情,并引导学生读得正确、流利、有感情,是一种美妙的境界。他说:"学生把课文读得正确、流利、有感情,就证明课文的内容理解了,文章的思想感情体会出来了。把课

文的内容和感情通过自己的声音再现出来,这是一种再创造,是赋予作品以生命。师生能读得入情入境的语文课堂,一定是充满生机、充满灵性、充满情趣的语文课堂。老师的范读能引起学生的共鸣,深深地打动学生,学生的朗读能入情入境,并博得大家的掌声,能说不是亮点?"

同时,于永正老师还特别强调,在课堂上,教师该领读的还是要领读,为了帮助学生理解好、朗读好,也万万不可缺少了教师的范读。

于永正老师在课堂上常常范读,《小稻秧脱险记》里杂草喘不过气来的表演让学生和听课老师都啧啧赞叹;《第一次抱母亲》最后一段的朗读,让全场都为之动容;《秋天的怀念》中母亲爱儿子的点点细节听起来都让人心疼;《马背上的小红军》中的小鬼太懂事了,让我们热泪盈眶、无限怜惜……于永正老师的朗读有时让人会心微笑,有时让人潸然泪下,有时让人感怀伤情……感染力极强。听完于永正老师的朗读,就知道为什么说朗读具有魅力了。

于永正老师在执教《第一次抱母亲》时,他的朗读声情并茂,他的双目泪光盈盈,全场响起热烈的掌声,然后他说:"请大家再一次把书拿起来,好好地读,读懂,读出味道来,读出作者表达的思想感情来,这才是真正的读书。"从学生再一次朗读课文时的表情和声音,我们可以感受到于永正老师的范读已经感染了他们。我们不禁深深地感叹于永正老师朗读艺术的高超!

三、促使学生在朗读中理解文本

窦桂梅老师倡导朗读教学,以朗读贯穿全课堂,促使学生在朗读中理解文本,并从朗读中发现课文内涵,力避烦琐分析。窦桂梅老师用自己的范读引路,引导学生懂得不同的体验和感受自然就有不同的朗读方法。窦桂梅老师力求创设语境,并引导学生在语境中学习朗读,在刀光剑影中读出英雄气概,在萧瑟悲怆中读出忧郁之气。

窦桂梅老师在《林冲棒打洪教头》这堂课中解读的朗读理念是:朗读就是理解,朗读就是发现。课堂上,窦桂梅老师带领学生解读题目,读人物外貌,读人物语言,读人物动作。让学生通过不断的朗读,理解了人物的性格,而人物的性格又决定了人物的命运,构成了课文的主要情节。窦桂梅老师通过第一课时的朗读教学,让学生理解了文本。第一课时重在理解:林冲为什么要棒打洪教头?怎样棒打洪教头?棒打的结果如何?第二课时重在引导学生发现林冲和洪教头两人性格的差异。在窦桂梅老师激情四射的推动中,学生投入到一段段有目的的朗读中,一遍遍有意识地朗读,一个个有特色地朗读……"来,来,来"——洪教头的狂妄、骄横和无理,"不敢,不敢"——林冲的知礼、谦虚和忍让的性格,跃然纸上。不知不觉中,学生在逐字逐句的朗读中,认识了林冲和洪教头。我觉得窦桂梅老师的课上得精彩,原因是她借助一遍遍的朗读使学生读懂了课文内容,在入情入境的语言环境中读懂了人物性格,真正认识了林冲和洪教头。

四、从语言文字的领悟中品出语言规律

教师要引导学生从语言文字的剖析中品出语言规律,品出作者运用语言文字表情达意的方式方法,提高语言运用能力,这是阅读教学的重要目标。在阅读教学中,于永正老师善于借助朗读把作者表情达意上的规律展示在学生面前,让他们去感受和领悟。请看《燕子》的教学片段。

师:"小圆晕"是什么?你想过吗?

生:就是小圆圈。燕子点水时荡起的一圈圈波浪。

教师随手在黑板上绘画。

师:但是,作者为什么不说"小圆圈"而说"小圆晕"呢?"晕"是什么意思?你想过吗?

有的学生习惯性地摸出字典来查。

师:大家都应该养成查字典的习惯,遇到不认识的字、不懂的词随时查字典,不要放过。

生:"晕"就是日光或者月光透过云层折射出来的七彩圈。

师:你见过日晕或者月晕吗?那七彩的光圈可真美!在作者眼里,燕子点水荡起的一圈一圈的波浪就像日晕、月晕。不但作者笔下的燕子美,就连这小圆圈也是美的!咱们再读一读这一句,领略一下其中的美。

一个"小圆晕"蕴含了丰富的形象内涵、情感内涵、语言技巧。为引导学生品出规律,教师引导学生借助板画,展示形象;借助字典,了解词义;借助联想,想象意境;借助描述,抒发情感;借助朗读,表达情感,从而使"小圆圈"与"小圆晕"的差别凸显于学生面前,使他们具体体会到了作者遣词造句的匠心,感受到了运用语言表情达意的真谛。

第三节　让课堂成为师生生命交流的和谐场所

——参加第十四届小学优质课观摩评议会有感

2012 年 7 月 16 日至 18 日,我有幸参加了在葫芦岛举办的第十四届小学优质课观摩评议会。此次盛会由中国教育科学研究院主办,葫芦岛市教育局承办,分语文和数学两个会场进行课堂教学及教学技能(或案例评析)展示。

语文会场共有 21 位经验丰富的参赛教师,其中 19 位女教师,2 位男教师,他们来自大江南北,但是给我们带来的是同样的精彩。参赛教师各显其能,漂亮美观的粉笔字、干脆利落的教风、精练流畅的语言、科学合理的用时,充分展现了高超的教学技艺,在场的每一位听课教师都能感受到和谐的课堂氛围,以及参赛教师深厚的教学功底和幽默风趣的教学语言带来的震撼,更能感受到葫芦岛学生在课堂上妙语连珠的精彩表现。

什么样的课堂才是优质课堂?这次观摩评议会上呈现的课堂给了我答案。下面结合此次参赛教师所讲的课例来谈一谈我的感受。

一、把品词析句作为训练重点

1. 加强词语训练

参赛教师重视打好字词基础。在本次课堂教学展示中,大部分参赛教师都将课文中熟悉的词语出示给学生,其中值得一提的是刘充老师执教的《乡下人家》。刘充老师将词语按照层次出示,先出示课文中出现的简单词语,通过指名读、齐读的方式让学生读好词语,接着出示短语,反复指导学生诵读,并引导学生利用上述词语复述课文内容。冯慧敏老师在执教《开天辟地》时,将文章中的动词提炼出来,如"抡""砸""抬""蹬""踩""撑",在学习课文的过程中,引导学生抓住这些从字面上易于理解的字,结合课文的语言环境,读懂这些字在文章中表达的深刻含义。

2. 加强句子训练

在阅读教学中,教师要抓住文章中含义深刻、结构复杂、难理解的句子进行训练,以便学生更好地理解课文。例如,在接晶老师执教的《北大荒的秋天》一课中有这样一句话,"大豆摇铃千里金",较难理解。教学时,学完原野的热闹非凡后,接晶老师组织学生诵读这句话,并设置了问题:生活在这里的人为什么喜欢说此时的北大荒是"大豆摇铃千里金"？ 文中哪些词语与"大豆摇铃"有关？哪些词语能告诉我们此时的北大荒的确是"千里金"？然后接晶老师指导学生通过关键词语去理解,再在此基础上理解全句。这样学生不但理解了句意,而且知道了作者引用的意图。杨惠老师执教《女娲补天》一课时,抓住了这样一句话:"许多人被火围困在山顶上,许多人在水里挣扎。"杨惠老师启发学生想象:那是怎样的情景啊？女娲看到了什么？听到了什么？通过"挣扎"一词进行想象,体会女娲内心的感受和想法。她在引导学生理解句子的同时,还点拨了写作方法。

3. 加强段的训练

段的训练也是阅读训练的重点,应该主要抓对自然段的理解、段与段之间的联系。例如,刘充老师执教的《乡下人家》一课,在教学时,先让学生反复读课文,初步了解每一自然段主要写了什么,让学生找到文章的中心句、中心词,接着引导学生把课文分成三部分,同时说明为什么这样分,让学生初步理清课文结构。而后引导学生品读课文并找出重点段落,然后结合图片从重点段落、重点词语入手进行理解。学生在刘充老师的引导下,按照事情发生、发展的顺序逐步学习。让学生反复读课文,学习给文中的图画命名,可以培养学生的语言概括能力。在学习第二幅图画时,刘充老师还引导学生品读语句,体会各种花是依照时令、顺序开放的。为了让学生加深理解,刘充老师还特别准备了段落的填空练习,这样就进一步强化了学生对课文的理解,真正做到了让学生在阅读中理解,在理解中强化。

在语文阅读教学中,从词、句、段入手,加强基本功训练,就能为学生读懂课文奠定良好的基础。

二、授之以渔,教给学生阅读的"葵花宝典"

1. 以抓学生预习辅导为突破口,导之以法

预习是培养学生自学能力的一个重要方法,是提高课堂教学质量的重要一环。

现在我的学生刚上三年级,不会预习,我就决定把预习拿到课堂,教给学生预习方法,指导学生做好预习:① 读熟课文,要求达到正确、流利地朗读课文;② 边读边想,读后能比较准确地说出课文的主要内容;③ 借助字典认字,理解词语,尽量找到每一课出现的形近字、多音字等。让学生按上述预习方法学习课文,当学

生能熟读课文,说出课文的主要内容,并借助字典认字,理解词语,把不理解的句子画上记号以后,再让学生回顾学习过程,自己归纳出预习的方法和步骤。这样,学生就基本掌握了预习的方法和步骤。

随着阅读训练项目的进行,预习的要求也相应提高了。让学生课前做充分的预习,不仅提高了教学效果,为大量阅读创造了条件,还使学生掌握了预习方法和步骤,提高了学生的自学能力,使阅读起步训练有了一个很好的开端。

2. 打造精品高效课堂,促进好的阅读习惯的养成

语文教材是按单元分组的形式编写的。三年级没有识字教学,全是课文,而且难度相对于一二年级时有所增大,学生的阅读量在逐步增大,要求阅读和写作的东西逐步递增,一部分学生一时不能适应过来,所以教学时,我们要抓住单元的训练重点,以课内带课外,以一篇带多篇,有重点、有计划地训练学生,逐步提高学生的独立阅读能力。因此,要用主要精力上好每一节语文课,教给学生读书的方法,提高学生的阅读能力。

三、对写字教学的重视

新的课程标准更加关注小学生的年龄特点,要求学生多识少写,对写字的要求更加明确,要求写字姿势正确,关注学生良好书写习惯的养成。此次观摩评议会上,参赛教师对写字教学都高度重视。

1. "写好中国字,做一个有根的中国人"

在听了 20 节观摩课后,我发现参赛教师在写字教学中都是先指导学生观察字形,弄清汉字在田字格中的位置。在指导学生观察时,参赛教师引导学生对抽象的汉字加以联想,活化汉字字形,使汉字字形深深扎根于学生的心中。密山市逸夫小学的林凤艳老师在教授《鸽血染红求救信》一课时采用了随文识字的方法,让学生先观察"钩""幼""餐"三个字,再思考怎样才能把这三个字写得既正确又美观。

兴趣是最好的老师。如何让学生对祖国文字的字形产生兴趣?如何让学生对写字感兴趣呢?济南市制锦市街小学的刘茜老师在《"红领巾"真好》这节课中,在教学生写"巢"这个字的时候,就利用电脑的画面演示功能形象地将文字的演变过程展现出来了。这充分考虑了低年级学生的学习特点,让学生不仅感受到汉字的形体美,还对抽象的汉字字形产生了兴趣,产生了写字的欲望。

2."提笔即是练字时"

小学生写字往往眼高手低,原因在于,小学生的观察审美能力比较强,但实际动手书写的能力还不够,还没有很好地把观察审美能力转化为书写审美能力。大连市金州区红梅小学的许海香老师在《画家与牧童》中教授"决""购""价""钱"四个生字时,先让学生说说这四个字的结构特点、认真观察哪个字写起来比较容易,再让学生交流这四个字的字形特点和笔画特点,给予学生充分的观察和思考时间。在这之后,许海香老师范写了"购"字,让学生仔细看,接下来让学生临写、同桌相互评改,还用投影展示出来,师生共同修改、评议。学生认真观察,仔细领会,悉心模仿笔画运笔,熟练掌握笔顺规则,体会汉字的造型美,努力写好每一个汉字,真正做到了"提笔即是练字时"。

3.相信自己会写比写得好更重要

参加互动评课时,一位教师发言:三年级的学生,相信自己会写比写得好更重要。这句话对我触动很大,大家知道,三年级是一个过渡年级,进行写字教学的时候既不能像一二年级那样手把手地教,也不能让学生直接过渡到四五年级写字训练的状态。所以,这句话给了我启示,让学生充满自信,相信我会写、我能写、我写得好。

总之,这些课让我明白了:体现学生的主体地位,才能有课堂上精彩的生成;关注语言文字,才能让语文课有语文味;关注学生的成长,才能让课堂成为师生生命交流的和谐场所!此次观摩评议会让我受益匪浅,我将把所学内容融入自己的课堂,让我的课堂也能洋溢着语言和生命的温馨。

第四节　重塑新格局,实现新跨越
——听张志勇院长报告的感悟

张志勇院长的报告高屋建瓴,从"双减"改革的战略目标、重塑基础教育新格局和"双减"背景下统筹学校教育大变革三个方面展开,短短一个小时从宏观的教育变革讲到了现实的教学实践,其中的观点和详尽的论述让人深思。

"双减"是新时代基础教育改革发展的重大战略布局,是为了让人民群众享受更加美好的教育生活，是党为人民服务的宗旨在教育领域的具体体现。构建教育良好生态，是"双减"改革的大格局。各级党委、政府要树立正确的政绩观，教育工作者要树立正确的教育观，家长要树立正确的升学观。

"教育是事业，不是产业"，警醒世人，教育要关注的是人的发展，一味地盯着分数、盯着成绩，会异化教育。作为一线教育工作者，我们要加强家校协同，转变教育观念，变革教育方式，不断提高教育教学质量，实现立德树人的育人目标。"双减"减掉的是过重的课业负担，但是对教师提出了更高的要求，因为"减轻学生作业负担，提高课堂教学质量是关键"。教师要关注学生的学习方式，引导学生在深度学习中、在实践活动中、在项目化学习中发展思维，形成专家型思维，提高核心素养。

为党育人、为国育才，不忘教育初心，这是每一位教育工作者都应该时刻牢记并认真践行的。"双减"政策的落地，需要每一位教育工作者用心践行，认识到位，落地有声。这样定能重塑教育新格局，实现教育历史新跨越！

第五节　执着追梦，扬帆起航

——2019 年齐鲁名师研修心得

八月的荣成，天高海阔，朝霞与碧海辉映，激情共梦想齐飞。在石岛，我与第四期齐鲁名师、第三期齐鲁名校长一起参加了第一次集中培训，同时也开启了新的追梦之旅。几天的培训，信息量之大，层次之高，领导之重视，让我深受感动，感动于为之付出辛劳的领导，感动于热心的班委会成员，感动于名师名校长群体追求卓越的精神，唯有奋发努力，唯有积极进取，唯有潜心成长，才能在三年之后成为名副其实的齐鲁名师，才能无愧于这样的培养。

戴龙成副厅长和毕诗文主任描绘的名师的特质让我看到了方向，几位专家的讲座让我看到了路该怎么走。接下来的三年，我将扬起风帆，踏上追梦之旅，向着名师那方努力，向着课程改革更深处漫溯。

一、以梦想引领航向

带着满满的期盼和激动，我聆听了毕诗文主任的《齐鲁名师名校长培养目标与培养策略》解读讲座,心底腾起新的力量。齐鲁名师培养工程培养的是教育家型教师,而这样的教师是在教育实践中自主发展,影响力得到了社会认可的教育家型教师。毕诗文主任给我们描绘了名师的特征,即拥有教育情怀、教育话语权、社会影响力、个性影响力。这不就是我仰慕已久的名师的样子吗?

人生的最高境界是立德有德,实现道德理想;其次是追求事业,建功立业;再次是有知识有思想,著书立说。"立德"居于人生三不朽之首。"没有爱就没有教育""捧着一颗心来,不带半根草去",教育家的赤诚之心与高尚师德,让我深深敬佩。小学教育是给孩子的一生奠基的,习惯养成和人格教育至关重要,必须尊重儿童的差异,以农人的耐心与呵护静待花开。我要牢记习近平总书记的话,立德树人,做人类文明的传承者,以我的教育情怀,燃起理想的火种,"让每一个孩子充分享受到充满生机的教育,让每一个孩子带着梦想飞得更高更远"!

因为对教育的热爱,对小学语文的热爱,我努力涵养教育情怀,但是个人影响力、社会影响力不大,更没有教育话语权。从教20多年来,我始终不变的追求是做一个让学生喜欢的好老师。"亲其师,信其道",我在小学语文教学研究和实践中一直关注的是阅读和写作,虽然做了一些探索,但总的来说,仅仅停留在经验层面,研究得不深不透,个性化的东西提炼得也不够,接下来的三年我将在这个领域进行更深入的研究,在读书、实践和不断地反思中形成自己的话语体系,拥有领域话语权。在成长的路上,唯有以梦想引领航向,矢志不渝,才能走向诗意的远方。

二、以读书来丰盈生命

张绪培教授、褚宏启教授都讲到了教育的现代化,他们一致的观点是,要实现教育现代化,必须实现人的现代化,必须培养学生的核心素养。他们的报告让我反思自己:我是现代化的人吗?不,我需要改变的还有太多,打铁还需自身硬。教师要实现专业成长,多读书、多学习,把根扎进教育教学实践,是必由之路。

"吾生也有涯,而知也无涯。"几天的听讲中,我有一种恍然大悟的感觉,我明白:语文学科领域和相近领域的书该读,学科发展历史也应该了解清楚。要读学习心理学和脑科学,了解学生的身心发展规律;要读学科发展史,看清从哪里来;要读学科教育教学专著,看清小学语文教学的路有多宽;要读教育著作,让专家的思想照亮我前行的路。用王建军教授做文摘文评的方式形成理论话语系统,为拥有领域话语权做准备。

作为语文教师,我理应引导学生学会阅读、爱上阅读,让中外经典滋养学生心灵、放飞学生想象、发展学生思维,教他们学会做人,助他们在优秀文化的海洋中徜徉,在流畅自如、自信昂扬的表达中释放个性,使他们成为有聪明的脑、温暖的心,以及浓浓家国情怀的现代人。

三、以研究的方式行走

专家的报告信息量很大,但有一点印象深刻,时代的发展要求教育的普及化,教师的职业特点要求教师必须与时俱进,不断地学习实践、研究反思。无论是基础素养,还是核心素养,都要落实在实践中,而面对当今的教育现状,课程改革势在必行。

像王建军教授在报告中讲到的,在普及教育的今天,纪律、差异、步调、程度都是我们遇到的麻烦。有麻烦,先解决麻烦就走在了时代前列。我忽然明白,麻烦就是我们选题的点,想办法解决麻烦,就是要做研究,努力做研究就能走在某一领域的前面,拥有领域话语权。王建军教授给出了基于实践的科研与专业发展建议,即从教学设计、教学观摩和教学反思三个方面如何做实践中的研究。在讲教学反思的时候,他讲了反思对象的确定、反思的结构、反思的积累,其实这就是选题、研究、梳理成果的过程。王建军教授的讲座让我有了醍醐灌顶的感觉,心里一下子通透了,这不就是在用研究的方式工作吗?!

陈立校长的讲座让我看到了,在努力前行的路上,要做学生的专家、学习的专家、学科的专家、教育的专家,让我明白:原来这些年我遇到的问题是教学组织形式问题,我没有针对学生的差异采取有效的教育措施。这使我想到,接下来三年,我的课题研究要在原来确定的阅读和写作的方向上,结合学生学习原理找到新的研究点。

"自古逢秋悲寂寥,我言秋日胜春朝。晴空一鹤排云上,便引诗情到碧霄。"在这样的金秋,我心潮澎湃,激情满怀。在茫茫教海之中,我再次乘着梦想之舟,扬帆起航,相信三年之后,我会看到教育的旖旎风光,享受教育的幸福,与名师们携手同行,引领更多的青年教师一路向前,担起立德树人的重任,为实现中华民族伟大复兴的中国梦贡献力量!

第六节　素养导向，让语文教学走向生命的深处

——2021 年齐鲁名师研修心得

春花烂漫的三月，能与导师和各位名师相聚云端，真是最幸福的相遇。

今天授课的两位专家不约而同地围绕语文核心素养的落实进行了阐释，都讲到了教学评一体化，让我受益匪浅。徐慧颖老师以大量生动的案例阐释了她研究多年的教学法，她身上散发的教研一线的活力让我看到了教育科研改变着课堂。陈雨亭博士理论知识深厚，她的教学设计的极简模型有着强有力的理论支撑，这样的教学设计一旦落地，将再次见证教育科研改变课堂、影响学生的力量。

一、素养导向，指向思维核心

学科核心素养的核心是创新力，徐慧颖老师在讲座中多次讲到了要关注学生的思维发展。徐慧颖老师在讲座中说到的学生在回答阅读理解题目时呈现出的思维方式，让作为一线语文教师的我深思：教师的理念转变必须先行，否则谈何思维发展？不转变理念不是对学生生命的限制，乃至扼杀吗？

学科核心素养的提出，标志着教育要进行从知识本位转向素养本位的改革。教育的目标牵涉的不仅是"知晓什么"，更多的是在现实的问题情境中"能做什么"。应当将基础的、基本的知识"习得"与借助知识技能的"运用"培育思考力、判断力、表达力，视为学校课程与教学的双翼。学习方式的变革，是伴随着大量的实践案例前行的，由以课本内容教授为中心转向以学生实践为中心，由以应试为目的的短期目标转向以核心素养为目的的长期目标。徐慧颖老师的教学法研究以坚实的理论为基础，扎根实践。她以测评为导向，用鲜活的案例让一线教师明白：应试教育会好心做了坏事，限制学生的思维。语文教学应该发展学生的思维，以提升学生语文核心素养为目的，坚定地深耕，走向学生生命发展的深处。

二、执着探索，深耕语文教育

徐慧颖老师在三个小时的讲座中阐述了她的"五环聚能·多维联动"教学法的不同发展阶段。她侃侃而谈，如数家珍，听着、看着，我眼前仿佛看到了徐慧颖

老师埋首学习理论、躬身实践研究的身影。徐慧颖老师心中有方向,脚下有力量,让我深深敬佩。

陈雨亭博士的探索经历,让我看到了她的专业、敬业,她的教学设计的极简模型是她理论联系实际的优秀思维成果。陈雨亭博士通过讲座带给我们探讨素养导向的语文教学设计,她也讲到了教学情境的重要性,还提出了"无评价不教学""无情境不教学"的观点。从多年前听她讲座时听到逆向设计的惊讶,到今天看到逆向设计理念下的模型建构,我看到了她执着、谦逊的人格魅力。

在今天的云端报告中,我收获的不仅仅是语文教育教学的理念和实践经验,汲取的还有导师给予我的精神力量,他们的人格魅力在我心中种下的是美好、坚定的种子。我所经历的,是指向心灵深处的成长。

"如果没有行动,所有的言语都是噪声。"(陈雨亭博士报告结语中的话)那就行动起来吧!我坚定地相信,素养导向的教学方法或者教学设计,会让语文教学更加关注学生的发展,走向学生生命的深处,展示师生生命的活力,展示教育的伟大力量。

第七节　涵养职业品格,做学生成长的引路人
——青岛西海岸新区教研力提升专题研修学习心得

层林尽染,寒意渐浓。2020 年 11 月,在六朝古都南京,我有幸作为青岛西海岸新区骨干教师参加了为期一周的提升教研力专题研修。几天的学习,既有对学科教学的深入认识,也有对教育本质的追问,我细细梳理了专家们的讲座,反思如下:

一、对教育本质的追问:我们要培养什么样的人

立德树人是教育的根本任务,是教育之魂。朱建廉老师在报告中全面而深入地阐述了立德树人的观点,以生动具体的事例深入浅出地论述了立德树人的学校教学应该怎样进行。教育是把自然人培养成社会人的过程。南京市教学研究室的严必友老师在讲座中讲到,社会发展到今天,已经进入核心素养时代。教育要培养一个人适应当下和未来社会发展所必备的品格和必须具有的关键能力,因为

它是一个人自我发展、自我完善的坚实基础。核心素养以培养"全面发展的人"为核心,分为文化基础、自主发展、社会参与三个方面,着重培养孩子的适应能力、必备品格和关键能力。未来的社会人要有自我持续发展的能力,要有理想、信念、道德。讲座中提到了一个可爱的女孩,她因一只蝴蝶而生发的对生命的敬畏,给我留下了深刻的印象,这是真正的教育,敬畏生命的教育。虽然我所任教的是语文学科,但是也要关注学生分析和解决问题的能力以及创新思维能力,因为知识是不需要教的,如果没有思维的训练,课就可以不上。

二、对自身职业成长的追问:涵养职业品格,做教育人

专家们的讲座让我思考我该做一个什么样的教育工作者。作为教师,我们的一言一行都会在无形中影响学生,所以我们要不断涵养职业品格,特别要提醒自己从"学科人"升级为"教育人"。学科要有学科味道,学科味道就是学科特有的价值。有学科自己的语言,这是学科最表层的东西。学科育人的关键是帮助学生在学科符号与日常生活之间建立有机联系,使学生逐步理解符号内在的意义,并体验符号背后的思想观念和关系。学科育人是让学生像学科专家那样思考和解决问题。课堂上,教师应努力让学生经历学科活动全过程,在活动过程中形成相应的思维方式,深入理解关键概念及其相互关系,体验相关思维方式。学科育人是教师本身在教学过程中进行人格影响的过程。这个过程主要是指教师的治学态度、敬业精神、思维风格、处事方式等。教师要从"知识传授者"走向"共同学习者"。现在获取知识的渠道太丰富了,有的学生懂得的知识,教师都不懂。知识的周期是 20 年,获取知识的通道平等而开放,因此教师不再拥有"知识霸权"的地位,教师与学生第一次以相同的学习者的身份出现。在这样的时代,学会学习更重要。在知识更新换代频繁、获取知识和信息的渠道多样快捷的崭新时代,学生的自学能力显得尤为重要。会学习发展得更好!"处无为之事,行不言之教。"学校和学校之间的差距主要体现在校长和教师的课程意识、课程能力,以及学校的课程质量上。课程是学校的核心竞争力,学校要努力提高教师的课程理解力、课程实施力、课程开发力、课程评价力、课程整合力。

在学科教学中,要让学生生活在思维的世界里,教师的关注点也要从学科知识走向学科思维和学科思想,因为思维具有持久性、迁移性。在不可预测的未来,只有发展学生的思维核心素养,才能保障他们成功地生活,以及社会健全地运行。课堂教学要让学生有留得下、带得走的东西。我懂得了,能够用数学、逻辑学、语

言精确表达的东西,即规律、规则、模型,才是万物的本质。教育者要用学科文化滋养学生。学科文化是在建设和发展过程中发现、创造和形成的学科理论体系以及所具有的思想、方法、概念、定律,是学科中所采用的语言符号、价值标准、科学精神、人文精神、文化产品以及工作方法的总和。

周卫东校长的讲座让我懂得了如何涵养教师的职业品格。内观自己,要树立以德为先的理念。印象很深的是,周卫东校长讲到的斯霞老师和王兰老师。她们都是江苏省首批特级教师,她们的教育情怀令我深深敬佩。斯霞老师说过:"我越教就越热爱自己的事业,我为一辈子做小学教师而自豪。"无独有偶,周卫东校长讲到的几位教育前辈都用自己的实际行动告诉我们,对于教育应该有怎样的情怀,对于学生应该有多爱!周卫东校长特别强调了以人为本,站定儿童立场,眼里有学生,心里有学生。李吉林、斯霞、王兰等教育前辈都有一种职业精神,即对儿童好!好老师一定会把学生放在心头!感动于李吉林老师在84岁去世前只肯在南通中医院接受治疗,因为靠窗能看到校园里的一切;感动于儿童教育家王兰老师对儿童好的职业精神;感动于斯霞老师说她的塑像就安放在能看到孩子们的地方……我告诉自己要牢记:所谓教育,是顺势而为,顺儿童之势,处儿童成长之理,给予儿童生命关怀。

好老师应该善思、善学,应该与时俱进。作为在教育战线上奋斗20多年的老兵,我要多读书、多实践,以研究的方式行走在专业成长的道路上,做一个对教育明明白白的"明师"。从事教育事业,成为专业的教育者,做学生喜欢的好老师,是我的幸福所在,这种职业幸福感时时激励着我更多地去关注儿童、关注学科育人、关注立德树人,做学生成长的引路人。

第八节　在深度学习中落实语文要素
——山东省小学语文学科工作坊现场观摩学习反思

2021年4月29日,我和薛璐老师到泰安实验学校参加了山东省小学语文学科工作坊现场观摩活动。活动聚焦于统编版小学语文教材精读课例教学深度研讨,展示了精读课例教学策略,既有专家学术报告,又有精读课例教学展示与论坛。在活动中,我执教了《威尼斯的小艇》一课,然后观摩了其他几位优秀教师的课例,聆听了李家栋老师的专家报告,受益匪浅。

一、在深度学习中落实语文要素——《威尼斯的小艇》教学反思

自统编版小学语文教材使用以来,语文要素的落地一直深受关注。我执教的《威尼斯的小艇》一课的教学重点落在了语文要素(感受动态描写和静态描写的表达效果)的落实上。在教学时,我努力引导学生进行深度学习,落实语文要素。

1. 目标统领,深度学习的起点

在导入新课和整体感知之后,我出示了单元页,让学生明确本节课的学习目标,从而统领整堂课的教学。在引导学生了解了小艇的特点之后,我安排的第一项学习活动是:"默读第3~6自然段,感受威尼斯的动态之美和静态之美。用'___'标画出感受到动态之美的语句,用'﹏﹏'标画出感受到静态之美的语句,用'▲'标出关键词,把自己的体会写在旁边。"在课堂上留足时间,让学生充分学习,并进行小组交流。我还给学生提出了小组交流的明确要求:① 说清标画了哪些语句,分享读书感悟。②把交流之后产生的新感受记录在书上。

事实证明,充分的学习是学生精彩交流的基础。学生侃侃而谈,课堂上不时迸发出智慧的火花。

2. 梳理方法,深度学习的成果

在引导学生对动态描写和静态描写的语句进行品读的过程中,学生交流时呈现出独到的见解。在教学中,我主要梳理了三种方法:抓关键词、想象画面、关注状态。对于课文第4自然段,学生在抓住动词和修饰词进行品读的过程中,感受到了威尼斯这座城市的灵动与活力,在语言文字的品读中感受到了语言的魅力。在这一环节,学生思维活跃,但是对于关键词的把握不那么准确,当时我在课堂上未能给予必要的指导,不得不说是遗憾之处。

3. 课堂生成,深度学习的精彩

教师的预设很重要,生成处理得当,能成为教学中的亮点;处理不当,则影响学生的学习。

这堂课有两处引发了我思考。第一处在介绍小艇特点的一段,有学生对"有点儿像独木舟"是不是比喻句与我意见不一致,他认为同类事物不能构成比喻,我虽然在课前查阅了资料,但考虑到课堂时间有限,没进行具体的阐释,对学生而言,则失去了二次学习的机会。第二处在最后一段,类似的情境,有学生认为"摇

晃"的修辞手法是拟人。对于学生的认识,我未做评价,而是让其他学生谈一谈自己的想法,结果让学生在同伴的思维碰撞中解决了这个问题,获得了成长。在学生对动态描写和静态描写进行品读之后,我紧扣"摇晃"一词引导学生感受作者在写作中用词的准确、以动衬静的写法,看到了学生的深度思考。

课堂有遗憾,但思考不应有遗憾,相信遗憾会带给我更多的思考,让我在以后的语文教学中更加关注学生的深度学习。

二、聆听报告,明确课题研究新方向

在本次活动中,正高级教师、特级教师、山东省教育学会小学语文教学专业委员会理事长、山东省小学语文教研员李家栋老师做了题为《统编小学语文教材精讲课例教学建议》的专题报告。报告中,李家栋老师从充分认识精读课例教学的意义和价值、精读课例引导学生学什么、怎样引导学生学,以及教学精读课文应该注意的问题等方面,为教师回答了精读课文"是什么""怎么用""怎么用好"的根本问题。李家栋老师指出,精读课文是统编版小学语文教材的重要组成部分,是编者意图的主要体现和学生阅读的主要资源。精读课教学要结合统编版小学语文教材阅读教学的特点,紧紧围绕单元语文要素,聚焦目标,精选内容,提高学生理解语言、运用语言的能力。李家栋老师的报告,为广大一线教师更好地用好统编版小学语文教材、落实单元语文要素指明了方向,提供了切实可行的方法和策略。

本次培训听到的最多的一个词就是语文要素,语文要素包括必要的语文知识、基本的语文能力、适当的方法策略和良好的学习习惯。平常教学时,我们重基础,而忽视了学生习惯和语文能力的培养,把学生培养成了只会做题而不会生活的人。统编版小学语文教材中,每个年级和每个单元都有清晰的内容和目标,教学要点更加明确,我们备课时应当研读教材,关注课后思考题,做到一课一得,将语文要素点状化、序列化地渗透到每一节课、每一个单元中,真正地把语文课上成语文课。

总之,这次外出学习收获颇丰,我将会把学习到的知识运用到日常教学中,践行教育实践,实现教育理想。

第九节 助学课堂,生命绽放的地方

——我眼中的李玉玺老师及他的助学课堂

初识李玉玺老师,是在山东省小学语文研修省级工作坊的专家会议上。这位年轻的专家很有见地,眉宇间透着睿智,谈吐间妙语连珠。小组代表发言非他莫属,台上的他侃侃而谈,为小组赢得了阵阵掌声,让我心生敬佩。作为第四期齐鲁名师建设工程人选,我们都来自小学语文学科,算起来还是师出同门,顿生亲切之感。得知他在研究助学课堂、助学策略,我很感兴趣。后来经过多次交流,以及拜读他的文章,我对他愈加钦佩。

一、初识助学课堂

2021 年 4 月 30 日,暮春时节,再次与李玉玺老师相遇于泰安实验学校。他执教了杜甫的"生平第一快诗"《闻官军收河南河北》,让我终于见到了他的助学课堂的真面目。他课前的师生对话让我记忆犹新:

师:我叫李玉玺。

生:我叫卢志忠。

师:我住在黄河岸边。

生:我住在泰山脚下。

师:我爱写书。

生:我爱读书。

师:我能背关于黄河的古诗"白日依山尽,黄河入海流"。

生:我能背关于泰山的古诗"会当凌绝顶,一览众山小"。

一来一往之间,课前的紧张气氛荡然无存,台下观课的我不禁感叹:真是大师风范!为感谢发言学生的精彩表现,李玉玺老师拿出他写的书当场赠送。台下听课的教师掌声雷动,想必大家与我的心情差不多,也是心生仰慕吧!接下来的课堂大开大合,一张大大的板贴呈现出了诗文,他在上面标标画画,果然出手不凡。这堂课中,李玉玺老师多次借助助学策略助力学生的学习,学生在课堂上呈现出深度学习的状态。课堂助学策略一,李玉玺老师出示了唐朝历史和杜甫生平简介的资料,1500多年前的历史画卷在学生面前缓缓展开,助力学生读懂杜甫在诗行中流淌的浓浓的家国情怀。课堂助学策略二,李玉玺老师出示了自己读书做批注的图片,直观地教给学生方法,助力学生在静静的思考中标画、小组讨论、有感情地诵读。在李玉玺老师的引领下,学生的思维打开了,谈得有理有据,走进了诗人的内心。课堂助学策略三,李玉玺老师让学生阅读补充的古诗,通过对比诵读,体会诗人"喜欲狂"的爱国主义情感。学生声情并茂的朗诵赢得了现场教师的掌声。助学课堂,绽放出了生命的光彩!

二、溯源助学课堂

这精彩课堂的背后是李玉玺老师多年如一日的探索和思考。最近拜读李玉玺老师关于助学课堂的文章,看到了他的研究成果,更加佩服他的执着追求和严谨的治学态度。

关于助学课堂的思想渊源,他追溯到了孔子的教育思想。"不愤不启,不悱不发",让他看到"教"要在"学"遇到困难的地方。他从宋代儒学集大成者朱熹,近现代教育家蔡元培、陶行知等大家那里寻找到了"教是为了学生的学"的思想源泉。现代教育理论和心理学原理给了他理论支撑,也给了他总结规律、深入探索的路径。他的助学课堂以学习者为中心、以学习行为为中心,倡导教师的教学行为由"教学"转变为"助学",学生的"学"从"被动知识学习"转变为"自我素养提升"。根据自己的探索和实践,他用小学语文助学课堂图谱呈现出了他的想法。图谱层次清晰,从重构学习单元、重构合适的助学策略、研制匹配的评价量规三个方面来实现学生的深度学习。他用单元概念打通课内与课外、阅读与写作、阅读与实践活动之间的关系,体现了大语文的宏阔思考,对教师的助学策略进行了探索和梳理,对语文学习中的教学评一体化进行了尝试。他的课堂呈现出新的教学生态。

读着李玉玺老师的著作,我仿佛看到了他捧读教育名家专著的场景,仿佛看到了他凝神思考、奋笔疾书的样子,也仿佛看到了他带着山东人的豪气在讲台上激情四射地教课时的神采,还仿佛看到了他聪慧睿智地带着学生研读文本、点拨启发的课堂……

三、再探助学课堂

再读他的教学案例,我对助学课堂、助学策略的实施效果深信不疑。同是习作单元的教学,我的做法是针对单元的写作要素研读精读课例,学习写作方法,进行写作练习,然后进行单元习作,虽然效果还不错,但是当我读到李玉玺老师关于统编版小学语文四年级上册《麻雀》一课的教学案例时,再次看到了助学策略在课堂上的生命力,看到了助学课堂的生态发生了怎样的变化。

在《麻雀》这一教学案例中,李玉玺老师在教授生字词等完成基础目标的基础上,指导学生借助助学策略学习表达。上课伊始,李玉玺老师就以终为始,让学生明确了学习目标;在教学第二板块时,李玉玺老师指导学生借助猎人、猎狗、麻雀三者的关系图,理清了课文的主要内容,进而梳理出课文的写作顺序。这一学习支架搭在了学生学习的困难处,帮助学生完成了理清课文写作顺序这一学习任务。本课的教学重难点是读懂作者是怎样把事情写清楚的。在教学过程中,李玉玺老师让学生标画出猎狗和麻雀的表现,在对比中感受来自麻雀的母爱的力量,到这里完成了让学生走进文本体会情感这一过程。在学习表达环节,李玉玺老师给出了学习图表,学生借助图表列出了作者看到的、听到的、想到的等内容。这种感官叠加的方法是学生学习的难点。这一助学策略的巧妙运用,突破了教学难点,达到了"曲终收拨当心画,四弦一声如裂帛"的教学效果。想到在课堂上,那群四年级的学生被点拨后豁然开朗的状态,我会心一笑,由衷地感叹:做李玉玺老师的学生真幸福!

走进助学课堂,我了解到李玉玺老师对教育本质的认识:教育是为了人的教育,课堂是为了学生发展的课堂。以学生为中心,以学习行为为中心,这样的课堂生态怎能不令人向往?助学课堂,是生命绽放的地方!

走近李玉玺老师,我感受到了他在课堂生态的改革之路上求索的坚定步伐,看到了他执着前行追梦的姿势!他,披星戴月、不辞辛苦地带领他的团队立足课堂,扎根实践,着眼学生语文素养的提升,着眼学生的终身发展!祝福他和他的助学课堂走得更远,走向语文教育的诗和远方!

(注:此文发表在 2021 年 12 月《小学语文教学》上,有改动)

第三章
成长引领

第一节　聚焦核心素养，让语文学习真实发生

——2020年7月，在青岛西海岸新区业务干部会议上
做校本教研经验交流

　　校本教研是学校发展、教学质量提升的重要保障。好的校本教研应该是"内向型"的，它植根于本校情境，营造积极、开放、包容的对话氛围，整体构建多元对话平台，融研究、对话、合作于一体，帮助和促进教师专业成长。

　　我校语文团队立足教师专业发展，在邢毅丽书记的引领下，探索校本教研的有效途径，聚焦语文学科核心素养，让语文学习真实发生。

一、三级教研，构建多维度、多场域对话平台

　　教研组是学校教学管理、组织教学教研的最小单位，我校从建立健全教研机制做起，强化教研组长负责制，开展学科大教研、组内教研、微教研三级教研，努力构建多维度、多场域的对话平台。

（一）构建多维度、多场域的教研场景

　　首先是建立纵横交错的教研时间坐标轴。纵向为学校大教研，以课程标准和教育理念的学习为主，开展课例观摩，从学科教学层面进行引领，内容为指向教学中实际问题的专题研讨、课例研究、理论学习、二次培训、经验分享等。横向为各年级的组内教研，体现校本教研的宽度，内容为集体备课、问题研讨、作业设计、课例打磨等。纵、横时间轴之间的一个个点是微教研，内容是在组内组间、随时随地

进行碎片式问题研究。

其次是营造虚实结合的多场域教研空间。除现场的地面行走式常态教研外，还有借助区教育教学服务平台的云端教研。

（二）聚焦研究的教学研究内容设计

我们把对新理念和新标准的系统学习嵌入日常教研中，在此基础上围绕语文教学中的真实问题开展小专题研究。这样的小专题基于实践，切口小，周期短，针对教学中的重难点，以行动研究法进行探索实践，很适合进行聚焦问题的教学研究。

语文教师从课堂教学、作业设计、作业批改、校本课程、课外阅读、习作评价等角度，选取小专题研究的方向。比如："小学六年级语文读写训练实践研究"紧贴教学实践，探索课堂内外的读写训练；"小学低年级语文象形字教学初探"根据象形字的特点，提高识字教学效率。这些小专题引领教师着眼学科核心素养，深耕语文课堂。在区级小初衔接专项课题"小学语文衔接中课程资源整合的研究"中，课题组教师认真学习了小初衔接一体化的文件资料，进行了课程资源整合的探索。我校以项目化的方式持续开展了大阅读教学研究。

（三）真实情境中同伴互助的专题教研

以这两个学期为例，学科大教研在调研教师教学问题的基础上，开展了"双减"背景下作业设计、习作单元精读课例、识字写字课例、读写练笔、习作教学课例、古诗文教学课例、教学质量分析等专题研究。线上教学期间，我们进行了线上教学经验分享和教学指导。组内教研针对年级语文教学中的问题展开，借助集体备课研讨、日常作业设计，开展了课前三分钟、预习反馈、古诗词诵读、语文园地、课外阅读等侧重点不同的教学研究。

这些教研活动基于教师的真实研究情境，通过以研促教、以研促学，使教师对单元语文要素的落实、语文学科的本质有了更深刻的认识。比如：四五年级语文教研组，在组内进行同课异班上课、研课，率先开设了整本书阅读课，以开展课外读写互动研究。又如：六年级语文教研组，根据学段特点、课程标准、教学目标、学情等要素设计了单元学习单、特色作业、分层作业。他们精心设计了预习作业，把课文当例子，初步探索实行"字—词—段—句—篇"五步预习法；他们立足于六年级上学期的语文教材，进行了读写结合专题研究，打磨习作指导课、习作讲评课，探索习作教学模式；他们成立了文学社，通过人人通展示学生佳作，极大地提升了学生的写作兴趣。

二、扎实备课,提升课堂教学质量

(一)探索备课模板,提升教师的教学设计能力

做好集体备课与个人备课。语文教研组从探索备课模板入手来提升教师的教学设计能力。

备课组通过"个人初备—集体研讨—形成定稿—二次备课—实践反思—修订备课稿"六步,实现了闭环管理。个人初备时确定教学重难点以及突破教学重难点的具体策略;集体研讨时实现教学进度、教学目标、教学重难点、作业设计的统一;二次备课时进行课堂实践,形成课前反思、课中反思和课后反思,最后修订备课稿,形成终稿。

在实施过程中,教师紧紧围绕教材中的单元语文要素,明确单元与单元之间、年级与年级之间、单元内各篇课文之间落实语文要素的重点和梯度,以终为始,设计语文学习活动,着眼于学生语文核心素养的螺旋式上升。

探索教学模型,提升教师教学实施能力。语文学科是一门学习语言文字运用的实践性学科,学生只有在大量的听说读写的语言实践中才能更好地学习语言,发展思维。基于这样的理念,我们探索、构建了关注学生发展的课堂教学模型。

1.明确常态课教学流程

我们对语文课常态教学的课前三分钟和预习的要求进行了细化。课前三分钟,学生进行演讲、阅读汇报等口语表达的展示,提高了口语表达能力和思维能力。

依据教学实际,我们梳理出的中高年级语文课的教学流程为:课前预习—课中导学—读写练笔—拓展阅读。低年级语文课的教学流程为:朗读感知—随文识写—阅读积累—口语表达。

2.上好课外阅读课

为上好每周一节的阅读课,我们设计了阅读推荐课、阅读推进课、阅读成果展示课等基本课型,在整本书的阅读中依次推进。从激发兴趣推荐阅读、发现问题指导阅读、同伴分享促进阅读、成果展示积淀收获的不同阶段,让学生在定量与海量的阅读中涵养语文学科素养。

3. 读写课基本模型

学生的写作需要在生活中进行素材的积累,在阅读中进行语言的积累、写作方法的积累,也需要在写作实践中进行写作经验的积累。读写课上,教师要引导学生从读中悟出写的技巧,从写中悟出读的意义。通过读与写的交融、师与生的对话、内心与外界的沟通,实现让学生用语言流畅、规范、自由地表达心灵世界的目标,提升学生的语文核心素养。

4. 写作课基本流程

课前准备:素材积累、语言积累、写作经验积累。

习作过程:创设情境—师生对话,引导构思—起草初稿—作中指导—自评自改—教师指导,简单评改—互评互改—教师评改—自读再改—誊抄作品。

(二)精心设计作业,指向学生深度学习

作业是课堂的延伸,我们着眼于学生的深度学习,从课堂、课中、课后三个阶段精心设计了作业,并开展了优秀作业设计比赛。

在语文学科集体备课中,教师从以下几个方面精心设计了作业,努力实现了"预—学—写—读"的语文教学基本流程。

1. 预习卡

低、中、高年级的预习卡内容因年级不同而不同。低年级包括自主识字、查字典理解词语、朗读课文、积累语言几大板块,中年级则从课文朗读、生字词学习、重点段落品读、重点课后题思考、资料查阅、质疑问难六个方面入手,高年级在此基础上增加了篇章的训练。预习卡不仅有利于教师了解学情,找到学生学习的起点,还指向课文内容的学习,设计了提升思维能力的题目,延伸到课堂中,成为学生学习的导学单。

2. 读写练笔

语言表达与运用是语文核心素养的重要部分。我校从低年级起,充分利用课前三分钟让学生进行口语表达训练,学习课文时进行重点句段表达方式的迁移。三至六年级则要求教师在充分用好教材中读写小练笔的基础上,根据学情设计课内外小练笔或微作文,提升学生的表达能力。

3. 习作用纸

教师认真研读教材内容,规范了学生的习作用纸。习作用纸包括单元习作题

目、习作内容、评价指标、作文格四部分。学生在使用时,先根据要求完成初稿,再进行自评,然后小组内互评,最后由教师给予评价和指导。学生根据三轮评价完成草稿修改后,将终稿誊抄在自己的优秀作文集中。这样实现评改一体化、作品留存目标的同时,还方便了教师教学,也提升了学生的习作能力。

4. 课外阅读记录单

语文教师针对推荐的必读书目,从内容理解、阅读方法指导、写作方法学习、语言积累运用等方面精心设计了课外阅读记录单,并使之发挥阅读指导地图的作用,帮助学生记录读书所得。

三、聚焦问题,借助评价工具有效听评课

在学期初第一或第二个月的课例研究月,我们立足常态课进行课例研究,在真实的研究中向 40 分钟的课堂要质量。

针对学校教师年轻化的现状,我们首先关注的是教学目标的达成,因而听评课时聚焦两个问题:一是授课教师设计的教学目标合适吗?二是授课教师设计的教学目标落实了吗?这两个问题抓实了,听课和评课的有效性就能得到提升,对教师的教学设计也有促进。所以,我们借助观课量表,从教师活动、学生活动、师生互动次数的有效性、教学目标的达成度等角度进行观课,形成评课单,用翔实可信的数据对课堂进行诊断和研讨。

根据省(区、市)公开课、市区的教学能手和优质课评选,我校成立了磨课团队,结伴而研,在课堂观察中分工合作,在真诚点评中分块剖析、反思改进,在理论引领中二次反思。出课和参与磨课的教师的反思与创新意识逐渐增强,磨课团队终于取得硕果:参加市教学能手、市优质课、区优质课、区公开课评选时,教师均载誉而归。

如何通过开展校本教研促进教师发展,聚焦语文学科核心素养,让语文学习真正发生,让学生扎牢语文之根,绽放美丽的生命之花?我们的探索还处在起步阶段,恳请各位批评指正!

第二节 追问语文教学

——观语文智慧课堂展示有感

连续三天的语文智慧课堂展示很精彩,教师良好的教姿教态、标准的普通话、扎实的基本功,低年级学生的灵动、活泼,高年级学生的沉静思考、流畅表达,都给我留下了深刻的印象。这几天的课也让我思考什么样的课是好课,让我追问自己:语文教学教什么?统编版小学语文教材怎么教?

一、认认真真教语文——语文教学教什么

先从语文学科的特点说起,"工具性与人文性的统一,是语文课程的基本特点"。《义务教育小学语文课程标准(2022年版)》将"语言"(建构与运用)、"思维"(发展与提升)、"审美"(鉴赏与创造)、"文化"(传承与理解)确定为学生语文素养的核心要素,即语文核心素养的具体内容。这四个要素既各自独立,又相互依存;既有所侧重,又相互融通。

从学习内容角度来说,语文课程有5个学习领域:识字与写字、阅读、写作、口语交际和综合性学习。但真实的情况是,中小学语文教学绝大多数课时都花在阅读教学上,对习作教学等四个方面的重视程度有待加强。这三天的课也都是阅读教学课,大家选取的课文既有儿童诗、写景类的说明性文章,也有叙事性文章,大多是精读课文,也有一篇略读课文。

教学目标的确定离不开对学段目标的准确把握。

低年级的教学重点是识字写字,课文提供的是一个识字写字的语言环境,建议采用随文识字的方法,从字音、字形、字义三个方面来教学,注重引导学生用多种方法识字,也可以适当渗透识字方法,为学生的主动识字提供帮助。培养学生的识字兴趣,从课堂设计来说,可以根据课文内容设计一个教学情境,如:小动物们来进行一场比尾巴大赛,他们都设计了哪些比赛项目?结果怎么样?这样设计可以增强低年级语文课堂的趣味性。

中高年级的统编版小学语文教材中呈现了完整的训练体系,单元语文要素的把握和训练要到位。中年级侧重于自然段和逻辑段的训练,高年级侧重于篇章的

训练。

课程标准中关于中年级的阅读目标是：

（1）用普通话正确、流利、有感情地朗读课文。初步学会默读，做到不出声，不指读。学习略读，粗知文章大意。

（2）能联系上下文，理解词句的意思，体会课文中关键词句表达情意的作用。能借助字典、词典和生活积累，理解生词的意义。在理解语句的过程中，体会句号与逗号的不同用法，了解冒号、引号的一般用法。

（3）能初步把握文章的主要内容，体会文章表达的思想感情。学习圈点、批注等阅读方法，能对课文中不理解的地方提出疑问，乐于与他人讨论交流。

（4）能复述叙事性作品的大意，初步感受作品中生动的形象和优美的语言，关心作品中人物的命运和喜怒哀乐，与他人交流自己的阅读感受。诵读优秀诗文，注意在诵读过程中体验情感，展开想象，领悟诗文大意。

（5）阅读整本书，初步理解主要内容，主动与同学分享自己的阅读感受。

（6）积累课文中的优美词语、精彩句段，以及在课外阅读和生活中获得的语言材料。背诵优秀诗文 50 篇（段）。养成读书看报的习惯，收藏图书资料，乐于与同学交流。课外阅读总量不少于 40 万字。

在两位三年级教师的课堂上，我看到了他们对于课文内容和朗读的指导，我认为可以适当地回过头去看一看作者是怎么写的。比如，《美丽的小兴安岭》中的组段方式，每一段都是先写树木，再写其他景物，一旦学会这样的表达顺序和层次结构，写作文进行组段时就有了抓手。崔峦老师强调要领着学生在课文中走个来回，吴忠豪教授强调从教课文转向教语文，叶圣陶老先生早在多年前就强调了语文课文的例子作用。也就是说，首先带着学生走进课文、理解课文，然后带着学生跳出课文去看看作者是怎么写的。语文，语文，化语成文，化别人的语言成自己的语言。

二、积极主动地学习——怎么教语文

课堂是学生学习的地方，其实是学生的学堂。教是为了不教，语文课也倡导自主合作探究的学习方式。在语文课堂上，教师可以设计教学活动，让学生在参与中学习、提高，但这样的课堂需要教师进行更多的引导，长期地坚持才能培养学生的学习能力，锻炼学生的思维，提高学生的语文素养。这里的活动强调的是语言文字训练，听说读写都是语文实践活动。比如，周娜老师在课堂上设计的对人物对话的描写,从读到写,有口头的交流,有书面的表达,有展示评价,形成了一个闭环,是一个完整的教学活动。

一课一得,不贪多,但求实,循序渐进,反复训练,长此以往,学生的语文素养自然提升。

三、心中有人,注重评价——关注学生的成长

教师在课堂上要时刻关注学生,及时评价,发挥评价的引导、激励、导向作用。对于课堂上出现的情境及时处理,就能生成精彩;错过时机,也就没有了应有的效果。

例如:于兆玲老师的评价语"你有点儿紧张,一紧张,就顶替××回答问题了",既缓解了尴尬,也没有错失教育机会。

作为语文教师,无时无刻不在为学生做示范,课堂语言必须做到规范、准确。要避免不规范的说法,如"竖右提""竖提就行了""一不一样""认不认真"。

智慧的课堂是在教师引导下学生主体实现成长的课堂,是学生的言语生命得到滋养的课堂。心中有语文,心中有学生,语文课堂就会不一样。

第三节　阅读明方向,研究促成长

"语"自读中来,"文"于笔下展。他们是语者,用甘洌的清语唤醒学生心中的成长之源;他们是文者,用灵动的文字展现生活的丰富多彩。他们是寻梦者,用生命的甘霖点缀儿童心灵的无限诗意;他们是追梦人,因志同道合而凝聚成灵秀峨眉语文教研组! [1]

这是一支年轻的团队,也是一支精进的团队。

一、砥砺前行正当时——专家引前行

学校特邀多位专家到校进行引领和指导,让教师心有方向、行有力量。

鲁东大学苏春景教授、山东省课程专家张志刚教授来校做了阅读讲座,给教

---

[1]　我校语文教研组在2023年6月青岛市首届中小学教师读书节先进典型评选中,荣获书香教研组。

师进行了课外阅读指导。全国读写教学名师、山东省特级教师宋道晔老师来校做了阅读写作教学指导。山东省特级教师、齐鲁名师领航工作室主持人韩立菊校长来校做了古诗词诵读专题指导。山东省特级教师、齐鲁名师赵玉翠老师来校做了精读课例教学指导。青岛市作家协会会员赵玉霞老师来校给语文教师和五六年级学生做了读写专题指导。山东省特级教师、山东省教研员李家栋老师，区教科院薛丽主任来校做了精读课例指导。青岛国学会顾问、教育文联武善领主席来校指导课程建设，做国学培训，引领教师从《论语》中学习孔子的教育智慧，涵养君子之风。青岛大学焦绪霞教授做了《诗经与诗教》的讲座，引领教师学习中华优秀传统文化。

专家们不同专题的学术指导，引领了语文教研组的教师阔步前行。

二、问渠那得清如许——阅读明方向

我校以大阅读项目作为学校发展的羽翼，使校园阅读氛围浓厚。语文教研组通过好书荐读、名师领读、师生共读，建设儒雅温润的教研组文化，培养师者的儒雅之风，潜移默化中激发了教师成长的自觉。教师制订了个人读书计划，开展了专业阅读，根据自己的兴趣爱好和专业特长，每天保证有一定的读书时间，并养成了做批注的习惯，通过读书打卡、交流展示、读书沙龙、写读后感等形式开展了读书活动。

寒暑假更是教师阅读的好时光，他们离校前到学校图书馆借阅喜欢的图书，撰写读后感，在开学后第一次学科教研会议上进行了读书分享，用读书润泽生命。仅寒假期间，彩虹名师工作室成员阅读《学习共同体：走向深度学习》，就留下6万多字的读书感悟。

教师在阅读中涵养大语文的情怀，勤读不辍，让个人更有语文涵养，让课堂更具文化底蕴。

在近几年的阅读活动中，语文教研组教师阅读了《学习共同体：走向深度学习》《第56号教室的奇迹》等教育图书，以及《语文建设》《小学语文教师》《小学语文教学》等教育教学期刊，多次组织了读书沙龙、好书推荐活动。在市教育局组织的"首届中小学教师读书节"活动中，学校组织教师推荐教育教学、家校共育等好书，语文教研组教师推荐的书目深受广大教师欢迎。

爱读书的语文教师影响着学生的读书氛围，我校将教师、学生的阅读与读书活动深度融合，从2020年秋季开始，把每年的4月份设为立志读书月，把每年的

10月份设为爱国读书月,开展读书月系列活动,如"童心颂华章"诵读、"我是小作家"快乐习作竞赛、"我会阅读"素养大赛、"一起读书吧"读书成果展示、"书香伴我行,祖国在心中"古诗词挑战赛、诗词大会、师生图书漂流活动等,让学生在一系列的活动中展示读书所得、所思。师生相长,其乐融融。

三、熟读深思子自知——研究促成长

语文教研组教师依托在研的青岛市教育科研"十四五"规划课题"基于核心素养提升的小学321阅读课程建设的研究"和青岛市教育学会的名家研究项目"支架理论下'143'双主体习作教学研究",以及已结题的区"十三五"规划小初衔接专项课题,再根据我校基于实践和课堂的小专题研究,深入开展了语文教学研究。学校已初步形成了指向学校育人目标、基于学生核心素养发展、教师学生双主体建设的包含隐性课程、显性课程、活动类课程的"灵秀峨眉"阅读课程体系。

语文教研组教师在专业阅读和专题研讨中明确了研究方向,持续开展了课外阅读指导研究,指导学生进行定量与海量的阅读。教师依据统编版小学语文教材的快乐读书吧和课文内容,从作者、主题、内容、表达方法等角度,为学生确定了推荐的必读和选读书目,开展了师生共读活动,指导学生开展图书漂流活动,精心设计了课外阅读记录单,从内容理解、阅读方法指导、写作方法学习、语言积累运用等方面指导学生阅读。教师根据学生语文发展水平确定了经典诵读的内容,除了包括每学年的必背古诗50首外,还包括《弟子规》《声律启蒙》《增广贤文》《诗经》《论语》《大学》等传统经典,以及现代诗歌、名言等,为学有余力的学生提供了选读或选背的经典。

语文教研组教师在专业阅读的基础上开展了专项研究,扎扎实实地开展了整本书阅读,进行阅读推荐、阅读推进、阅读成果展示等,从激发兴趣推荐阅读、发现问题指导阅读、同伴分享促进阅读、成果展示积淀收获的不同阶段,涵养学生语文学科核心素养。

四、桃李争艳满枝头——取得的成果

近五年来,语文教研组教师在阅读和思考中明确了方向,在不断地研究中实现了师生共同成长,取得了丰硕的成果。

1. 青年教师的课堂教学水平大幅提高,呈现出多样化的精彩课堂

语文教研组青年教师在"青青益课"名师公益课堂中执教的好书推荐课和读

写课,在青岛市名师开放课堂中执教的写作指导课,在全区进行的绘本阅读公开课等,都展示了他们对阅读和写作的思考。

2. 研究成果颇丰

多篇论文在国家级、省级刊物上发表,仅 2021 年,语文教研组就有三篇论文分别发表在全国中文核心期刊《语文建设》、省级期刊《小学语文教学》和《中华活页文选》上。

3. 汇编经典诵读校本课程读本

语文教研组教师还为学生汇编了《〈论语〉名句精选》《〈诗经〉名句精选》《乐府诗名句精选》《〈楚辞〉名句精选》等经典诵读校本课程读本。

4. 学生阅读素养显著提升,在诗词涵泳中丰厚文化底蕴

2021 年,在青岛西海岸新区学科素养比赛中,我校六年级语文参赛团队获得一等奖第一名的好成绩。班级戏剧表演《为中华之崛起而读书》、班级朗诵表演《诗韵华章谱新篇》分别在青岛西海岸新区中小学艺术节中荣获一、二等奖。学生张帆同学指出了《小学语文课外阅读》中梁实秋先生《北平年景》中的印刷错误,出版社负责人专门打电话来感谢他,并对他格物致知的精神和勇于探究的勇气进行了大力表扬。

5. 语文教研组典型课例和先进经验在省、区、市推广

2021 年 4 月 29 日,在省级工作坊研讨活动中,我执教了公开课《威尼斯的小艇》,该课在教育部基础教育课程及教材发展中心和课程教材研究所在教研网举办的"统编语文教材精读课例教学研讨"教研会上进行了直播。2021 年 7 月,我在青岛市做了《阅读中扎实识写,表达中发展思维》的经验交流;2022 年 7 月,我在区级业务干部会上进行了《聚焦核心素养,让语文学习真实发生》的经验分享。

语文教研组教师将继续秉持共学共研的发展理念,发挥集体的智慧,激发自身潜力,以阅读与研究为双翼,以实干为基础,以饱满的热情投入到语文教育工作中去,带着思考和收获,迈向语文教育的新征程。